심신자각과 정신치료

심신자각에 근거한
정신치료를 위한 필수 기술들

Susan M. Pollak
Thomas Pedulla
Ronald D. Siegel

메디컬 마인드풀니스 연구회
김경승 · 강수용 · 김준모 · 이성근 · 이동현 · 정도운 · 정성수 옮김

圖書出版 하나醫學社

SITTING TOGETHER

Essential Skills for Mindfulness-Based Psychotherapy

by SUSAN M. POLLAK, THOMAS PEDULLA, and RONALD D. SIEGEL.

역자 서문

우리가 흔하게 경험하는 불안, 우울, 불면 등의 증상들을 완화시킬 수 있는 자기훈련방법은 없을까? 이 문제를 풀어나가기 위해 의사들의 모임인 역자들의 메디컬 마인드풀니스 연구회에서는 함께 공부하며 실습할 수 있는 책들을 찾아보았다. 물망에 오른 여러 책들 중에서 원저로 'Sitting Together: Essential Skills for Mindfulness-Based Psychotherapy'가 가장 도움을 줄 수 있는 실제적인 기술들을 가르쳐줄 수 있을 것으로 보고 번역작업에 들어갔다.

역자들은 메디컬 마인드풀니스 연구회 모임을 2009년부터 월 1회 가지면서 임상 현장에서 마인드풀니스를 적용하고 발전시키기 위해 실습과 함께 책을 번역하고 논문을 발표하기도 하였다. 마인드풀니스(mindfulness)란 용어는 기존에 사용하는 '마음챙김', '사띠', '마인드풀니스'에 대해 논의를 거친 후 '심신자각'이 몸과 마음(생각과 감정)을 알아차린다는 뜻에 좀 더 적합하다고 판단하여 사용하여 왔다.

심신자각을 역자들이 임상에서 적용하며 느낀 점 중의 하나는 환자들과 함께 예기치 않은 변화를 받아들이며 기존의 해결되지 않은 방식(예, 알코올 중독) 대신 더 나은 선택을 하고, 혹 이것이 뜻한 바처럼 되지 않아도 그 사실 또한 받아들이며 다시 도전하는 자기훈련의 태도이다. 이러한 자각을 우리들은 '녹화 방송'이 아닌 '생방송'으로 지금 여기서 생활한다며 담소를 나누었다.

역자 중의 한 분은 불안하고 우울한 비오는 날, 커피의 향과 거기에 담겨져 있는 사연들을 알아차리며 마신다면 여유 그리고 집중과 함께 불안과 우울이 녹아지고, 흘러 내려가서 신선한 기분이 느껴지는 체험을 환자들과 함께 하였다고 방송국에서 생방송으로 전달하였다.

이 분야에서 심신자각을 통해 치료를 시행하고 있는 경험 많은 저자들이 들려주는 실제적인 기술의 지침은 번역책이 출간되기 전부터 우리가 근무하는 임상에서 환자들에게 실제적인 도움을 주었다.

달라이 라마가 명상은 단순하지 않고 환자마다 상태에 따라 다르게 적용하기 때문에 복잡할 수 있다는 말은 우리로 하여금 환자의 상태에 따른 좀 더 적합한 명상의 방법을 고려하게 하였다. 기존의 정좌명상 또는 걷기명상 뿐 아니라 '우스꽝스럽게 걷기 명상'은 지루하게만 느끼며 그만두려는 환자들에게 활기를 줄 수 있었다. 그리고 종교와 심리학과의 경계에 대해 알 수 없는 그리고 예술적인 영역이 있다는 언급은 두 영역이 서로 대화를 나누며 제3의 창조적인 방법을 만들어 낼 수 있다는 가능성을 보여주었다.

번역하는 도중, 어떤 지인으로부터 시골에 계신 노인이 방에서 잘 나오지 않고 울적할 때 자기연민 명상을 하면 좋겠냐는 질문이 왔었다. 심신을 자각하고 심신을 훈련하기 위해서 울적함을 달래는 자기 연민 명상과 함께 방에서 나와 햇볕을 느끼며 걷기명상을 하고, 울적함을 불안전한 인간으로 수용하여 인간의 공통적인 요소로 받아들이는 자기연민 명상을 함께 하기를 권유하였다. 그리고 산에서 구름을 보듯 우울한 감정을 떨어져서 바라보는 메타인지에 대한 제안을 하였다. Sitting Together가 번역책으로 나오면 전달해주겠다는 말이 기억이 난다.

명상을 대체의학으로 적용하는 사례가 늘어나면서 기술들에 대한 지침 및 학문적인 논의를 통해 불안, 우울, 불면 등으로 고통받고 있는 환자분들이 어려움을 헤쳐 나가는데 이 번역책이 도움이 되기를 소망한다.

역자 일동

역자대표 **이성근**

저자 소개

Susan M. Pollak, MTS, EdD는 하버드 의과대학 캠브리지 병원의 심리학과 임상 강사로 1990년대 중반부터 강의와 지도를 하고 있다. 명상과 정신치료 연구소 (IMP, Institute for meditation and psychotherapy) 의 회장이자 심리학자로, 매사추세츠 캠브리지에서 개인적인 임상 사무실을 운영하고 있다. 오랫동안 명상과 요가를 훈련한 Pollak 박사는 정신치료에서의 심신자각과 연민에 대해 강의해왔고 1980년대 이후 명상 수련을 정신치료에 통합하는 시도를 해왔다. The Cultural Transition의 공동편집자로서, 그리고 Mapping the Moral Domain, Evocative Objects, Mindfulness and Psychotherapy, Second Edition의 저술에 기여하였다.

Thomas Pedulla, LICSW는 임상 사회복지사 및 정신치료자로 매사추세츠 알링톤에서 개인 사무실을 운영하고 있다. 이곳에서 개인 상담을 하며 심신자각에 근거한 인지치료 집단을 지도하고 있다. 2007년부터 명상과 정신치료 연구소의 교수진 및 이사로 근무하면서 캠브리지 통찰명상센터의 이사로도 봉사하고 있다. 1980년대부터 위빠사나 전통의 명상을 수련하고 있다. Mindfulness and Psychotherapy, Second Edition의 저술에 기여하였다.

Ronald D. Siegel, PsyD는 하버드 의과대학, 캠브리지 병원의 심리학과에서 임상 조교수로 근무하고 있으며, 1980년대 초반부터 강의했다. *심신자각 명상mindfulness meditation*을 오랫동안 배웠고 명상과 정신치료 연구소의 교수진이자 이사로 근무하고 있다. 매사추세츠 링컨에서 개인 임상 사무실을 운영하면서 국제적으로 심신자각과 정신치료 및 *심신치료mind-body treatment*를 가르치고 있다. The Mindfulness Solution: Everybody Practices for Everyday Problems의 저자이자, Back Sense: A

Revolutionary Approach to Halting the Cycle of Chronic Back Pain의 공동저자이며, 그리고 Wisdom and Compassion in Psychotherapy(〈심리치료에서 지혜와 자비의 역할〉로 번역되어 출판되었음-역자 주)와 Mindfulness and Psychotherapy, Second Edition의 공동편집자이다.

서문

> 최고의 현대적인 치료는 치료자와 내담자가 함께 앉아서, 내담자 혼자서 견딜 수 없는 자아의 측면들과 차원들에 대해 자세히 주의를 기울이는 것을 배우면서 함께 명상하는 과정과 매우 흡사하다.
>
> – 잭 콘필드 (JACK KORNFIELD, 1993, p. 244)

우리 세 저자들은, 1990년대 초반 이후 계속해서 명상과 정신치료 연구소에서 동료들과 함께 명상을 하고, 명상과 정신치료의 경계에 대해 대화하고 가르쳤다. Mindfulness and Psychotherapy 첫 판 (Germer, Siegel, & Fulton, 2005)(〈마음챙김과 심리치료〉로 번역되어 출판되었음–역자 주) 은 이러한 우리의 계속된 대화의 산물이다. 개정을 고려하면서, 우리는 심신자각*mindfulness* (mindfulness는 보통 '마음챙김'이라고 번역되고 있으나 역자들은 mindfulness의 팔리어 원어인 sati 의 의미를 살려서 '심신자각'으로 번역해오고 있다〈심신자작에 근거한 중독행동의 재발 예방〉, 하나의학사, 2014 참조–역자 주)을 어떻게 임상 실무에 도입할 수 있을 것인지에 대해 정신치료자들에게 보여 줄 수 있는 실제적인 지침이 거의 없다는 것을 알게 되었다. 그러한 필요에 부응하기 위해, 우리는 정신치료의 현장에서 심신자각을 선택하고, 각색하며 도입시킬 수 있도록 도움을 줄 수 있는 실제적인 안내서로 이 책을 내놓는다.

지난 몇 십 년 동안, 정신건강 전문가들 사이에서 심신자각 명상에 대한 관심이 폭증하였다. 심신자각이 정신치료의 주된 흐름으로 자리잡았을 뿐만 아니라, 이제는 임상 실제에서 가장 빠르게 발전하는 분야가 되었다. 많은 임상가들 사이에서 심신자각은 진단을 초월하여, 내재된 고통의 원인을 다루는 치유의 기전으로, 그리고 대부분의 효과적 정신치료의 능동적인 요소로 인식되고 있다. 심신자각 기법의 임상적 가치는 우울증, 불안, 만성적인 통증, 약물 남용, 불면, 그리고 강박증을 포함한 많은 심리적인 어려움들에 대해 입증되었다. 그것은 만성적인 정신질환에서부터 소아, 청소년, 부부, 그리고 가족들에 이르는 광범위한 환자들에게 효과가 있음이 증명되었다.

심신자각 수련은 또한 우리 임상가들에게도 도움을 줄 수 있다. 우리 자신에게 정서적인 안녕감을 제공하고, 수용과 주의, 평정 그리고 조율과 같은 치료적인 자질을 개발하도록 도와주며 우리의 작업을 풍요롭고 활기차게 만들어서 소진되는 것을 막아준다. 그리고 일단 이런 자질들이 치료자에게 개발되면, 환자들에게 심신자각의 유익함을 안전하게 그리고 사려 깊게 소개할 수 있다. 이것은 우리의 치료적인 신조와는 상관이 없다. 즉, 정신역동적이거나, 인지행동적, 수용에 근거한, 합리적, 체계적, 실존적, 인본주의적 또는 다른 어떤 치료에도 적용할 수 있다. 이 접근에 대한 대중의 관심이 높아짐에 따라, 환자들은 스스로 심신자각을 수련하고, 정신건강에 심신자각을 응용할 수 있는 모든 종류의 치료자들을 찾고 있다.

많은 임상가들이 이러한 기술을 정신치료에 도입하기를 원하지만, 어떻게 시작할 지 잘 모르고 있다. 이 책은 그러한 시작을 위한 좋은 기회가 될 것이다. 역사적으로, 심신자각 수련은 만병통치약처럼 여겨졌다. 그러나 여건이 성숙되어 감에 따라, 발달에 있어서 서로 다른 단계에 있고, 서로 다른 문제들을 가지고 있는, 서로 다른 개인들에게 이 수련들이 어떻게 영향을 줄 수 있는지에 대해 우리는 점점 정교하게 미묘한 차이를 이해할 수 있게 되었다. 임상과 신경생물학적인 발견들을 결합하고, 심신자각 훈련 프로그램에서 부터 지혜를 축적하면서, 개별적인 환자에게 수련을 어떻게 맞추어야 하는지를 배우게 된 것이다. 그리하여 우리는 어떤 비결이나 치료 프로그램 지침서를 제시하기 보다는, 치료자의 치료 스타일과 방향성뿐만 아니라 환자의 개별적인 욕구에 기초한 심신자각 수련을 선택할 수 있도록 안내할 것이다. 이러한 목표를 위해 우리는 치료적인 특별한 상황에 보다 잘 적용시킬 수 있는 광범위하게 다양한 수련들을 제시한다. 심신자각 수련 그 자체처럼, 유연성과, "지금 이 순간에 존재하기" 그리고 무슨 일이 일어나더라도 숙련되게 반응할 것을 강조하고자 한다.

만약 당신이 명상을 하지 않고 있다면, 이 책은 당신이 시작할 수 있도록 도와줄 수 있다. 만약 명상을 하고 있다면, 당신의 수련을 확장시키고 지속시킬 수 있도록 도와줄 수 있다. 자기 자신의 개인적인 수련의 기초 위에서, 우리는 좀 더 심신자각적인 치료자가 되고 치료 관계에서 심신자각을 배양시킬 수 있는 방법들을 제시한다. 그리고 핵심적인 심신자각 기술로 집중 (초점주의), 심신자각 그 자체 (개방주시), 자애, 자기연민과 평정을 발달시키는 수련들을 소개하고 이 수련들을 다양한 임상사례와 함께 생활 속으로 가져온다. 우리는 또한 개별적인 환자에게 맞추어서 그리고 종종 발생할 수 있는 장애물을 극복하기 위해 그것들을 수정할 수 있는 방법을 제시한다. 또한 활용할 수 있는 심신자각 수련의 종류가 너무 많아서 쉽게 주눅이 들 수 있기 때문에 최적의 유익을 얻기 위해 어떻게 여러 수련들을 배열하고 조합할 수 있는지에 대한 지침을 제공할 것이다.

때때로 심신자각 수련이 치료자와 환자에 대해 공히, 기존의 정신치료의 경계를 넘어서 개인적인 또는 영성적인 변화의 영역으로 이끌기 때문에 이러한 이행과정 또한 고려할 것을 제안한다. 우리는 또한 특별한 장애와 특정한 임상적 집단을 치료하는데 유용한 수련들과 그 배열을 부록에 포함시켰으며, 더 나아가 심신자각 수련과 그것의 임상적인 적용을 더 깊이 탐구할 수 있는 자료들을 제시하였다.

우리는 실생활에서의 임상적 실무를 강조하고, 되도록 사용하기 쉽게 만들려고 했기 때문에, 연구와 여러 학문적 논문들의 참고는 최소화하였다. 심신자각의 수련의 과학적인 기초에 대해 관심이 많은 분들은 Mindfulness and Psychotherapy, Second Edition (Germer, Siegel, & Fulton, 2013) 에서 좀 더 많이 배울 수 있을 것이다. 또한 그 책에서와 같이 이 책에서도 우리는 "내담자" 대신 "환자"라는 단어를 사용하기로 결정했다. "환자"는 "고통을 견디는 자"를 의미하고 "의사"는 "가르치는 사람"을 의미하기 때문에 정신치료자로서 우리는 자신을 "환자를 가르치는doctoring patients 사람" 또는 "고통을 견디는 사람들을 가르치는 사람"으로 간주한다. 심신자각은 다른 무엇보다도, 고통을 완화시키기 위한 가르침이기 때문이다.

임상가들에 의해 그리고 임상가들을 위해 쓴 이 책은 당신에게 전문가적인 수련과 개인적인 생활에 심신자각을 통합하는 힘을 부여해줄 것이다. 우리는 이 책이 당신의 여정에 도움이 되는 동반자가 되기를 희망한다.

감사의 글

이 책에 소개된 명상 수련들은 많은 교사들과 함께 한 지난 몇 십 년간의 수련과 연구의 결실이다. 그 분들의 지혜와 연민 그리고 영감에 대해, 특히 우리에게 배움의 특권을 주었던 분들에게 깊은 감사를 드린다. 특별히 달라이 라마 성하, Jack Kornfield, Sharon Salzberg, Joseph Goldstein, Trudy Goodman, Chogyam Trungpa, Pema Chodron, Shunryu Suzuki, Ram Das, Thich Nhat Hahn, Pir Vilayat Khan, Kalu Rinphoche, Sylvia Boorstein, Tara Brach, Narayan Helen Liebenson, Michael Grady, Larry Rosenberg, Michele McDonald, Rodney Smith, Surya Das, 그리고 Lama Willa Miller에게 감사를 드린다.

우리는 또한 많은 임상 지도자와 전문가들의 안내에 대해 감사를 드린다. 그들은 우리에게 정신치료의 예술과 과학, 인간 정신의 복합성을 이해하는데 도움을 주었다. Cambridge Health Alliance, Cambridge Youth Guidance Center, South Shore Counseling Center, Harvard University Health Services, Mount Auburn Hospital 그리고 Schiff Adult Day Treatment Center의 대학과 대학원에서의 교수님들 그리고 선생님들에게 감사를 드린다. 특별히 Robert Bosnak, Dan Brown, Harvey Cox, Thomas Dallamora, Rbecca Drill, Charles Ducey, Diana Eck, Janina Fisher, Howard Gardner, William Geoghegan, Carol Gilligan, George Goethals, Morrie Goodman, Judith Lewis Herman, Rita Hurwitz, Alfred Margulies, Stan Messer, Linda Miller, Stan Moldawsky, Richard Niebuhr, Barbara Pizer, Nancy Riemer, Richard Schwartz, Bennett Simon, Gerry Stechler 그리고 Merry White에게 감사를 드린다.

우리는 또한 심신자각 수련과 그것이 어떻게 일상생활의 문제와 보다 심각한 장애 모두에 적용될 수 있는지에 대한 우리의 이해를 진척시키는 데 선구적인 역할을 했던 Richard Davidson, Jack Engler, Mark Epstein, Daniel Goleman, Steven Hayes, Jon Kabat-Zinn, Marsha Linehan, Barry Magid, Alan Marlatt, Susan Orsillo, Liz Roemer, Jeffrey Rubin, Zindel Segal 그리고 Daniel Siegel에게 감사를 드린다.

명상과 정신치료 연구소에서 오랫동안 함께 보낸 친구들과 동료들은 명상과 정신치료의 상호관계를 이해하는데 크게 도움을 주었다. 사실상 이 책의 아이디어는 명상과 정신치료 연구소의 이사들 모임에서 나왔다. Doriana Chialant, Paul Fulton, Trudy Goodman, Sara Lazar, Bill Morgan, Stephanie Morgan, Susan Morgan, Andrew Olendzki, Mark Sorensen, Charles Styron, Janet Surrey 그리고 Christopher Willard에게 고마움을 전한다. 특별히 우리에게 아이디어를 발전시키도록 격려하고 Guilford 출판사에 제출하도록 격려해준 Christopher Germer와, 원고에 대한 헤아릴 수 없는 실무적인 도움을 주었던 Kristy Arborn에게 고마움을 전한다. 또한 명상과 치료 연구소를 설립하는데 쉬지 않고 작업을 하였고, 우리의 아이디어를 출판하도록 격려했던 최근의 친구이면서 동료인 Phil Aranow에게도 고마움을 전한다.

나는 Jim Nageotte 고위 편집장이 심신자각에 대한 이 책과 다른 책들에서 보여준 비전과 지적 능력, 그리고 지지에 대한 빚을 지고 있다. 계속적인 격려를 준 Jane Keislar부편집장, 꼼꼼한 편집과 제작으로 도움을 준 Louise Farkas 고위 편집 실무자 그리고 이 프로젝트에 기여한 Guilford의 많은 직원들에게 감사를 드린다. 멋지게 연상을 일으켜주는 표지 디자인 그리고 우리의 저작을 능숙히 품위 있게 만들어준 Paul Gordon기술감독에게 특별히 감사를 보낸다.

하버드 의과 대학, 캠브리지 병원은 1994년부터 이러한 수련들을 가르치는 장소를 제공해주었다. 임상 현장이라는 실험실에서 수련들을 정교하게 다듬는데 도와주고 피드백을 주었던 많은 학생들에게 감사를 드린다. 이 작업을 도와주고 발전시켜준 Adam Elias, Deb Hulihan, Liz Gaufberg 그리고 Catherine Schuman에게도 또한 감사를 드린다. Ruth Buczynski, Richard Fields, Rob Guerette, Chip Hartranft, Jack Hirose, Maddy Klyne, Gerry Piaget, Judy Reiner Platt 그리고 Rich Simon을 포함한 많은 동료들이 우리의 아이디어들을 발전시키는데 또한 중요한 가르침을 제공해주었다.

그러나 우리의 가장 강력한 스승은 환자들로서, 그들은 자신이 가지고 있는 깊은 슬픔에 대해 우리에게 마음을 열고 신뢰를 보내주었다. 이 분들은 이 책의 이면에 숨어있는 안내하는 힘이다. 비록 그들의 이야기들이 이 안내의 전면과 중심에 있지만, 비밀을 보호하기 위하여 신원은 변형하였다.

마지막으로, 우리는 지지를 해준 친구들과 가족들에게 빚을 졌다. 모두를 소개할 수는 없지만, 거의 20년 동안 명상, 공부, 그리고 대화를 나누었던 수요 명상 그룹 회원인 Matt Czaplinski, Dan Foley, Suzanne Hoffman, Tom Putnam, Ed Yeats, Janet Yassen 그리고 Judi Zodan에게 감사를 하고 싶다. Jerome Bass, Elissa Ely, Bo Forbes, Caroline Jones, Barbara Kleeman, Carin Roberge, Sally Anne Schreiber, Niti Seth, Janna Malamud Smith 그리고 Sherry Turkle은 지혜로운 조언을 해주었다. 우리의 부모님인 Marianne와 Peter Pedulla, Rita와 Robert Pollak 그리고 Claire와Sol Siegel, 우리의 자녀인 Nathaniel Weisenberg, Hillary Pollak 그리고 Julia와 Alexandra Siegel, 그리고 또 다른 가족인Faye Levey (그는 우리들 중 한 명으로 초등학교에서 명상을 진행하는 Susan Pollak을 소개하였다), Maryellen McDonnell, Paul Pedulla, Pete Pedulla 그리고 Rick과 Anita Pollak의 사랑과 격려가 없었다면 그 어떤 것도 가능하지 않았다.

우리는 우리의 파트너인 Christine Aquilino, Gina Arons 그리고 Adam Weisenberg는 초안을 읽고 의견을 제시해주었고, 음식과 편안함, 그리고 글을 쓰는 몇 달 동안 산만하고 분주했던 마음들에게 인내를 제공해 준 일에 대해 커다란 빚을 졌다.

이 책이 많은 존재들에게 유익하기를.

차례

1장

정신치료에 심신자각을 접목하기

방황하는 주의를 의도적으로 반복해서 되돌릴 수 있는 능력이 바로 판단과 성격, 그리고 의지의 근원이다.

– William James (1890/2007, p .424)

지난 2500년간 인간의 고통을 감소시키기 위해 실행되어 온 심신자각 *mindfulness*은 경험과 관계맺는 믿을 수 없을 만큼 단순한 방법이다. 최근에 와서 임상가들은 심신자각이 자신의 개인적인 성장과 치료관계를 증진시키는 방법으로 훌륭한 전망을 가지고 있음을 발견했다. 그것은 또한 계속해서 늘어나고 있는, 경험적인 증거가 있는 치료방법들 중에서 핵심적인 것이며, 거의 모든 종류의 정신치료를 강화시킬 수 있는 놀랍게도 강력한 기법을 제공한다. 그러나 심신자각은 만병통치약은 아니다. 수련은 특수한 개인과 상황에 따라 맞추어져야 한다. 이 장에서는 정신치료에서 심신자각이 발휘할 수 있는 다양한 역할에 대해 그리고, 임상가 자신과 환자들의 다양한 욕구에 맞는 수련을 선택하는 문제에 대해 탐구한다.

심신자각이란 정확히 무엇인가?

서구의 정신치료자들이 사용하는 심신자각이라는 용어는 종종 팔리어 Pali의 사띠*sati*에 대한 번역으로 이해된다 (팔리어는 역사적으로 붓다의 가르침이 처음으로 기록된 언어이다). 사띠는 자각*awareness*, 주의*attention*, 그리고 기억하기*remembering*를 의미한다. 여기서 자각과 주의는 영어권에서 사용되는 것과 유사한 의미를 가지는데 그것은 자각하는 것과 주의를 기울이는 것이다. 그러나 기억은 조금 다르다. 그것은 아침에 무엇을 먹었는지, 혹은 아동기의 상처를 회상하는 그런 의미라기보다는 자각하고 주의를 기울여야 하는 것을 끊임없이 기억하는 것을 뜻한다.

정신치료에서 사용되는 심신자각의 의미는 또 다른 핵심적인 차원을 포함하고 있다. 불교철학자 존 듄 (Jonh Dunne, 2007) 은 빌딩의 옥상에서 적을 향해 고성능 소총을 겨누고 있는 저격수는 자각하고 주의를 기울이면서, 자신의 마음이 방황할 때마다 주의를 현재의 과제로 되돌리는 것을 기억할 것이라고 지적한다. 그러나 이러한 주의 집중은 아마도 치료적 현존presence을 발달시키거나 정서장애를 효과적으로 치료하는 데에는 적절하지 않을 것이다. 이 경우 저격수에게 결여되어 있는 것은 수용*acceptance*, 혹은 비판단 *non-judgement*이다 (이것을 로저스 학파의 칼과 미스터에 부가한 것이라고 생각해도 좋다). 이러한 요소들을 한데 묶어서 심신자각이란 "현재의 경험을 수용하면서 자각하는 것" (Germer, 2003, p.7), 혹은 "매순간 전개되는 경험에 대해 비 판단적으로 주의를 기울이는 것을 통해 일어나는 자각" (Kabat-Zinn, 2003. p.145) 이라고 생각할 수 있다. 정신치료에서 특별한 중요성을 가지는 것은 수용의 태도인데 이것은 "여기, 그리고 지금 이 순간의 경험을 능동적이고 비 판단적으로 껴안는 것" (Hayes, 2004, p.21) 이다.

심신자각의 역할

암묵적Implicit

↑

- 수련하는 치료자 Practicing Therapist
  - ㅁ 치료적인 개입과는 무관하게 환자들과 심신자각적으로 관계한다
- 심신자각을 응용한 정신치료 Mindfulness-Informed Psychotherapy
  - ㅁ 심신자각 수련에서 비롯되는 통찰을 치료에 응용한다.
- 심신자각에 근거한 정신치료 Mindfulness-Based Psychotherapy
  - ㅁ 심신자각 수련을 환자에게 가르친다

↓

명시적Explicit

그림1.1. 심신자각의 역할

심신자각은 정신치료에서 다양한 역할을 수행할 수 있다. 우리는 이것을 암묵적인 것에서부터 명시적인 것에 이르기까지 연속선상에 있는 것으로 개념화할 수 있다 (Germer, 2003; 그림 1. 1). 연속선의 가장 암묵적인 극단에 있는 것은 수련하는 치료자*practicing therapists*이다. 규칙적으로 심신자각을 수련할 때, 우리는 자연스럽게 지금까지와는 다른 방법으로 환자들과 관계를 가지기 시작한다. 주의를 기울이는 마음의 기능이 향상됨에 따라, 치료 현장에서 자신을 진실하게 보여주게 되고, 매순간 전개되는 환자와 우리 자신의 생각과 느낌, 양자 모두에 집중하고 그것들을 알아차리는 것이 쉬워진다. 우리는 또한 더 많은 정동 내성*Affect Tolerance*을 가질 수 있다. 이것은 고통스러운 느낌과 함께 존재할 수 있는 능력이 증진되는 것이다. 심신자각을 수련하는 과정에서 즐거운 느낌과 고통스러운 느낌 모두와 함께 하고 그것들을 수용할 수 있게 됨에 따라 우리는 환자의 어려움뿐만 아니라, 이러한 어려움에 대한 우리 자신의 정서적 반응과 함께 앉아 있을 수 있는 능력이 향상된다 (Fulton, 2013). 또한 우리가 3장에서 탐구하게 되겠지만, 정서적 고통에 대해 마음을 열 수 있는 치료자의 능력은 효과적인 치료적 관계에서 핵심적인 역할을 한다.

역할의 연속선에서 그 다음에 있는 것은 우리와 동료들이 심신자각을 응용한 정신치료*mindfulness-informed psychotherapy*라고 부르는 것이다. 우리 자신의 심신자각 수련이 심화됨에 따라, 마음이 어떻게 고통을 만들어내는지에 대해 직접 통찰하기 시작한다. 예를 들어 우리는 어떠한 경험이나 마음의 내용물에 대해서라도 저항하면 그것이 지속되는 경향을 가진다는 것을 알게 된다. 자기확대*self-aggrandizement*를 시도하는 것이나, 쾌락에 집착하는 것, 그리고 고통을 회피하려고 하는 것이 어떻게 고통을 만들어내는지 본다. 우리는 불편함에서 일시적으로 달아나기 위해 얼마나 많은 에너지를 사용하는지 본다. 또한 이들 및 관련되어 있는 다른 종류의 관찰들은 정신병리와 치료에 대한 우리의 모델에 영향을 주고 우리의 치료는 점차로 환자들이 자신의 다양한 경험들에 대해 스스로를 개방하고 그것들을 수용하도록 도움을 주는 방향으로 진행된다.

연속선의 가장 명시적인 극단은 우리와 동료들이 심신자각에 근거한 정신치료*mindfulness-based psychotherapy* 라고 부르는 것이다. 여기서 우리는 환자 중 어떤 이들에게 임상적으로 적절한 시점에서 그들 스스로가 심신자각을 수련하도록 제안한다. 처음에는 우리 자신의 수련 경험에 근거해서 각 환자들의 성격 구조, 고통의 정도, 지지의 정도, 그리고 문화적 지향성에 적합한 기법을 소개한다. 처음에는 종종 이들 기법들을 치료실에서 함께 수련하고 그런 후 숙제로 제안한다.

한 가지로 모든 것을 해결할 수는 없다

우리는 몇 해 전 정신치료 집담회를 위해 달라이 라마 성하를 하버드 의과대학에 초대하는 특별한 기회를 가졌다. 그 때 우리의 동료인 크리스 거머Chris Germer가 성하에게 간략한 명상을 인도해 줄 것을 요청했다. 그는 재미있다는 듯이 자신만의 독특한 스타일로 말했다. "여러분들은 단순하면서도 100% 효과가 있는 단 하나의 명상을 원하는 것 같은데요, 그러나 나는 그것이 불가능하다고 생각해요." 계속해서 그는 고통을 일으키는 마음의 상태는 셀 수 없이 많고 따라서 그것들을 능숙하게 다루기 위해서는 셀 수 없이 많은 명상이 필요하다고 말했다. 어떤 시점에서 어떤 한 사람이 필요로 하는 것은 매우 복합적인 문제다. 그는 결론적으로, "어떤 회사들은 항상 단순하면서, 효과가 있고, 값이 싼 것을 광고하지요. 나의 광고는 정반대입니다. 그것은 매우 어렵고 복잡합니다!"

우리가 환자를 위해서든 우리 자신을 위해서든 어떤 주어진 순간에 특별한 개인에게 가장 유용한 수련 방법을 결정하는 것은 정말 복잡한 문제다. 아직 충분한 자료가 없지만, 임상가들은 이제 이러한 영역에 대한 지도를 그리기 시작했다. 많은 다양한 문화 전통에서 심신자각을 발달시킬 수 있는 수련 방법들을 발견할 수 있고, 대부분은 시간의 흐름과 함께 광범위하게 진화해왔다. 더욱이 개별 임상가들은 자연스럽게 특별한 환자의 욕구에 맞추어서 이들 수련 방법을 혼합하거나 변형시킬 것이므로 매우 다양한 수련 방법들이 활용 가능할 수 있다.

이들 수련 방법들을 범주화하고 기술하는 셀 수 없이 많은 방법들이 있지만, 그것을 선택할 때 우리는 임상적인 경험에 근거하여 다음 7가지의 고려 사항을 염두에 두어야 한다.

1. 어떤 기술을 강조할 것인가? 집중, 개방주시 (심신자각, 그 자체), 혹은 수용?
2. 비 격식적, 격식적, 혹은 거주 수련
3. 어떤 주의의 대상 – 거친 것인지, 미세한 것인지?
4. 종교적인 혹은 세속적인 수련?
5. 안전성, 혹은 예민한 지점을 지향?
6. 이야기, 혹은 경험에 초점?
7. 상대적, 혹은 절대적 진리에 대한 초점?

언제, 어떤 형태의 수련을 선택할 것인지에 대한 지침을 개발하기 위해 이들 고려 사항과 이것들을 어떻게 활용할 것인지를 검토하자.

어떤 기술을 강조할 것인가?

심신자각을 발달시키는 것은 최소한 세 가지의 주요한 기술들과 관련된다. 초점주의 *focused attention* (혹은 집중), 개방주시*open monitoring* (혹은 심신자각 그 자체), 그리고 연민어린 수용*compassionate acceptance* (Lutz, Slagter, Dunne, & Davidson, 2008; Germer, 2013). 이들 용어들은 혼란을 초래할 수 있는데, 왜냐하면 불교 전통에서 개방주시를 보통 "심신자각"*mindfulness* 이라고 부르는 반면에 서구에서 우리는 특징적으로 심신자각을 다양한 상호 연관된 수련들을 포함하는 포괄적인 용어로 사용하기 때문이다. 초점주의를 위해 우리는 자각하면서 추적할 한 가지 대상을 선택하는데, 이는 대부분의 사람들을 위해 좋은 출발점이 된다. 이들 수련은 마음을 집중하고 안정화시킴으로써 다른 기술들을 개발할 수 있는 기초를 형성한다. 일차적인 자각의 대상은 호흡, 바닥에 닿는 발, 소리, 시각적 자극과 같이 어떠한 것이라도 좋은데, 전반적인 지침은 대개 유사하다. 우리는 주의를 대상으로 가져와서 순간순간의 감각에 대해 관심이나 호기심으로 가득한 태도를 함양하는 시도를 한다. 생각이 일어나면–이것은 예외 없이 일어나는 일이지만–우리는 그것을 허용하고 지나가게 한다. 연쇄적으로 일어나는 서술적인 생각에 마음을 빼앗기게 되거나 다른 감각으로 마음이 방황하게 되면 우리는 부드럽게 초점을 일차적인 주의의 대상으로 되돌린다 (여기에 기술된 "집중"*concentration*은 개념적인 혹은 창조적인 과제에 "몰두"하는 것과는 다른 개념임에 유의하라. 그것은 어떤 문제를 관통하여 분석적이거나 예술적인 기술, 혹은 생각을 집중적으로 적용 하는 것이 아니라, 오히려 의식에서 일어나는 순간순간의 경험에 대해 주의 깊고 수용적인 주의를 기울이는 것이다). 4장에서 이들 수련에 대해 자세한 지침이 제시되어 있다.

어느 정도 집중을 할 수 없다면 마음의 움직임을 명료하게 보는 것이 어렵다. 우리는 생각에 빠져 하루를 보내는 경향이 있다. 마음의 언어적인 서술에 빠질 때, 우리는 보통 그 내용을 믿어버리고, 동시에 매 순간 마음이 하는 일에 대한 초인지적인 자각*metacognitive awareness*을 상실한다. 집중이 없다면 우리의 행동을 선택하는 것 또한 어려워진다. 그리하여 우리는 충동에 따라 강박적으로 행동함으로써 쾌락을 좇고 고통에서 달아나기 전에 멈추어서 우리의 반응을 고려할 수 있는 기회가 있다는 것을 알아차리지 못한다. 궁극적으로 집중할 수 없다면 심신자각의 계발에 필요한 나머지 두 가지의 기술인 개방주시*open* *monitoring*와 연민 어린 수용*compassionate acceptance*을 수련하는 것 또한 매우 어렵다.

일단 초점을 맞춘 주의, 혹은 집중이 어느정도 개발되면, 그리하여 마음이 잠시라도 대상과 함께 머무를 수 있게 되고 그것이 방황할 때 인식할 수 있게 되면 개방주시*open monitoring*를 수련하는 것이 가능해진다. 호흡이나 바닥에 닿는 발의 감각과 같은 단일한 자각의 대상으로 반복적으로 되돌아오는 대신에 우리는 그 순간에 의식에서 현저한 어떠한 것에 대해서라도 초점을 맞춘다. 주의는 호흡에서부터 소리나 몸의 통증 혹은 얼굴에서 느껴지는 공기의 느낌, 눈과 목에서 느껴지는 슬픔의 감각으로 옮겨갈 수 있다. 이들 감각에 대해 생각하거나 분석하는 대신 우리는 경험에 대한 관심과 호기심, 그리고 수용의 태도를 가지고 그것들과 함께 존재하는 마음을 가진다. 집중을 발달시키는 데에 어느 정도의 시간을 보내고, 한 가지의 대상에 주의를 기울이면서 잠시 동안 머무는 것이 어떠한 것인지 알기까지는 개방주시에 대한 감을 가지는 것이 어려울 수 있다. 이때의 태도는 마치 모든 종류의 동물들이 물을 마시고는 떠나는 고요한 숲속의 옹달샘 옆에 앉아있는 것과 같다. 어떤 동물들이 찾아올 것인지, 그들이 언제 떠날 것인지는 완전히 우리의 통제를 벗어나 있다. 그래서 우리는 그들 모두를 환영한다. 이들 수련에 대한 자세한 지침은 5장에서 제시한다.

초점을 맞춘 주의와 개방주시와의 관계를 설명하는 한 가지 방법은 자동카메라가 나오기 전의 사진 찍기에 대해 생각해 보는 것이다. 그 시절에는 명료한 사진을 찍기 위해서는 당신은 먼저 카메라 렌즈의 초점을 맞추는 방법을 알아야 했다. 이것이 없다면 모호한 인상주의 그림과 같이 흐린 영상을 얻을 수밖에 없었다. 집중을 배우는 것은 마음 렌즈의 초점을 맞추는 것과 같다. 그것은 우리가 어떤 대상으로 주의를 가져가든지 그것을 명료하게 보게 해 준다. 일단 이 기술을 습득하면 그 순간에 무슨 일이 일어나든지 그것을 조사하기 위해 활용할 수 있다.

개방주시는 다양한 감각적인 경험이나 떠오르는 생각, 혹은 심상에 대해 저항할 때 마음이 어떻게 고통을 만들어내는지 보는 데에 유용할 수 있다. 그것은 또한 이전에 분리시키거나 부인했던 마음의 내용물을 재통합시키는 데에도 도움이 된다. 이것은 생각이나 느낌, 그리고 충동들과 같이 가족이나 공동체가 금지한 것일 수도 있고, 너무나 고통스러워서 떠올리기조차 힘든 외상적 사건에 대한 기억일 수도 있다. 개방주시는 이러한 내용물들이 마음에서 일어나는 그대로 알아차리도록 도움을 준다. 그리하여 우리가 그것들을 수용하고 환영함에 따라 점차 익숙해져서 더 이상 낯선 침입으로 느껴지지 않게 된다. 카우치에 누워서 마음에 떠오르는 것은 무엇이라도 자유롭게 말할 때 점차 회피하고 싶었던 많은 기억들이 떠오르는 정신분석과 마찬가지로 심신자각 수련에서도 그러한 내용물들이 자각으로 돌아오는 경향을 보일 것이다. 그것은 거절이나 실패에 대한 기억과 같이 사소한 것에서부터 신체적 혹은 성적 학대와 같은 주요 사건에 이르기까지 다양하다. 비도덕적이라고 생각하는 공격적이고 탐욕적인 그리고 성적인 충동들도 나타날 수 있다. 간략히 논의하겠지만 이러한 마음의 내용물들을 수용하고 통합하고자 하는 개인들의 준비에 따라 그러한 조우는 유용할 수도 있고 유해할 수도 있다.

개방주시의 또 다른 잠재적인 유익은 현재 순간의 풍부함에 대해 더 깊이 음미할 수 있게 되는 것이다. 우리가 명상을 할 때 감각적인 경험에 주의를 기울이는 것을 수련하면 그 날의 나머지 시간 동안 보다 생생하게 맛보고, 접촉하고, 보고, 느끼고, 냄새 맡게 되고 우리의 경험을 더 잘 음미할 수 있게 되며, 매일 매일의 생활이 보다 풍성해진다.

우리는 집중과 심신자각을 함께 잘 작용시킴으로써 주의와 자각을 함양한다. 그러나 이러한 수련 과정에서 사람들은 마음에서 강렬하게 일어나는 것에 사로잡히거나 자기 비판적인 재잘거림의 덫에 걸리는 일이 빈번하다. 이러한 순간에는 더 많은 수용을 필요로 한다. 자애, 자기연민, 그리고 평정의 기술이 이러한 경우에 자신을 포옹하고 위로하여 무엇을 경험하든지 견딜 수 있도록 우리를 강화시켜 준다.

수용의 수련에는 많은 방법이 있다. 공통적인 방법은 사랑과 연민을 느끼는 사람이나 동물을 상상하고, 사랑과 보살핌을 그들에게 향하도록 하고 난 후 일단 이러한 감정이 느껴지면 그것을 자신과 사랑하는 사람, 그리고 더 넓은 집단에 까지 향하게 하는 것이다. 그러한 느낌은, 당신이 행복하기를, 당신이 평화롭기를, 당신이 고통에서 벗어나기를, 등과 같은 구절을 마음속으로 반복하는 것을 통해 종종 강화될 수 있다. 기도와 병행하여 유사한 수련 방법들을 다양한 문화적 전통에서부터 이끌어낼 수 있다. 그것들은 모두 사랑과 보살핌, 그리고 자신과 타인을 수용하는 느낌을 가지도록 돕는다. 다른 수용 수련에는 감정적으로 고통스러운 시간 동안에 자신을 감싸 안는 느낌을 가지도록 고안된 자애 기법과 어려운 경험을 견디고 포옹할 수 있는 능력을 증진시키고 어려운 감정의 폭풍 속에서도 안정감을 가질 수 있도록 하는 평정 수련이 있다. 다양한 수용 수련에 대해서는 6장과 7장에서 자세한 지침을 제시한다.

어떠한 주어진 순간에서 집중과 심신자각, 그리고 수용을 위한 수련 사이에서 최적의 균형을 찾는 것은 하나의 예술이다. 마음이 특히 혼란스럽고 집중이 되지 않거나 생각의 흐름 속에서 자신을 잃어버릴 때 더 많은 집중 수련이 빈번히 도움이 된다. 힘든 기억이나 감정, 혹은 자기 비난으로 가득한 생각이 넘칠 때에는 자애, 자기연민 혹은 평정 수련이 종종 도움이 된다. 마음이 보다 안정적이고 수용적일 때에는 개방주시를 통해, 우리의 자각에서 달아날 수 있는 다양한 생각과 느낌, 그리고 기억들을 의식하고 수용함으로써 더 많은 통찰과 통합으로 이끌 수 있다 (R. D. Siegel, 2010). 우리의 개인적인 명상 수련이든 혹은 환자를 위한 수련을 설계하든 수련의 이러한 서로 다른 종류들에 대해 익숙해지고 또한 그것들을 기꺼이 시도하는 것이 유용하다. 때로는 한 가지 유형의 명상을 내내 시행하기도 하지만 다른 경우에는 단일의 회기 동안 마음의 상태가 변화함에 따라 이들 사이를 왕복할 수도 있을 것이다.

또한 심신자각(현재 순간의 경험을 수용과 함께 자각하는 것)의 세 가지 요소를 강화하는 서로 다른 방법으로서 세 가지의 핵심 기술에 대해 숙고하고 사용하는 것이 도움이 된다. 집중 수련은 현재 순간과의 연결을 유지시켜주고, 개방주시는 그 순간에 실제로 일어나는 것에 대한 우리의 자각을 확장시키고 심화시키며, 자애 및 연민 수련은 의식에서 일어나는 모든 것을 수용과 함께 만날 수 있도록 해준다.

비 격식, 격식, 혹은 거주 집중수련?

심신자각을 배양하는 것은 신체를 단련시키는 것과 약간 비슷하다. 우리는 생활방식을 근본적으로 바꾸지 않아도, 엘리베이터를 타는 대신 계단을 오르내릴 수도 있고, 자동차를 타는 대신 자전거를 타는 것으로, 신체를 단련시킬 수 있다. 그러나 보다 강력하게 단련시키기 위해서는 체육관에 규칙적으로 가서, 달리기를 하거나 운동 경기를 할 필요가 있다. 만일 신체 단련 프로그램을 정말 비약적으로 발전시키고 싶다면 우리는 며칠간의 자전거 또는 배낭여행을 떠나거나 건강관리시설에서 휴가를 보낼 수도 있을 것이다. 심신자각을 발달시키기 위해서도 유사한 선택을 활용할 수 있다. 비 격식적, 격식적, 및 거주 집중수련이 그것이다.

하루 생활에서 따로 시간을 마련하지 않고도 심신자각적인 걷기나 샤워하기, 먹기 혹은 운전하기 등과 같은 비 격식적인 심신자각 수련을 채택할 수 있다. 이것은 단지 의도를 변경시키는 것만으로 가능하다. 예를 들면 심신자각적인 걷기를 할 때에는 어제 회의에서 있었던 일이나 저녁 식사를 계획하는 일에 주의의 초점을 맞추는 대신 우리는 매순간 발바닥이 땅에 닫는 감각과 허공을 가로질러 앞으로 나아가는 발의 감각을 알아차리기 위해 노력한다. 심신자각적인 샤워하기에서는 우리는 아주 적당한 온도에서 수많은 물방울들이 우리의 벌거벗은 몸을 어루만지는 격렬한 관능적인 경험을 만끽한다. 우리는 할 일을 생각하거나, 샤워를 마치고는 방금 머리를 감은 것을 잊어버리고 "그게 어제였나?" 하고 생각하는 대신, 몸을 씻어내고, 비누칠을 하고 헹구는 감각에 몰입한다. 심신자각적 식사를 할 때 음식을 맛보기 위해 노력하고, 심신자각적 운전을 할 때에는 도로와 다른 차들, 나무, 집 등의 모습을 알아차린다. 이 모든 활동을 할 때, 생각이 일어나면 그것이 왔다가 지나가게 하고 우리의 주의를 지금 이 순간에 하고 있는 활동에 대한 감각으로 되돌린다. 따로 시간을 마련할 필요가 없고 일상생활의 틀을 깨지 않기 때문에 이러한 비 격식적인 수련들을 통해 누구든지 어느 정도의 심신자각을 발전시킬 수 있다.

그러나 만일 심신자각 수련을 심화시키고 싶다면 우리는 체육관에 준하는 그 무엇을 필요로 한다. 이것은 격식적인 명상을 위해 시간을 할애하는 것이다. 우리는 방해받지 않는 조용한 장소를 선택하여 초점주의, 개방주시, 및 수용을 수련한다. 수련 시간은 10분에서 20분 정도로 간략하게 할 수도 있고, 30분에서 45분 정도 좀 더 집중적으로 할 수도 있다. 심신자각 수련을 통한 뇌 기능과 구조의 변화에 대한 연구들은 전형적으로 격식적 명상 수련에 대해 연구하고 있고 대부분의 심신자각에 근거한 임상적 실시요강들은 그것을 포함하고 있다 (Lazar, 2013).

많은 환자들에게 격식적인 명상을 수련하는 것은 어렵다. 앞에서 말한 바와 같이 명상은 견디기 어려운 모든 종류의 원하지 않는 마음의 내용물들과 접속하는 문을 열 수 있기 때문이다. 특히 호흡에 초점을 둔 장시간의 침묵 수련은 격한 감정에 압도될 수도 있다. 사람들은 또한 그들의 생활이 이미 해야 할 일들로 꽉 차 있어서 시간이 없다고 느끼기도 한다. 아직도 어떤 사람들은 명상에 대해 자신의 종교적이거나 문화적인 신념과 배치되는 낯선 것으로 생각할 수 있다. 그러나 앞으로 보게 되겠지만 올바른 조합과 강도의 수련을 통해 그리고 그것들을 문화적인 차이에 대해 세심하게 그리고 협력하는 방식으로 제시할 때 대부분의 이러한 장애물들은 대부분 극복될 수 있다.

그러나 명상 수련을 획기적으로 발전시키기를 원한다면 집중적인 침묵 거주수련silent retreat 만한 것이 없다. 이것은 하루 종일 계속 하거나 혹은 정좌, 보행, 먹기, 혹은 다른 명상 수련들을 번갈아서 시행한다. 이 때 다른 사람들과 시선 접촉, 대화, 독서, 쓰기, 문자 교환, 및 이메일 확인이 금지되어 있다. 집중적인 침묵 거주수련은 우리의 심신자각 수준을 크게 향상시킬 수 있으며 대부분의 참가자들은 근본적인 변화를 경험한다.

실제로 집중적인 침묵 거주수련 없이는 심신자각 수련의 잠재력을 충분히 이해하기 어렵다는 것이 사실이다. 일상적인 수련에서는 마음의 움직임을 명료하게 관찰하기 위해 집중력을 충분히 발달시키기가 어렵다. 일상생활에서는 우리는 많은 시간을 생각하면서 그리고 목표 달성을 위해 계획하면서 보내야 한다. 결과적으로 우리는 대부분의 시간을 자신의 경험에 대해 지속적으로 서술하는 생각의 흐름 위에서 살고 있는 것이다.

그러나 집중적인 침묵 거주수련을 하는 동안 우리는 심신자각을 배양하는 것을 제외하면 결정을 내려야 하거나 목표에 도달하기 위해 노력해야 할 일이 거의 없다. 결과적으로 마음은 고요하게 잦아들고 생각들 사이에 공간이 나타나기 시작한다. 우리는 마음이 어떻게 감각과 지각, 그리고 느낌과 의도의 조각들을 모아서 실재에 대한 이해를 만들어내는지 보게 된다. 우리는 즐거운 경험이 지속되기를 바라고 고통스러운 것을 밀어내려고 하는 시도가 어떻게 괴로움을 만들어내는지 반복해서 본다. 그리고 또한 우리는 심지어 자아의 비실재성을 일견하기도 한다. 즉, 끊임없이 변화하는 경험의 흐름에서부터 매순간 자아에 대한 개념이 어떻게 구성되는지를 볼 수 있다. 이러한 통찰은 치료자로서든 환자로서든 심리적 고통에 대한 우리의 이해를 바꾸는 엄청난 잠재력을 가지고 있다.

그러나 그것은 또한 심각한 위험성을 내포하고 있다. 수십 년 전에는 서구의 명상 교사들은 사람들을 집중적인 거주수련에 참가시키기 전에 심리적 안정성에 대한 검사를 하지 않았고 그 결과 극소수에서 정신병이 발병했다. 그리하여 저자들을 비롯한 다른 동료들이 진찰이나 치료를 제공하기 위해 명상 교사들이나 참가자들의 요청을 받았던 경우가 많았다. 자아감이 취약하거나 경직되어 있는 경우, 상당한 정도의 해소되지 않거나 통합되지 않은 외상이 있는 경우, 혹은 정신병을 앓고 있는 사람은 침묵 거주수련이 금기가 된다. 그 이후 어떤 명상 센터들은 집중적인 거주수련에 참가할 수 있는 지침을 개발했지만 많은 참가자들이 아직도 습관적인 방어가 깨어질 때 어쩔 줄 모르는 경험을 하게 된다. 누가 가장 집중적인 거주수련에 적합한지 평가하는 것은 개인적으로 상당한 거주수련의 경험과 환자의 강점 및 취약점에 대한 이해를 필요로 한다. 이러한 이해에 도달하기 위해 우리는 환자들이 치료관계에서 마음의 다양한 내용물들에 대해 얼마나 자신을 개방하고 수용하는지 그리고 얼마나 감정에 대한 내인성이 있는지, 또한 자신의 경험을 이해하는 인지적인 준거틀을 내려 놓을 수 있는지를 관찰해야 한다. 또한 치료동맹의 견고함, 가족과 친구의 지원, 일상생활의 안정성의 정도, 아동기 애착관계의 질, 그리고 정신질환에 대한 유전적인 소인과 같은 것들을 포함하는 생물정신사회적 자원들을 고려해야 한다. 위험 요인이 많을수록 거주수련에 대한 권유를 조심해야 한다. 10장에서 집중적인 거주수련의 참가를 심사하기 위해 보다 자세한 내용을 제시할 것이다.

어떤 주의의 대상?

집중 concentration수련을 할 때 우리는 콧구멍을 드나드는 호흡의 감각과 같은 미세한 대상을 선택하기도 하고, 걸음을 걸을 때 발바닥이 지면에 닿는 감각과 같은 보다 생생하고 거친 대상에 대해 초점을 두기도 한다 (그림 1. 2를 보라).

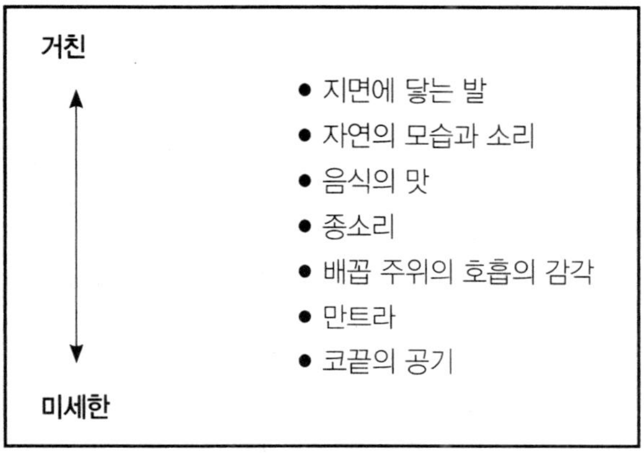

그림 1.2. 주의의 대상

마음이 분주하고 산만할 때에는 보다 거친 대상을 따라 가는 것이 더 쉽다. 그렇다면 우리는 왜 격식적인 명상을 수련할 때 주의를 기울이기 위해 항상 거친 대상을 선택하지 않을까? 명상을 하기 위해 헤비메탈 콘서트에 가는 사람이 거의 없는 이유는 무엇일까? 소리나 불빛처럼 거기에 있는 현저한 대상에 주의를 기울이는 것은 쉽다. 사실 많은 팬들이 콘서트에 가는 것은 일상의 생각과 감정에서 벗어나서 시끌벅적한 음악과 조명에 빠져드는 경험을 즐기고 싶어 하기 때문이다. 문제는 그렇게 강렬한 대상에 대해서는 세밀한 주의를 발달시킬 수 있을 것 같지가 않다는 것이다. 우리는 자극들에 주의를 기울일 수는 있다. 그러나 마음에서 무슨 일이 일어나는지를 알아차리고 통찰을 얻는 것은 쉽지 않다. 우리는 어떤 내용물에 대해서는 움켜잡으려고 하고 어떤 것은 밀어내려고 하는 마음의 경향을 진정으로 보지 못하고 미세한 느낌을 관찰하지도 못한다. 또한 마음이 상실과 획득에 대해 어떻게 반응하는지 알아차리지 못한다.

따라서 우리의 개인적인 명상뿐만 아니라 임상적인 수련에서 언제 보다 미세한 대상을 선택하고 언제 보다 거친 대상을 선택할 지 결정할 필요가 있다. 많은 명상가들은 마음이 선택한 자각의 대상에 머무는 것이 어려울 때, 즉 주의가 생각들에게 반복적으로 끌려갈 때에는 보다 거친 대상이 유용하다는 것을 발견한다. 그것은 또한 불안이나 흥분 상태와 같이 고도로 예민한 경우에도 도움이 된다. 여러사람들은 이런 저런 대상들에 대해 보다 더 혹은 덜 생생하게 경험하는 반면, 대부분의 경우 마음이 흥분되어 있거나 초조한 경우에는 걷기 명상에서의 발의 감각이나 자연의 풍광, 혹은 소리, 음식의 맛, 종소리를 알아차리는 것이 마음을 안정시키는 데에 도움이 된다. 마음이 보다 안정되어 있고 덜 흥분되고 생각에 덜 끌려갈 때에는 콧구멍으로 드나드는 호흡의 감각이나 배꼽의 오르내림, 혹은 만트라 (침묵하면서 반복하는 구절) 에 대한 집중이 보다 예민한 주의를 기울일 수 있게 한다.

종교적 혹은 세속적 수련

미국의 많은 지역에 있는 임상가들은 통상적으로 묻는다. "종교적으로 보수적인 환자들에게 이 수련을 어떻게 도입할 수 있을까요? 그들은 아마 불교에서 유래한 것이나 '명상'이라고 불리는 것은 무엇이라도 거부할 겁니다." 몇 년 전에 달라이 라마 (Dalai Lama, 2007) 는 우울증을 연구하는 과학자들과 대화하고 있었다. 그는 만일 우울증 환자들에게 특히 도움이 되는 불교 수련을 발견한다면 그것이 불교에서 나온 것이라는 것을 강조하지 말도록 당부했다. 그는 계속해서 그의 전통이 가지고 있는 목적은 전적으로 고통을 감소시키는 것이며 만일 사람들이 이 수련을 불교적인 것으로 생각한다면 그러한 생각은 단지 방해가 될 뿐이라고 말했다.

모든 효과적인 정신치료는 환자의 문화적 배경에 대해 세심한 주의를 기울일 것을 요구한다. 이것은 특히 환자의 신념과 생소한 전통에서 채택된 수련을 소개할 때 중요하다. 비종교적이고 과학적인 태도를 지닌 사람들에 대해 이 길은 상대적으로 수월하다. 현재 우리는 신경생물학 및 임상 효과에 대한 연구에서 심신자각 수련을 서구적인 과학의 용어로 기술하고 있는 인상적인 연구 결과들을 가지고 있다. 그리고 이 수련들이 가지고 있는 불교적인 뿌리로 인해 혼란을 겪을 수 있는 비종교적인 환자들을 위해 우리는 존 티즈데일과 진델 시걸, 그리고 마크 윌리엄스 (John Teasdale, Zindel Segal & Mark Williams, 1995) 의 안내를 따를 수 있다. 심신자각 수련을 우울증 치료에 사용한 논문을 처음 발표했을 때 그들은 단순히 그것을 주의 조절 훈련attentional control training이라고 불렀는데, 그것은 또한 사실이다.

보다 종교적인 성향을 가진 환자들에 대해, 이 수련들을 어떻게 제시할 것인지 결정하는 것은 좀 더 복잡하다. 우리는 먼저 그들이 다른 종교 전통에 대해 얼마나 열린 마음을 가지고 있는지를 평가해야 한다. 때로는 다른 종교 전통에서 유래한 수련이 세속적인 과학적 전통에서 나온 것보다 더 호소력을 가질 수 있다. 이러한 경우 이 수련들을 불교 전통에서 나온 것으로 소개하는 것은 문제 되지 않는다.

반대로, 우리는 환자들의 특별한 종교적 배경과 관련된 심신자각 수련을 찾을 수 있다. 예를 들어 우리는 지중해 가톨릭 수도원전통에서 나온 집중기도 기법*centering prayer techniques* (Pennington, 1980) 뿐만 아니라, 카발라 유대교*Kabalistic Jewish* (Michaelson, 2006) 와 수피 무슬림*Sufi Muslim* (Helminski, 1992) 수련의 현대적인 번안을 제공할 수 있다 (크리스챤 전통, Contemplative Outreach, www.contemplativeoutreach.org; 유대교 전통, Awakened Heart Project for contemplative Judaism, www.awakenedheartproject.org; 수피 전통, Sufi Order International, www.sufiorder.org 등을 참조할 수 있다– 역자 주).

물론, 어떤 종교적인 환자들은, 세속적인 사람들처럼 이 수련들을 비종교적으로 제시할 때 가장 좋아할 것이다. 만일 우리가 심신자각 수련에 대해 명상과 같이 종교적인 연상을 일으키는 단어들을 회피하고 인지 발달이나 정신적인 훈련, 혹은 신경가소성을 가동시키는 도구로 소개한다면 환자들은 의학적 치료나 교육적인 정보 제공과 같이 쉽게 받아들일 수 있다. 예를 들면 우리는 복음주의 종교 공동체에 심신자각 수련을 주의의 훈련으로 설명하는 것이 성공적이었다는 이야기를 듣는다. 교회와 직업, 그리고 학업에 보다 명료하게 집중하는 방법으로 소개한 것이다.

비록 이 수련들을 다양하게 많은 방법으로 개념화할 수 있지만, 심신자각 지향의 접근 방식은 어떤 특별한 신앙 전통과 화해하기 어려운 지점이 있을 수 있다. 이것은 어떤 종교 전통이 마음의 어떤 내용물에 대해 그것이 "죄악"이기 때문에 제거해야 한다고 가르칠 때 가장 빈번히 일어난다. 이때에는 보다 수용적이거나 사랑을 강조하는 성직자의 도움을 요청할 수도 있고, 잠재적으로 문제성이 있는 생각과 느낌, 그리고 충동에 대해 금지 일변도의 접근 방식이 어떠한 장단점을 가지고 있는지 환자들로 하여금 탐구하도록 하는 것이 도움이 될 수 있다.

안전한 혹은 예민한 지점으로 향하기?

대부분의 임상가들은, 환자들을 불편하고 잠재적으로 불안정한 물속으로 너무 급히 집어넣지 않는, 적정 수준의 개입이라는 문제에 대해 민감하게 고려한다. 우리는 외상의 연구를 통해 억압되어 있는 기억을 탐구하거나 부인하고 있는 생각이나 느낌에 접근하기 전에 안전감을 확보해야 할 필요가 있다고 하는 생각에 일반적으로 동의한다(예, Herman, 1992; van der Kolk, Mcfarlane, & Weisaeth, 1996).

앞에서 언급했듯이 우리의 대인관계 환경은 빈번히 마음의 어떤 내용물들을 인식하지 못하게 만든다. 어떤 남자 아이는 사랑과 애정에 대한 열망이나 취약성의 느낌이 자신을 “계집애 같은 사내아이*sissy*”로 만드는 것을 두려워하면서 성장하고, 어떤 여자 아이는 자기주장을 하는 것이 “말괄량이*tomboy*”로 만들지 않을까 걱정한다. 많은 사람들이 모든 종류의 성욕과 물욕, 공격적 욕구는 비도덕적이라고 느끼도록 양육된다. 그 뿐만 아니라 우리들 대부분은 가슴이 찢어지는 경험이나 수치스러운, 위협받는, 혹은 신체적인 손상을 입는 것과 같은 엄청난 경험을 겪을 수 있다. 그러한 사건들은 견디기에는 너무도 고통스럽기 때문에 그 순간에는 단지 부분적으로만 경험되고 그것들에 대한 기억은 단지 부분적으로만 접속될 수 있다. 치료에서 그러한 내용물에 대해 탐구할 때 우리는 환자들을 혼란에 빠뜨리거나 다시 상처를 입히지 않도록 주의 깊게 다루어야 한다.

어떤 종류의 명상 수련들은 일반적으로 안전감을 증진시키고 견디기 어려운 내용물들에 대한 접근을 막아주는 반면 어떤 것들은 거절된 생각이나, 느낌, 그리고 기억으로 향하도록 만든다. 티베트 불교 전통에서는 이를 “예민한 지점으로 나아가기”*moving toward the sharp points* 라고 부른다. 어떤 수련이 전형적으로 어떤 효과를 야기하는지에 대한 자료들을 아직 알지는 못하지만 우리는 현존하고 있는 치료 전통에서 약간의 안내를 받을 수 있을 것으로 기대한다.

일반적으로 말하면 가슴. 배, 목구멍에 주의를 기울이는 (호흡의 감각에 주의를 기울이는 것과 같은) 명상 수련들은 우리를 예민한 지점으로 향하게 만드는 반면에, 좀 더 멀리 떨어져 있는 대상들 (발바닥, 소리, 음식의 맛, 혹은 자연 환경과 같은) 에 초점을 맞추는 수련들은 보다 더 안정화시키는 경향이 있다. 이 원리는 유진 젠들린 (Eugene Gendlin, 1978) 의 초점 맞추기 방법과 그 밖의 신체 지향 정신치료에서 유래한 관찰과 관련이 있다. 가슴과 배, 그리고 목구멍의 신체 감각에 주의를 기울이는 것은 현저한 기억과 감정으로 우리를 연결시켜 주의를 예민한 지점으로 향하게 한다. 우리는 반복적으로 개인적인 경험과 임상경험 양자 모두에서, 단순히 눈을 감고 신체의 중심부에서 느껴지는 감각을 알아차리는 것이 그렇지 않았다면 의식하지 못했을 느낌으로 들어가게 해줄 수 있음을 본다.

따라서 어떤 환자가 자신의 정서를 견디기 어렵거나 떠오르는 생각이나 심상이 힘든 느낌을 준다면 “외적인” 대상을 선택해서 집중하는 수련을 하는 것이, 힘든 “내부의” 내용물을 깊이 자각함이 없이 안정감과 안전감을 느끼게 해줄 수 있다. 이러한 보다 “외적인” 주의의 대상들은 초점을 신체의 중심부에서 멀어지게 하는데 이를 비 격식적으로 (일상적인 다른 활동을 하는 동안) 할 수도 있고 격식적 (명상을 위한 시간을 정해 놓는) 수련으로 할 수도 있다. 그것들은 걷기, 듣기, 외부 환경을 관찰하기, 식사 명상을 포함하며, 눈을 뜨고 수련을 한다. 요약하면 우리는 환자들이 내부에서 무엇이 일어나더라도 외부에 있는 상대적으로 안전한 감각들이 피난처를 제공해 줄 수 있음을 인식하도록 돕는다.

외부에 초점을 두는 집중*concentration* 수련에 부가해서 심상*imagery*과 관련된 어떤 종류의 심신자각 양성 기술들은 안정감을 제공해 주기도 한다. 심신자각은 현재 순간에 대한 수용적인 자각이며 이 수련들은 고통스러운 느낌이 일어났을 때 그것을 거부하지 않고 왔다가 사라지도록 놓아두기 때문에 수용하는 능력을 특징적으로 강화시킬 수 있도록 고안되어있다. 이 기술들은 신체의 중심부나 외부의 감각에 주의를 모으는 것이 아니라 그 대신 특별한 느낌이나 관점을 배양하는 데에 초점을 둔다. 6장에서 자세히 기술되는 자애 및 자기연민 수련들은 이와 같이 작용하여 특히 고통스러운 느낌에 사로잡힐 때 사람들이 위로와 위안을 느낄 수 있도록 돕는다. 유사하게 산 명상 (7장에 기술되어 있는 바와 같이, 자신을 계절에 따라 주변에서 다양한 변화들이 일어나지만 상대적으로 일정한 모습을 유지하는 산이라고 상상하는) 은 정서적인 그리고 환경적인 변화의 와중에서 평정심을 양성하고 안정감을 제공할 수 있다. 호흡과 발걸음에 조율하면서 마음에 대해 이런 저런 내용물들이 일어났다가 지나가는 광활한 하늘로 상상하거나 평온한 엷은 미소를 짓도록 하는 것과 같이 변증법적 행동치료dialectical behavior therapy (DBT; Linehan, 1993a, 1993b) 에서 활용되는 선 기법Zen techniques들도 사람들로 하여금 보다 깊은 안전감을 느끼게 해준다.

어떤 환자가 상대적으로 안정적인 생활환경 속에 있고, 치료동맹이 잘 형성되어 있으며, 감정이나 힘든 기억으로 혼란을 경험하고 있지 않다면 예민한 지점으로 나아가도록 도움을 주는 시점이 될 수 있다. 그리하여 곤혹스런 기억을 직면시키거나, 불편한 느낌을 탐구하거나, 혹은 문제 행동의 결과를 볼 수 있게 한다. 이것은 고통 때문에 자각에서 배제시켜 왔던 감정이나, 충동, 심상, 그리고 기억에 접근하여 이들을 재통합하는 것이다. 이러한 탐구에 유용한 많은 정신치료 기법들이 있지만 심신자각 수련은 특히 효과적이다.

위에서 말했듯이 만일 명상 수행자가 호흡과 같은 내적인 자각의 대상에 충분한 시간 동안 주의를 기울인다면 조만간 부인하고 있던 광범위한 마음의 내용물들이 자각의 영역에 나타날 것이다. 이러한 반응은 집중 수련*concentration practice*을 하는 동안에도 나타날 수 있는 반면에 개방주시*openmonitoring*를 할 때 보다 잘 일어난다.

대부분의 사람들은 일단 그들이 예민한 지점으로 주의를 옮겨가기로 결정하면 공포나,

슬픔, 분노, 열망과 성적인 느낌, 그리고 다른 내용물들에 대해 아주 잘 개방하고 받아들일 수 있게 된다. 그러한 경험들은 순간순간 어떻게 전형적으로 몸통과 목에서, 신체적인 감각으로 경험되는지에 대해 초점을 맞출 때 일어난다. 우리가 감정에 대해 이러한 방식으로 객관적으로 관찰할 때, 그것들이 서술적인 생각*narrative thoughts*이나 심상과 함께 동시에 신체적인 감각으로 일어난다고 하는 것을 알아차리게 된다. 따라서 만일 화가 났다면 어깨와 가슴의 근육이 긴장을 일으키고, 호흡이 가빠지고 심장이 두근거리면서 "난 네가 나에게 이렇게 했다는 것을 믿을 수 없어."와 같은 생각이 마음을 스쳐지나가는 것을 경험할 수 있다. 이 때 그러한 이야기가 아니라 감정의 신체 요소와 함께 머무르면 그 상황을 "고치기" 위해 행동을 취하려고 하는 (이것은 주로 이야기 요소에 주의를 기울일 때 일어날 수 있다) 급박한 느낌에서 벗어나서 그것을 보다 충분히 경험할 수 있다. 격렬한 감정을 경험할 때, 동반되는 심상이나 이야기식의 생각이 일어나서 지나가도록 허용하면서 단순히 신체적인

안전 지향

- **밖의 초점(몸 중심에서 떨어진 곳)**
  - 걷기 명상
  - 듣기 명상
  - 밖의 환경 명상
  - 식사 명상
  - 일반적으로 눈을 뜨고 하는 명상
- **안의 초점**
  - 산 명상
  - 이미지 안내
  - 수용 수련(자애, 자기연민)
  - 변증법적 행동치료 기술들

예민한 지점 지향

- **원하지 않는 또는 회피한 것으로 향함**
  - 몸에서 어떻게 느끼나요?
- 통증, 공포, 슬픔, 분노, 성적인 각성
- 원하지 않는 이미지 또는 기억들
- 파괴적인 또는 강박적인 행동에 대한 충동

그림 1.3. 안전성의 확립 대 예민한 지점 나아기의 기술

감각과 함께 존재하는 것을 배우면 대부분의 사람들은 그것을 인내할 수 있다. 우리는 감정에 대해서만이 아니라 중독이나 강박과 같은 파괴적인 행동을 하려고 하는 충동에 대해서도 이러한 태도를 배울 수 있다 (Breser, 2013; R.D. Siegel, 2010; 또한 7장을 보라). 그림 1. 3은 안전성을 확립하는 수련들과 예민한 지점으로 나아가는 수련들을 요약하고 있다.

서술적 혹은 경험적 초점?

대부분의 환자들은 자신의 이야기를 하고 싶어서 치료에 온다. 그들은 행운도 겪고 불운도 겪었다. 그래서 유쾌한 생각과 감정도 느끼고 불쾌한 생각과 감정도 불러일으킨다. 정신치료는 종종 이러한 이야기에 초점을 맞추고 그것의 기원과 전이, 일상생활에서 나타나는 관련되는 현상을 탐구하거나 (정신역동적 치료), 그것의 비합리적이고 비적응적인 왜곡을 조사하기도 하고 (인지행동치료), 문화나 대인관계의 맥락에서 그것을 이해하려고 시도한다 (시스템 치료). 서술적인 이야기에 초점을 맞추는 것은 환자들에게 이해받고 위로받는 느낌을 제공하고 불필요하게 고통스러운 정신적 구조물로부터 해방시켜 줄 수 있다 (Fulton & Siegel, 2013).

반면에 심신자각 수련은 일반적으로, 서술적인 이야기에서 그 순간의 경험으로 주의를 돌리게 한다. 결과적으로 심신자각 지향 정신치료는 보통 계속해서 변화하는 신체 감각에 주의를 기울이는 것에 기초해서 지금 여기에서 일어나는 현상에 초점을 맞춘다. 앞에서 언급했듯이 현재 순간의 신체 감각에 주의를 두는 것을 배우게 되면 환자들은 더 많은 평정심과 감정에 대한 인내를 배울 수 있다. 왜냐하면 감정을 서술적인 이야기의 내용에서 분리시켜 그것을 몸으로 느끼게 되면 훨씬 더 쉽게 포용할 수 있기 때문이다. 신체 체험 (Levine & Fredrick, 1997) 이나 감각운동 치료 (Ogden, Minton, & Pain, 2006) 와 같은 신체 지향 치료나 빌헬름 라이히의 연구에서 유래하는 생체에너지 공학 (Lowen, 1958, 1994) 과 같은 접근처럼 신체 감각에 초점을 두면 외상적 기억이나 억압된 감정에서 회복하는 데에 도움이 된다.

양자 모두 유용하다. 심신자각 지향 치료자로서 우리는 통상 보다 전통적인, 이야기에 초점을 맞추는 접근과, 현재순간의 경험에 보다 많은 초점을 두는 것 사이에서 선택해야 하는 어려움을 경험한다. 예를 들어, 만일 어떤 젊은 여인이 사회 불안으로 인해 파티에 가는 것을 두려워한다면 몸에서 느껴지는 불안의 감각을 회피하기 보다는 그것과 함께 머무는 수련을 하는 것은 매우 치료적이다. 유사하게 만일 어떤 노인이 초조함과 우울에 빠졌다면 몸에서 느껴지는 슬픔과 분노에 초점을 두는 것을 통해 그의 정서 생활과 자신의 고통을 일으키는 데 기여한 외상적인 기억과 다시 연결될 수 있게 한다.

어떤 경우에는 단지 매 순간의 경험과 함께 머무는 것이 환자의 이야기를 탐구하는 것보다 효과가 덜할 수 있다. 만일 어떤 10대 소년이 충동적으로 행동했던 것에 대해 심한 수치심을 느끼면서 주위 사람들이 자신을 피할까봐 두려워하고 있다면 무슨 일이 있었는지 검토하면서, 충동적으로 행동하게 만든 요인들을 조사하고, 타인들이 그를 어떻게 볼 것으로 상상하는지에 대해 정확하게 논의해보는 것이 큰 위안을 줄 수 있다 – 빛과 공기가 수치심을 해소하는 데에는 너무 시간이 걸릴 수 있다. 자기 비판적인 생각에 사로잡혀 있을 때에는 수치심의 경험과 함께 머무는 것보다 서술적인 이야기로 접근하는 것이 훨씬 큰 도움이 된다.

이 두 가지 접근의 균형을 잘 잡는 것이 하나의 기술이다. 예를 들어 어떤 환자가 아들이 자신의 모교에 받아들여지지 않는다며 실망에 빠진 경우와 같이, 때로는 우리는 특별히 불합리하고 고통스러운 이야기로 신음하고 있음을 감지한다. 이러한 경우 이야기를 직접 탐구하고 아들이 거절당한것이 그 부모에게 의미하는 바가 무엇이며 그것이 다른 실망스런 일들과 어떻게 공명하고 있는지 탐구하는 것이 가장 유용할 수 있다. 다른 경우에는, 어떤 사람의 이야기가 특별히 왜곡되어 있지 않고, 그가 회피하는 습관에 사로잡혀 있다고 한다면, 매 순간의 경험과 함께 머무는 것을 수련하는 것이 좀 더 나을 수 있다. 청소년기의 딸에 대한 분노가 관계를 더 악화시키지 않을까 두려워하는 어머니는 자신의 몸에서 일어나는 분노의 파도를 단순히 알아차리는 시간을 가질 필요가 있을 수 있다. 물론 동일한 회기에서 두 가지 접근법이 모두 도움이 되기도 한다. 우리의 어려움은 언제 한 쪽을 더 강조해야 할 것인지 분별하는 것이다.

어떤 주어진 순간에 어느 접근법을 강조할 것인지를 결정하는 것은 많은 요인에 좌우되는 반면, 가장 우선적으로 고려해야 할 사항은 환자가 지금까지 경험을 다루는 두 가지 방식 중 어느 편에 더 많은 무게를 두었는지에 대한 것이다. 특히 환자가 정신적 고통의 어떤 유형에 고착되어 있다면 그리고 그가 서술적 이야기 혹은 경험적인 초점 중 전적으로 어느 한 방식으로 탐구하는 경향이 있다면 다른 접근법을 조사하는 것이 치료과정을 진전시키는 데에 도움을 줄 수 있다.

상대적 혹은 절대적 진실?

심신자각에 보다 깊이 천착하는 임상가는 증상 완화를 훨씬 넘어서는 가능성을 본다 (더 자세한 것은 Germer & Siegel, 2012와 10장을 보라). 궁극적으로 이들 수련 중 많은 것들은 원래 마음의 보다 근본적인 변혁, 즉 깨달음이라고 일컬어지는 자유를 지향한 것이었다. 이 각성은 세계를 보는 우리의 일상적인 개념을 넘어, 있는 그대로의 세계, 불교 전통에서 말하는 존재의 세 가지 특성을 철저히 자각하는 것이다. 그것은 모든 것은 물질과 에너지가 끊임없이 변화하는 흐름이라는 무상*anicca*; 종종 '삶은 괴로움이다'라고 번역되는 고*dukkha*, 이는 마음은 항상 불만족스럽다고 하는 관찰인데, 그것은 쾌락에 집착하고 고통을 회피하기 때문이다; 그리고 우리의 경험을 자세히 관찰해보면 "나"라고 할 수 있는 내면의 작은 난장이*little homunculus*를 찾을 수 없고, 단지 매 순간 일어나는 감각과 경험, 그리고 그것에 대해 마음이 지속적으로 서술하는 논평*mind's running narrative commentary*만이 있을 뿐이라고 하는 무아*anatta*를 말한다 (신경 과학자인 울프 싱어 (Wolf Singer, 2005) 가 마음은 "지휘자 없는 오케스트라"라고 말했듯이).

절대적 진실*Absolute Truth*이라고 말할 수 있는 이러한 존재의 진실을 직접 이해하고 받아들이는 것은 엄청난 자유를 가져다준다. 왜냐하면 쾌락에 집착하고 고통을 회피하려고 하는 태도와 자존심을 세우려고 하거나 또한 어떤 특별한 성과를 고집하는 것이 훨씬 줄어들기 때문이다. 심신자각을 응용하는 정신치료는 이러한 진실을 볼 수 있게 하는 잠재력을 가지고 있다. 중요한 임상적인 질문은 어떻게 그리고 언제이다.

만일 어떤 환자가 결혼 직전에 약혼녀로 부터 파혼을 당해 슬퍼하면서 치료에 왔을 때, 모든 것은 변하는 것이며 관계가 지속되리라고 기대해서는 안 된다, 우리는 어떠한 것에도 결코 의지할 수 없다, 마음은 좋을 때나 나쁠 때나 고통을 겪는 것은 피할 수 없는 일이다, 결혼을 하더라도 또 무언가로 인해 고통을 받을 것이다, 그와 그의 약혼녀는 문화적으로 조건화된 구성물을 제외하면 실재하지 않는 단지 물질과 에너지의 변화하는 집합체일 따름이라고 말하는 것은 엄청난 공감의 실패일 것이다.

그럼에도 불구하고 우리가 인습적으로 가지고 있는 견해들이 얼마나 무익한 것인지를 인식하는 것은 매우 유용할 때가 있다. 많은 환자들은 긍정적인 자존심을 유지하려고 애쓰는 것이 얼마나 무익한 (우리는 항상 평균 이상일 수 없다) 것인지를 인식하고, 쾌락에 매달리고, 고통을 밀어내려고만 하는 것이 얼마나 불행을 더 증폭시킬 수 있는지 보게 하며, 그리고 우리의 모든 인생 경험이란 단지 지나가는 것들임을 깨닫게 되는 것을 통해 많은 유익을 얻을 수 있다. 좀 더 현저한 예를 들어보자. 수개월 전에 암으로 남편을 잃고 깊은 슬픔에 빠졌던 한 환자가 다음과 같은 관찰에 대해 말했다. "때로는 친구와 이야기 하면서 남편이 죽은 것은 실제로는 큰 문제가 아니라는 것을 깨달았어요. 내 친구의 모습과 말소리, 그리고 느낌 속에 파묻혀서, '그가 돌아왔어'라고 생각하는 대신 '그는 더 이상 살아있지 않아'라고 생각하지요. 그 순간에 실제로 다른 것은 생각이지요. 나머지는 실제로 같아요." 물론 우리는 너무 조기에 이러한 관점으로 환자를 달래는 것을 원하지는 않지만 그러한 가능성에 대해 열어두는 것은 큰 해방감을 준다.

정신치료는 거의 항상 우리가 상대적인 진실*Relative Truth*이라고 부를 수 있는 수준에서 시작할 필요가 있는데, 그것은 인간의 이야기에서 일상적인 요소들이다. 성공과 실패, 즐거움과 고통, 열망, 상처, 분노, 지루함, 기쁨 그리고 자부심과 같은 것들 말이다. 치료자로서 우리는 인생의 오르막과 내리막에 대한 그들의 정서적 및 인지적인 반응에 공감하면서 그 순간에 있는 그대로의 환자들의 수준에서 그들을 만나기 위해 노력한다. 그러나 일단 우리가 이러한 공감적인 관계를 확립하고 환자의 특별한 상황이 어떻게 정서적인 고통을 불러왔는지 자세히 탐구하고 나서는 이 환자에 대해 보다 넓은 관점에서 실존적인 한계에 대해, 그리고 일반적으로 마음이 어떻게 고통을 만들어내는지에 대해, 혹은 존재하는 것은 현재 순간뿐이라는 깨달음에 대해 초점을 맞추는 것은 환자를 자유롭게 해줄 수 있다.

이해의 상대적 및 절대적 수준 사이에서 결정을 내리는 것은 치료가 과학이라기보다 예술이 되는 또 다른 영역이다. 따라서 환자를 안내하기 위해서는 치료자 자신의 심신자각 수련과 임상적 경험에서 깨달은 통찰을 이끌어내야 한다. 일반적으로 상대적 진실의 수준에서 치료를 시작하여 환자가 어떠한 힘든 경험에 대해서도 그것에 대한 자신의 생각과 느낌을 연결하여 다차원적인 측면을 탐구할 수 있을 때까지는 거기에 머무르는 것이 타당하다. 생각과 느낌이 계속해서 친숙하고 저항 없이 일어날 때 이러한 탐구가 완료되었다고 생각할 수 있을 것이다. 일단 이것이 완료되고, 환자가 다양한 견해를 동시에 소화할 수 있을 만큼 충분히 인지적으로 유연해졌을 때 자신의 경험을 보다 무상, 고, 무아라고 하는 진실을 고려하는 실존적이고 구조주의적인 관점에서 탐구하는 것이 도움이 될 수 있을 것이다.

역효과를 낳는 방어로서의 명상 수련

인간 정신의 두드러진 특징 중 한 가지는 심리적인 방어를 고안해내는 창조성에 있다. 우연히 마주친 막대기가 맛있는 개미를 집는 데에 탁월한 도구가 될 수 있음을 우연히 알아내는 유인원과도 같이 우리의 마음은 불편함을 회피하는 놀랍게도 다양한 범위의 전략들을 배울 수 있다. 이들 중 일부는 그것이 어려운 상황에서 잘 기능하도록 해주기 때문에 매우 유용하지만 어떤 것들은 우리의 성장과 발전, 그리고 적절한 기능을 방해한다. 명상 또한 예외가 아니다. 거의 모든 종류의 심신자각 수련은 방어적으로 잘 못 사용될 수 있다.

집중에 대한 집착

우리의 한 동료는 열정적으로 명상 수련에 전념했던 한 청년을 기억하고 있다.

> 클립Cliff은 부끄럼이 많고 소심했는데, 최근에 어머니를 잃고 사교적인 상황에서 종종 불안정해지는 것을 느꼈다. 수련에 몰두해서는 그는 하루 종일 심신자각을 하려고 노력했다. 파티에 갔을 때에도 그는 순간순간 호흡의 감각을 주의를 기울이고, 예를 들면 어머니에 대한 슬픔과 같은 것으로 마음이 방황할 때마다 호흡으로 다시 돌아오곤 했다. 마음에서 일어나는 무엇에 대해서라도 개방하기 보다는 (개방주시), 혹은 어울리는 사람에게 주의를 기울이기 보다는 고통스러운 감정이 일어날 때마다 그는 보다 더 호흡에 보다 더 밀착해서 집중했다. 그가 사람들과 교류하지 못하고 깊은 관계를 가질 수 없었다는 것은 놀랄 일이 아니다. 그에게는 집중 수련에 집착하는 것은 하나의 역효과를 낳는 방어가 되었다.
>
> 물론 집중 수련이나 편안하게 해주는 다른 수련 (자애 명상과 같은) 이 매우 유용한 경우가 있다. 고통스러운 감정과 침입하는 생각이나 기억들이 안정을 잃게 만들 때 현재 순간의 감각에 주의를 고정시키는 것은 일시적으로 도움이 되는 도피처가 될 수 있다. 그러나 우리의 어려움은 그러한 안전감이 언제 필요하고 또 언제 성장이나 적절한 기능을 방해하는지 감지하는 것이다.

거주수련*Retreat*이 도피가 될 때

다른 수련의 선택도 또한 방어가 될 수 있다. 예를 들어, 격식적 명상과 거주 수련은 양자 모두 엄청난 자유를 줄 수 있지만 어떤 사람들은 대인관계의 책임이나 직업적인 어려움을 회피하기 위해 명상 수련에 에너지를 쏟는다.

> 저스틴Justin은 "화해할 수 없는 차이점"으로 인해 세 번째 결혼생활에 마침표를 찍었다. 50대 후반임에도 불구하고 그의 행동과 분노는 어린 청소년과 유사했다. 그는 정신 장애가 있는 어머니와 알코올 중독에 신체적 학대를 일삼는 아버지에 의해 양육되었다. 성장기에는 다른 아이들이 그를 놀리고 집적댔다.
>
> 저스틴은 관계가 나빠질 때 자신의 역할을 보지 못했다. 그것은 항상 남의 탓이었다. 그는 사소한 오해로 인해 친구관계를 절교하고, 어머니와 누이와의 관계도 힘들었으며 종종 아무 대화도 나누지 않는 기간을 보내고는 했다. 그의 치료자가 이러한 관계의 악화에서 그의 역할을 자각하게 하려고 노력했을 때 그는 이것을 자신에 대한 공격이나 공감의 실패로 보았다. 그는 치료를 끝내고 거주 명상 수련을 위해 인도로 가기로 했다. 그는 "정신치료는 내가 원하는 게 아니야"라고 말했다.
>
> 저스틴은 명백하게 발달과 관계의 어려움을 피할 수 있는 도피처로 명상을 찾았다. 인도에서의 수련의 모험은 잠시 동안은 성공적으로 그의 마음을 분산시킬 수 있었지만 실패한 관계의 고통스런 심상이 마음에 떠오르기 시작했다. 마침내 그는 집으로 돌아가서 다른 사람들과 관계를 가지는 것이 필요함을 깨달았다.

집중적인 수련*intensive practice*이 언제 역효과를 가져올지 분별하는 것은 어려운 일이다. 임상가들은 궁극적으로 승려나 수녀가 아니다. 그들은 일과 사랑으로 혼란스러운 세계에서 살기로 선택했고 아마 명상 수련을 위해 단지 제한된 시간만을 헌정했을 것이다. 그러나 수많은 영적인 전통에서 수없이 많은 은둔자들은 가장으로 사는 삶의 소란을 떠나는 것을 선택했다. 대부분의 지혜 전통의 설립자들은 이러한 길을 걸었다고 한다. 그렇다면 이러한 길은 언제 자신의 심리적 및 영적 발달을 다음 단계로 끌어올리기 위한 선택이 되고 그리고 언제 발달적 어려움을 회피하기 위한 우회로가 되는 것인가?

임상가로서 우리는 열린 마음을 가지고 그러한 개인적인 결정에 대한 숙련된 이해에 도달하기 위해 스스로의 가치관을 자각해야 한다. 우리들 대부분은 더 심오한 명상 수련으로 전환하는 것에 대해 자동적으로 프로이트(Freud, 1930/2005)가 말한 대양과도 같은 하나 됨의 상태로 돌아가려고 하는 유아적인 열망으로 보지는 않을 것이지만, 그럼에도 불구하고 우리 스스로가 하지 못한 수련에 엄청난 몰두를 하는 사람들에 대해 회의적일 수 있다. 혹은 정반대 방향의 실수를 할 수도 있다. 즉, 심신자각 수련에 대한 우리 자신의 열정에 과도하게 사로잡히면, 환자들이 삶에 온전히 책임을 다하는 것을 회피하기 위해 격식적 혹은 거주 수련에 몰두하는 것을 인식하지 못할 수도 있다. 양쪽의 가능성 모두에 대해 주의 깊은 마음을 가지는 것이 그것들의 희생양이 되는 것을 피할 수 있는 길이다.

불편한 주의의 대상을 피하기

"나는 걷기 명상은 정말 좋아하는데, 정좌 수련은 진짜 싫어!"라고 말하는 것을 흔히 듣는다 (혹은 반대일수도 있다). 언제 편안한 주의의 대상을 선택하는 것이 가장 좋으며, 언제 보다 어려운 수련을 하도록 압박을 가하는 (혹은 격려하는) 것이 좋을까? 어떤 사람들은 불편함을 회피하는 경향이 있고 그 결과 자신의 심리적 발전을 질식시킨다. 예를 들면, 걷기를 하는 동안은 불안이나 안절부절못함을 느끼지 않기 때문에 걷기 명상을 좋아하는 환자는 결코 자신의 불안이나 안절부절못함을 견디는 것을 이해하고 배울 수 없을 것이다.

다른 한편, "고통 없이 얻는 것은 없다"는 과도하게 경직된 태도를 가지는 사람들도 있다. 이 상황에서 환자는 언제 불편함에서 휴식을 취해야 할지, 언제 보다 편안하게 느껴지는 수련을 선택하는 것이 지혜로운 것인지 알지 못한다. 명상 훈련은 즐거움에 대한 방어로 사용될 수 있고, 놓아버림과 편안함에 대한 방어로 사용될 수도 있다. 환자들의 경험을 다양한 기법으로 경청하고 그것을 그의 전반적인 인격의 맥락 속에서 숙고해 보는 것이 수련에 대한 균형 잡힌 접근을 발견하는 데에 중요하다.

종교적 및 세속적 믿음의 단점

환자의 종교적인 믿음의 유무가 그들의 심리적 발달을 어떻게 돕는지 혹은 방해하는지에 대해 논의하는 것은 어려운 과제다. 그것은 딛고 설 수 있는 객관적인 디딤돌이 없기 때문이다. 종교를 가지고 있는 임상가는 종교가 없는 임상가와는 다른 각도에서 이 문제를 볼 수 있다. 그러나 이 또한 심신자각 수련에 대한 접근이 환자의 성장을 억제하거나 혹은 도움을 줄 수 있는 영역이다.

종교적인 믿음은 분명히 모든 종류의 심리적인 유익함들을 제공할 수 있다. 의미와 목적, 안전감, 도덕적 지침, 공동체에 참가하기, 개인 보다 더 큰 어떤 것과의 동일시와 같은 것이 그러한 것들이다. 그러나 그것은 또한 성적 및 공격적 충동에 대한 부정적인 판단이나 수용할 수 없는 생각과 감정에 대한 징벌의 공포, 추방에 대한 걱정과 경직된 믿음 체계와 같이 심리적 성장에 어려움을 가져다주기도 한다.

이에 반해 엄밀하게 세속적인 견해는 종종 종교적 믿음과는 반대가 되는 비용과 효과를 가지고 있다. 단점은 의미와 목적의 결여, 불안정감과 고립, 도덕적 지침의 결핍, 그리고 더 넓은 우주와의 단절과 같은 것을 포함한다. 장점은 동물적 특징에 대해 보다 편안하게 받아들이고, 징벌의 공포나 추방에 대한 걱정이 없는 점, 그리고 보다 유연하고 상대주의적인 신념체계를 가지고 있는 점이다.

심신자각 수련을 종교적인 방식으로 시작할 수 있으며, 종교적 헌신에 동반될 수 있는 유익함과 어려움을 야기할 수 있다. 심신자각 수련을 종교적인 맥락에서 시작하고 싶어 하는 환자들을 위해 어떤 사람의 종교적인 이해가 어떻게 그의 심리적 성장을 지원하거나 방해하는지에 대해 열린 마음으로 세심하게 탐구하는 것이 도움이 될 것이다. 그것은 심리적으로 보다 개방적이고 유연하게 될 수 있도록 해 주는가? 그것은 실존적인 현실의 어려움들을 처리할 수 있도록 도움을 주는가? 유사하게 이 수련들을 엄밀하게 세속적인(비종교적인) 방식으로 받아들이는 사람에 대해서는 어떻게 세속적인 신념이 도움이 되거나 혹은 문제가 될 수 있는지 이해하는 것을 통해 유익을 얻을 수 있을 것이다. 보다 열성적으로 세속적인(비종교적인) 사람들은 그들의 견해가 어떻게 자신들을 보다 넓은 세계와의 상호의존성을 이해하지 못하도록 하는지, 심신자각 수련이 어떻게 이러한 상호연결성의 체험이라고 하는 대자유의 출입구가 될 수 있는지 탐구해보는 것은 특히 흥미로운 일이 될 수 있다.

너무 많은 안전성?

우리는 초점주의나 집중 수련에서 피난처를 찾아서, 편안한 주의의 대상에 집착하거나 격식적인 명상이나 거주 수련에 과도한 시간을 투자하는 것이 어떻게 어려운 삶의 상황이나 마음의 내용물을 경험하는 것을 회피하기 위해 방어적으로 사용될 수 있는지에 대해 토론하였다. 한편 수련으로 인해 상처를 받거나 과거의 상처를 반복하지 않도록 안전성을 확보하는 것은 치료에서 핵심적인 문제이다. 보다 많은 안전감이 필요한지 혹은 도전이 필요한지에 대해 감지하기 위해서는 상당한 임상 경험이 필요하다. 언제 안전감을 조성할 것인지에 대해 대략의 지침을 주는 것은 가능하지만 (불안정한 생활 상황; 통합되지 않은 외상관련 사고, 느낌, 그리고 이미지가 너무 많을 때; 취약한 치료적 관계 등), 언제 감정적인 어려움이 지나친 것이 되는지, 혹은 언제 그것이 성장의 출입구가 될 것인지를 감지할 수 있기 위해서는 다양한 부류의 환자들과 끈끈하게 이어지는 치료 작업의 경험이 필요하다. 어디서 심신자각 지향 임상가*mindfulness-oriented clinician*로 훈련받을 수 있는지에 대해 학생들이 우리에게 물어오면, 우리는 보통 그들이 먼저 신뢰할 수 있는 감독자에게 지도를 받으면서, 임상가로서의 훈련을 광범위하게 받을 것을 제안한다. 왜냐하면 언제 안전감을 지향할 것인지 혹은 언제 미지의 영역으로 그를 이끌어 갈 것인지에 대한 감각은 경험을 통해 축적되는 직관에 의해 발달되기 때문이다. 우리는 또한 자기 자신의 심신자각 수련을 추구할 것을 제안하는데, 그것을 통해 격렬한 정서적인 경험과 함께 앉아있는 능력이 발달되면서 다양한 수련들의 효과를 직접 경험할 수 있기 때문이다.

흥미롭게도 이것은 임상가 자신의 비적응적인 방어가 크게 작용할 수 있는 영역이다. 만일 어떤 치료자가 강력한 감정을 두려워한다면 그는 자신의 불편감을 피하기 위해 환자들을 안전감 쪽으로 유도할 것이다. 만일 치료자가 자신의 치료적인 능력에 대해 자신이 없어 치료적인 진전을 보여주고 싶은 욕구를 느낀다면 그는 환자들을 미숙하게 조기에 예민한 지점으로 내몰 것이다.

조기에 절대적 진실로 몰아가기

심신자각 수련을 고려함에 있어서 또 다른 흔한 위험은 때로 "영적 우회*spiritual bypass*"라고 부르는 것이다. 이 방어적인 조치는 지혜, 연민, 신과의 연결이나 깨달음에 이르는 영적인 혹은 종교적인 길을 가기 위해 수련을 할 때 가장 빈번히 일어난다. 우리가 절대적 진실이라고 부르는 것-모든 현상의 변화하는 속성, 마음이 끊임없이 고통을 만들어 내는 방식, 그리고 분리된 자아감의 비 실재성-에 대해 순수하게 지적으로 이해하는 것은 우리의 인간적인 감정을 부인하고, 깨달은 사람이나 성인의 행동이라고 상상하는 어리석음에 빠지게 한다. 그리하여 우리를 실망시키는 친구에게 즉각적으로 다른 뺨을 돌려 대거나 친구의 행동 이면에 있는 그의 고통에만 초점을 맞추게 되고 자신의 상처나 분노를 느끼지 못하게 될 수 있다. 상대적 현실*relative reality*을 이렇게 우회해 버리게 되면 다른 모든 심리적인 방어와 마찬가지로 느낌을 묻어버리게 되는 문제가 일어난다. 그리고 우리가 느낌을 묻어버릴 때에는 그것을 산 채로 묻어버린다. 그것은 신체 증상이나 수동-공격적인 행동, 강박적 행동이나 다른 비적응적인 행동으로 되돌아 올 수 있다. 영적 우회는 그 순간에 일어나는 그다지 고상하지 않은 반응들을 부정하기 때문에 실제로는 심신자각을 가장한 비 자각 *mindlessness*의 순간이다.

때로 영적 우회는 삶의 고통들에 대한 지름길을 약속하는 심오한 신비적 혹은 초월적인 경험으로 이끌 수 있다. 그러나 조만간 우리는 일상적인 삶의 어려움에 직면한다. 이 점에 대해 명상 교사인 잭 콘필드 (Jack Kornfield, 2000) 는 그의 책 〈After the Ecstasy, the Laundry〉에서 "어떤 사람들은 세탁 작업을 안 하려 하는데 이것은 불행한 일이지만 이해할 수 있는 일이다"라고 말했다.

> 산드라Sandra는 최근에 아시아에 있는 성지 순례에서 심오하고 감동적인 "영적" 체험을 하고 돌아왔다. 그녀는 이 체험을 다시 경험하기 위해, 그리고 결혼 생활과 간섭이 많은 시어머니, 또한 말썽을 많이 피우는 사춘기 아들 문제에 도움을 받기 위해 심신자각 지향 치료를 원했다. 치료자가 그녀에게 자신의 마음과 가족에 대한 반응을 관찰하기 위해 내면을 보라고 제안했을 때, 그녀는 몹시 화를 내면서 "나는 내면을 보고 싶지 않아요." "나는 단지 그들이 나를 존경하기를 원해요."라고 버럭 화를 내면서 말했다.

산드라는 심신자각 수련이 초자연적인 혹은 초월적인 해결책을 제공해주지 않는다는 것을 알았다. 우리의 자각을 강력하게 확장시킬 수 있는 잠재력에도 불구하고 그것은 삶의 어려움을 뛰어넘게 해주지는 않는다.

우리가 논의해 온 다른 많은 임상적인 결정에서와 같이 여기서도 타이밍과 균형이 중요하다. "영적 우회"가 빈번하게 치료에 역행하기는 하지만 쉽사리 일어나지 않는 "긍정적인" 정서적 태도와 반응을 함양하는 역할을 할 수 있다. 6장에서 자세히 논의하겠지만 우리가 경멸하고 분노하는 사람에 대해 의도적으로 자애와 연민, 그리고 감사의 마음을 양성하는 것은 실제로 이러한 유익한 마음을 강화시킬 수 있다. 우리는 언제 이러한 수련을 부정적인 감정을 인내하는 것이 어려울 때 그것을 회피하기 위한 수단으로 사용할 것인지, 언제 곤혹스런 감정을 충분히 경험하고 난 이후 마음의 유용한 자질을 발달시키기 위해 그것을 활용할 것인지를 감지하기 위해 주의 깊은 분별을 해야 한다.

그것은 복잡하지만 가치가 있다

달라이 라마(Dalai Lama, 2009)가 말했듯이 정신치료에 심신자각을 도입하는 것은 "복잡하다." 인간은 다면적인 존재이기 때문에 모든 사람에 대해 모든 경우에 적절한 수련이나 기법은 없다. 우리가 이 장에서 제안한 지침들은 단지 제안일 뿐이다. 치료자 각자가 임상 현장이라는 실험실에서 다양한 기법들이 서로 다른 순간에 서로 다른 환자에게 어떻게 영향을 미치는지 발견해야 할 것이다.

다음 장들에서 우리는 이 장에서 기술한 많은 종류의 심신자각 수련에 대해 자세하게 탐구한다. 우리는 당신과 당신의 환자들이 다양한 환경에서 시도할 수 있는 광범위한 기법들에 관한 지침과 그것을 어떻게 적용시키는 지에 대한 임상적인 사례를 함께 제시할 것이다. 우리가 가장 빈번하게 사용하는 수련 중 많은 부분들을 인터넷에서 유인물과 음성 녹음 자료들을 통해 무료로 활용할 수 있다. 부록에는 특별한 개인적인 욕구에 맞춘 덜 빈번하게 사용되는 명상 수련이 특정한 장애와 인구 집단을 위한 수련을 선택하는 지침과 함께 실려 있다.

우리는 정신치료자로서 당신의 경험을 풍부히 하고, 당신과 당신의 환자들이 보다 풍성한 삶과 보상을 얻을 수 있기를 희망한다.

2장

심신자각 치료자가 되기

당신이 그 어떤 것이든 습관적으로 만들고자 한다면, 그것을 연습해라. 만약 당신이 어떤 것을 습관적으로 만들기를 원치 않는다면 그것을 연습하지 마라. 하지만 당신 자신을 다른 어떤 것에라도 익숙하게 만들어라.

– Epitus(in Barlett, 1980, p 121)

보다 더 심신자각적인 인간이 되기 위해서는–그리고 그 과정에서–더 나은 심신자각 치료자가 되기 위해서는 치료자 자신의 심신자각 명상 수련에 기초해야 한다. 이것 없이는 심신자각에 대해 지적인 이해는 갖게 될지 모르지만 그것이 무엇인지 뼛속 깊이 느낄 수 없다. 그리고 또한 심신자각이 우리의 외부와 내부에서 끊임없이 변화하는, 그리고 종종 강력한 감정을 불러일으키는 현상들과 관계하는 방식을 어떻게 변화시킬 수 있는지에 대해 충분히 인식할 수도 없다.

이것이 모든 주요한 전통에서 명상 스승들이 다른 사람들을 가르치기 시작하기 전에 그들 자신의 수련을 심도 있게 발전시키려 했던 이유다. 이것은 또한 심신자각에 근거한 스트레스 완화*Mindfulness Based Stress Reduction* (MBSR)나 심신자각에 근거한 인지치료 *Mindfulness-Based Cognitive Therapy* (MBCT) 와 같은 프로그램의 지도자들이 심신자각 명상을 배우고 수련해야 하는 이유이기도 하다. 같은 이유로 심신자각을 응용한 정신치료 *mindfulness-informed psychotherapy*나 심신자각에 근거한 정신치료*mindfulness-based psychotherapy*에 관심이 있는 치료자가 자신의 환자에게 비격식적인 심신자각 수련을 해보라고 제안하는 것보다 더 많은 것을 해주기를 바란다면, 자신의 명상 수련을 확립하는 것으로 시작해야 한다.

아직 당신 자신의 심신자각 수련을 할 기회가 없었다면 이 장은 당신이 그것을 시작할 수 있도록 도움을 주고자 한다. 만일 당신이 수련을 하고 있다면 그것을 좀 더 심화 확장시키고 심신자각 수련을 임상적인 작업에 접목시키는 것에 대한 지침을 제시해줄 것이다.

심신자각 훈련은 치료자에게 유익한가?

최근 연구를 살펴보면 심신자각 명상을 수련한 치료자와 건강관리 전문가들은 뚜렷한 부정적인 효과 없이 다양한 장점을 경험하고 있다 (Escuriex & Labbe, 2011). 장점에는 자기수용, 자기연민, 삶의 만족, 행복감이 증가될 뿐만 아니라 지각된 직무 스트레스, 괴로움 그리고 무력감이 감소되는 점을 포함하고 있다. 게다가 참여자들은 환자들을 더 잘 보살필 수 있는 환경을 만들 수 있고 환자와의 관계가 개선되었다고 보고하고 있는데, 더 많은 공감 능력을 갖게 되고 관계에서 그저 반응적이거나 방어적이 되지 않고 현존하는 능력이 증가되었다고 했다 (Cohen-Katz 등 2005; Pipe등, 2009).

치료자의 효율성

심신자각을 수련하는 치료자들이 좀더 효율적으로 치료할 수 있을까? 여기에 대한 연구에서는 아직 결론이 나지는 않았다. 한 연구 (Grepmair 등, 2007) 는 훈련과정에서 치료자들을 두 집단으로 나누고 한 집단에만 격식적인 심신자각 훈련을 시켰다. 나중에 양쪽 집단의 환자들을 조사했는데 심신자각 훈련을 받은 치료자들의 환자 군에서 치료 경험을 훨씬 더 호평했을 뿐만 아니라 증상에서도 더 많은 감소를 보였다. 다른 연구 (Greason & Cashwell, 2009) 는 훈련과정에서 치료자의 심신자각 수준이 주의력을 유지하고 공감을 표현하는 능력과 관련이 있음을 보여 주었다. 저자들은 심신자각이 치료관계를 향상시키는 기술이라는 결론을 내린다. 그리고 다른 연구 (Ryan, Safran, Deran, & Muran, 2012) 는 성향적 심신자각*dispositional mindfulness*이 높은 치료자의 환자 군에서 증상이 감소되지 않을 때 조차도 대인관계 기능이 더 많이 향상되는 것을 보여주고 있다. 그렇지만 또 다른 연구 (Plummer, 2009; Stratton, 2006) 는 치료자의 심신자각 수준은 치료결과와 상관관계가 없는 것으로 나타났으며 한 연구 (Stanley 등, 2006) 는 실제로 더 많은 심신자각 수련을 한 치료자에서 상대적으로 좋지 않은 결과와 연관성을 보였는데 아마도 매뉴얼화된 접근방식에서 치료 실시요강을 치료자가 성실히 수련하지 않은 것과도 관련이 있어 보였다. 치료자 자신의 심신자각 수련이 치료결과를 향상시키는지에 대한 의문은 아직 광범위하게 연구되고 있지는 않으며 명확한 결론을 내기까지는 좀 더 많은 연구가 필요하지만 규칙적으로 심신자각을 수련하는 저자들을 비롯한 다른 많은 치료자들은 그것이 치료의 효율성을 향상시킨다고 믿는다.

심신자각과 치료적 현존

심신자각을 수련할 때 우리는 현재 순간에 대한 경험에 반복적으로 주의를 가져온다. 반복해서 우리는 과거 또는 미래에 대한 걱정을 반추하는 것을 놓아버리고 바로 지금 무엇이 일어나고 있는지에 주의를 되돌린다. 우리는 콧구멍으로 드나드는 호흡의 감각이나 바닥에 닿은 발에서 느껴지는 감각들과 같은 비교적 단순한 대상에 초점을 맞추는 것으로 시작한다. 점차적으로 기술이 발전함에 따라 힘들었던 고등학교 시절의 기억을 이야기 하는 우리 앞에 앉아있는 환자와 같이 좀 더 복합적인 대상에 초점을 둘 수 있게 된다. 심신자각적으로 될 수 있는 이러한 능력, 과거로 끌려가고 미래에 기대는 것이 아니라 순간순간 무엇이 일어나든지 수용하고 개방하는 능력이 현존*presence* 의 한 가지 정의이다. 또 다른 정의는 심리학자이면서 명상 지도자인 타라 브라흐 (Tara Brach, 2012) 가 내린 것으로, 현존이란 "우리의 경험과 함께 지금 여기에 충만하게 존재할 때 일어나는 각성*wakefulness*과 개방성*openness*, 그리고 온화함*tenderness*의 감각"이라고 제시한바 있다 (p. 12).

많은 점에서 심신자각과 현존은 동의어다. 그러나 심신자각은 마음을 현재 속에 존재하고 머무르게 하는 훈련의 과정을 의미하기도 한다. 정신과 의사인 대니얼 시걸 (Daniel Siegel, 2010a) 은 어떻게 "심신자각적인 자각 훈련"이 현존으로 이끌게 되는지를 다음과 같이 말하고 있다.

> 심신자각적이라는 용어의 모든 의미에서 – 우리가 하는 것들에 대한 세심하고 의도적인 상태, 가능성에 대해 개방적이고 창조적인 상태, 혹은 판단하지 않고 현재 순간을 자각하는 상태 – 심신자각은 우리가 유연하고 수용적이며, 현존할 수 있도록 해주는 자각의 상태이다.

시걸은 나아가서 어떻게 현존이 보다 더 안정감이 있고 공감적인 치료관계를 형성하는 데에 도움이 되는지 설명하는 모델에 대해 개관했다. 그는 현존이 어떻게 조율 *attunement*–치료자의 개인적인 관심을 한 쪽에 밀쳐두고 환자가 경험하는 핵심 속으로 들어가는 능력–을 유도하는지를 설명한다. 조율은 이번에는 공명*resonance*을 야기하는데, 이것은 분리되어 있는 개체인 치료자와 환자가 하나의 기능적인 전체가 되는 상태를 말한다. 공명은 우리가 (상대방에 의해–역자 주) '느껴지고 있는' 것을 느끼는feel felt 것이며, 이것은 서로 다른 두 개인이 '우리'가 되는 방법이다 (D. J. Siegel, 2010a, p. 55). 현존과 조율, 그리고 공명이 결합되면 환자는 안정감과 신뢰감을 느끼게 되고 이것이 긍정적인 변화를 촉진한다.

심리학자 토마스 비엔 (Thomas Bien, 2006) 은 심신자각이 현존하는 능력을 증진시킴으로써 우리가 심도 있게 경청하는 능력을 향상시키는 또 다른 길에 대해 기술하였다. 비엔 (Bien, 2006) 의 견해에 의하면, 정신치료는 온전하게 현존하고 심도 있게 경청하는 것을 통해 상호연결의 감각을 촉진하는 심오한, 심지어 영적인 조우의 시간으로 변모될 수 있는데 이것이 환자를 치유하고 성장시킬 수 있다는 것이다.

다음 장에서 다루어지겠지만 심신자각은 또한 가끔씩은 우리가 앉아서 환자의 이야기를 경청할 때 느끼는 아주 강렬한 반응들을 견뎌내는 능력을 향상시켜 현재에 머물 수 있도록 도와준다 (전통적 정신분석에서 역전이라고 폭넓게 서술되었다). 예를 들어 환자에게 도움이 되는 느낌을 주거나 존경받기 위해 식견 있는 말을 하고 싶은 욕구와 같은 자기애적 충동을 행동화 하지 않는 것을 배울 수 있다. 또는 우리는 한 걸음 물러서서, 나의 생각과 느낌을 사실이라기보다는 단지 생각과 느낌으로 보는 것을 배우고 그것들에게 빠져드는 대신에 우리의 주의를 환자에게 그리고 현재 순간에 전개되는 내부와 외부의 경험들에 다시 되돌릴 수 있다.

물론 심신자각에 대한 책을 읽는 것은 레스토랑의 메뉴에 있는 훌륭한 새로운 음식의 종류에 대해 읽는 것과 같다. 그것은 우리의 식욕을 자극할지도 모르나 스스로 맛보기 전에는 진짜로 경험할 수는 없는 것이다. 그리고 심신자각의 유익을 약간이라도 맛보고 싶다면 우리는 수련을 해야 한다.

시작하기: 기본사항들

수련의 형태

1장에서 논의 했듯이 심신자각 수련은 3가지의 기본 형태를 가지고 있다. 비 격식적 수련은 설거지를 하거나 침대를 정리하거나 차를 마시는 것 같은 일상생활의 활동에 의식적으로 주의를 기울이는 것이다. 한편 격식적인 수련은 일상의 활동과 같이 주의를 분산시키는 것들을 치워두고 규칙적인 시간을 할애 하는 것이 필요한데, 집중과 개방주시, 그리고 수용이라고 하는 핵심적인 심신자각 기술 중에서 한 가지 혹은 그 이상을 발전시키는 데에 전적으로 초점을 맞추게 된다 (이런 기술들을 배양하기 위한 자세한 지침들은 4–7장에서 다루어진다). 집중 수련*intensive practice* 은 며칠, 일주일 또는 그 이상, 집중적으로 수련할 수 있는 거주 센터나 다른 보호된 환경에 입소해서 시행한다.

그렇다면 어디에서부터 시작하는가? 대부분의 사람들에게 가장 좋은 것은 별다른 시간 투자가 필요 없는 비 격식적 수련으로 시작하는 것이다. 당신이 당장 사용할 수 있는 간단한 수련방법들을 소개한다.

대기실로 걸어가는 명상

- 다음 환자를 만나기 전에 될 수 있는 한 최선을 다해서 현재 순간의 당신의 몸을 자각하고자 하는 의도를 가지라. 한두 번 의식적으로 호흡하면서 지난 면담에서부터 일어난 어떠한 느낌들이라도 날숨과 함께 놓아버린다. 바닥과 의자에 닿은 신체 부위의 감각을 느껴본다.
- 일어설 때 앉은 자세에서 선 자세로 자세를 바꾸면서 신체에서 일어나는 다양한 신체 감각을 자각한다.
- 걷기 시작할 때 바닥에 닿은 발의 접촉부위를 느껴본다. 문고리를 잡을 때 손의 감각이 어떤지 알아차린다. 복도로 걸어 나갈 때 사무실과는 다른 냄새나 공기의 느낌이 있는지 감지해 본다.
- 생각이나 감정이 떠오르면 당신이 할 수 있는 최선을 다해 그것이 일어나서 그냥 지나가도록 하면서 당신은 매 순간의 신체 감각에 주의를 기울인다.
- 복도를 걸어가면서 바닥에 닿는 발의 감각을 계속 느껴본다.
- 다음 환자를 만나서 인사말을 나눌 때 목에서 느껴지는 감각을 자각하고 자신의 음성을 자각하면서 이 사람과의 만남에서 일어나는 어떤 것에 대해서도 자신을 개방하라. 치료 회기 중에 당신이 계속해서 심신자각의 상태를 유지하는지 보라.

이것은 단지 비 격식적 심신자각 수련의 한 예에 불과하다. 당신은 이 장의 후반부와 이 책의 나머지 전체에서 그것을 발견할 것이다. 이 수련들은 우리가 심신자각의 상태를 하루 종일 지속 할 수 있도록 해줄 수 있으며 격식적 수련과 같이 사용할 때 더욱 더 효과적이다.

다음 단계로 가기

비록 비 격식적인 수련이 시작하기 수월하고 일상생활에서 심신자각을 배양하는데 중요하긴 하지만, 그것은 일반적으로 심신자각이 가지고 있는 변화시키는 힘을 충분히 활용할 수 있는 기회를 제공하지 못한다. 그것을 위해 대부분의 사람들은 또한 격식적 수련에 최소한 매일 얼마간의 시간을 들여야 한다.

격식적인 명상에 대한 지침은 많은 명상 센터나 오디오 프로그램들, 웹사이트 등에서 뿐만 아니라 이 책 전반을 통해서 찾을 수 있다 (부록에 있는 자료들의 목록을 참조하라).

만일 당신이 진정으로 수련을 심화시키기 원한다면 장시간의 거주 수련을 위해 시간을 투자하는 것이 가장 좋다. 앞에서도 논의했듯이 거주 수련은 일상생활에서 오는 주의 분산과 책임에서 벗어나게 해주고 시선 접촉이나 대화와 같은 일상적인 사교적 관습에서도 자유로워지는 기회가 된다. 언뜻 보기에 끝이 없는 마음속의 재잘댐이 침묵 속에서는 일상생활보다 훨씬 많이 줄어들게 되면서 심신자각을 체험하는 시간이 보다 오래 지속된다. 그 결과 자신의 개인적인 과거와 우리 모두가 공유하고 있는 더 넓은 현실, 그리고 마음이 얼마나 많은 고통을 스스로 만들어내고 있는지에 대한 통찰을 얻게 된다. 이것이 바로 많은 영적인 전통에서 거주 수련의 가치를 높이 평가한 이유이며 MBSR이나 MBCT 같은 심신자각에 기초한 프로그램의 지도자 훈련과정에 한 주 내내 계속해서 침묵하는 거주수련을 시행하는 이유이기도 하다 (거주 수련에 대한 좀 더 많은 정보는 10장과 부록의 자료들을 보라).

수련에 전념하기

격식적 심신자각 수련을 배우는 것은 비교적 간단하지만 수련을 지속하는 것은 간단하지 않다. 일단 우리가 규칙적으로 명상을 하겠다고 결심하고 나면 많은 어려움들이 뒤따른다. 쉽게 좌절하기도 하고, 자신이 그것을 올바로 하지 않고 있다는 생각을 하거나, 정말 이런 어려움들을 겪어야 할 가치가 있는지 쉽게 의문이 일어난다. 또한 일상생활에 매달려서 수련을 지속해나갈 시간을 낼 수 없거나 완전히 그만 둘지도 모른다.

그래서 수련에 대한 전념이 필요하다. 우리가 만날 수 있는 가장 큰 문제 중의 하나는 신속하고 확실한 결과를 기대하는 것이다. 하지만 누가 우리를 비난할 수 있겠는가? 우리는 규칙적인 명상이 대뇌의 구조와 기능에 긍정적인 영향을 끼치고 (Davidson, 2004; Lazar 등 ,2005; Holzel 등 2008), 감정 조절을 향상시키며 (Ramel, Goldin, Carmona, & McQuaid, 2004), 우울증으로부터 보호하고 (Kuyken 등 2008; Godfrin & van Heeringen 2010), 불안을 감소시키며 (McKim, 2008; Farb 등, 2010) 그리고 다른 심리적이고 생리적인 장점을 (Germer, Siegel, & Fulton, 2013) 보여주는 연구에 대해 읽어 보았을 것이다. 그런데 변화가 가끔은 미미하고 서서히 진행된다고 하는 것을 읽어보지 않았을 수 있다. 그것들은 보통 시간이 흐르고 난 후 뒤돌아볼 때 알아차릴 수 있다. 사실, 대부분의 연구는 최소 8주에서 10주간, 때때로 더 긴 시간동안 격식적 명상을 매일 수련한 사람들을 대상으로 한다.

이미 앞서 언급되었지만 심신자각을 배양하는 것은 다양한 수준의 강도에 맞추어 나갈 수 있는 점에서 신체 단련과 어느 정도 유사하다. 이 비유는 또 다른 점에서도 비슷하게 적용된다. 때때로 규칙적인 연습이 힘들 수 있는데 왜냐하면 어떤 날은 어떤 연습이 매우 어렵다가도 또 다른 날에는 그것이 쉽게 느껴지기 때문이다. 그러나 연습이 쉽든 어렵든 우리는 신체단련을 할 때 마다 몸이 더 건강해지고 있다는 자신감을 느낀다. 심신자각을 할 때에도 수련이 어렵든 쉽든, 우리의 마음이 고요하든 분주하든 수련하는 매 순간 심신자각은 조금씩 발전한다.

그래서 계속 해 나가는 것이 중요하며 우리의 수련에 대해 너무 일찍 판단해서는 안 된다. 만일 당신이 지금 시작 했다면 최소한 8주 이상 수련하기 전에는 어떤 결론도 내지 않는 것이 좋다. 당신이 어떻게 하고 있는지에 대해, 그리고 기대하고 있는 결과에 대해 평가하지 말고 그냥 계속 앉아 있으라. 그러면 8주 후에 당신은 지나온 과정을 돌아 볼 수 있고 무엇이 변화 했는지 계속 할 가치가 있는지 결론을 내릴 수 있다.

심신자각 수련을 유지하는 8가지 방법들

당신은 불확실성과 의심, 그리고 당신 자신의 마음은 말할 것도 없이 환자와 가족, 친구들의 요구에 직면해서 어떻게 계속 수련하려는 동기를 유지하겠는가? 여기에 유용한 몇 가지 팁이 있다.

1. 습관으로 만들어라. 명상을 칫솔질 하는 것과도 같이 매일 당신이 하는 규칙적인 습관으로 만든다. 하루 중 당신에게 가장 좋은 시간을 정하고–아침 첫 시간이나 가끔은 저녁에, 또는 둘 다 하는 것도 대개는 괜찮다–그리고 당신의 일과표에 짜 넣는다. 그런 후 그것에 대해 어떤 생각도 하지 않는다. 가장 중요한 것은 그것을 좋아할까 하는 걱정을 하지 않는 것이다. 나이키 광고 에서처럼 "그냥 해라."

2. 너무 길게 하거나 너무 짧게 하지 않도록 하라. 격식적 수련을 위해 마음이 차분해지기에 충분한 길이의 시간을 선택하라. 그러나 당신의 생활에서 규칙적으로 할 수 없을 정도로 길게 할 필요는 없다. 대부분은 하루 15분에서 45분정도면 적당하다. 그러나 5분에서 10분 정도 밖에 할애할 수 없다면 그것도 전혀 하지 않는 것보다는 낫다. 처음에는 짧은 시간으로 시작해서 당신이 자신감과 경험을 습득하게 됨에 따라 시간을 조금씩 점차적으로 늘려나가는 것이 현명하다.

3. 특별한 공간을 마련하라. 당신은 일부 수련자들처럼 명상을 위한 전용실을 마련할 정도로 사치스러울 필요는 없지만 가능하다면 당신의 침실, 거실이나 사무실의 한쪽 구석이라도 명상을 위한 공간을 만들어 놓는다. 당신이 수련을 하고 싶을 때마다 장소를 다시 만들 필요가 없도록 준비를 해놓고 당신은 그저 앉아서 시작만 하면 된다. 만일 당신이 원한다면 영감을 불러일으킬만한 그림이나 물건들로 그 곳을 장식해도 좋다.

4. 당신을 위한 자세를 발견하라. 대부분의 격식적인 수련에서와 같이 앉아서 수련을 하는 경우 반드시 등을 똑바로 세운 자세를 유지하면서 동시에 이완되고 편안한 자세로 앉도록 한다. 올바른 자세는 각성을 고무시키고 존엄한 느낌을 불러일으키며 코를 통해 기도를 따라 폐로 들어가는 호흡의 부드러운 흐름들을 촉진시킨다. 전통적인 불교 승가에서는 전형적으로 "자푸(zafu)"라는 조그만 방석이나 또는 목조 의자에 앉아서 한다. 그러나 등받이가 있는 의자도 좋다. 당신은 몸이 어떻게 느끼는가에 따라 세 가지 모두 실험 해봐도 되고 서로 그것들을 번갈아 가며 사용해 보기도 할 수도 있다 (아래에서 자세에 대한 좀 더 자세한 지침을 참조한다).

5. 다른 형태의 지지를 찾으라. 권위 있는 명상 스승으로부터 개인적인 지도을 받거나 책과 음성 녹음 같은 방법을 통해 안내를 받는 것은 매우 바람직한 일이다. 친구와 함께 하거나 혹은 동호인 집단에서 같이 명상을 하면 필연적으로 생기는 수련의 기복을 극복하고 꾸준하고 활기차게 수련하도록 도움을 줄 수 있다.

6. 판단을 유보하라. 앞에서 언급했듯이 비합리적인 기대와 자신에 대한 비판은 필연적으로 좌절을 가져온다. 그 대신 이것은 어떤 특별한 상태에 도달하려고 하는 것이 아니라 당신이 이미 존재하는 그 자리에 반복해서 되돌아오는 것에 대한 것임을 기억하라.

7. 온화하지만 끈기 있게 하라. 명상은 노력을 필요로 하지만 너무 열심히 하는 것은 역효과를 가져올 수 있다. 대신에 붓다가 류트(lute, 연주법이 기타 비슷한 초기의 현악기–역자 주) 라는 현악기의 현에 비유를 한 것 같이 중도를 찾으라. 소리를 내기 위해선 현을 너무 팽팽하게 하거나 느슨하게 해서는 안 된다. 이것을 달리 말하면 당신 자신에게 온화하게 대하되 지속적으로 하는 것이다.

8. 당신의 의도를 기억하라. 당신은 처음에 왜 수련을 하겠다고 결심했는가? 마음의 평화를 찾기 위해서? 당신의 환자와 친구, 그리고 당신 자신을 위해 더 많은 현존을 경험하기 위해서? 이 세상에 더 많은 지혜와 자비를 가져오기 위해서? 가장 중요한 의도를 기억하는 것을 통해 당신이 길을 잃고 혼란스럽거나 낙담하게 될 때 특히 강력한 동기를 되찾을 수 있다.

명상을 위한 최적의 신체 자세 찾기

단정하게 앉으려면 의자나 명상용 쿠션, 혹은 명상용 벤치 등을 사용할 수 있다. 만약 의자를 사용한다면 척추를 똑바로 해서 편안히 앉을 수 있는 자세를 선택한다. 이 자세가 주의를 기울이는 데에 도움을 준다. 척추를 똑바로 세우는 것이 각성을 증가시킨다. 등을 받치기 위해 당신이 좋다면 의자의 등받이를 사용하거나 약간 앞쪽으로 앉아서 척추가 펴질 수 있게 균형 잡힌 자세를 만든다.

명상용 쿠션을 사용한다면 겹쳐진 담요나 카펫 위에 쿠션을 놓아서 포개진 다리가 놓이는 부분을 부드럽게 만들어 준다. 쿠션은 당신의 무릎이 바닥에 닿을 정도로 충분한 높이가 필요한데 바닥에 닿은 당신의 두 무릎과 쿠션위에 있는 둔부가 안정된 삼각형 모양을 형성하게 하기 위함이다. 한쪽 발을 반대편 발목 위나 종아리에 올려놓아도 되고 단순히 두 발을 바닥에 놓아도 된다. 이 때 양 쪽 다리를 교차시키지 않고 단순히 한쪽을 다른 쪽 다리 앞에 놓아도 된다. 당신의 다리나 발이 저려 오면 (또는 "졸리게 되면") 다른 쿠션을 하나 더 올려놓거나 담요를 더 포개서 좀 더 높게 앉아 본다. 이것은 척추를 똑바로 유지하면서 이완된 상태로 편안하고 안정된 느낌을 주는 자세를 취하기 위함이다.

만일 명상 벤치 (등받이 없는 낮은 좌판–역자 주) 를 이용한다면 포개진 담요나 카펫 위에 놓는다. 바닥에 무릎과 정강이, 그리고 발을 대고 꿇어앉는 것으로 시작한다. 이때 당신의 둔부와 체중을 받쳐주도록 둔부 아래에 벤치를 놓는다. 자세를 더 높이거나 푹신하게 만들기 위해 벤치 위에 쿠션이나 담요를 접어 넣을 수 있다. 여기서도 척추를 똑바로 펴고 편안하고 안정된 자세를 취하고자 하는 것이다.

당신이 앉는 방법과 상관없이 어떤 줄이 당신의 머리에 연결되어 당신을 부드럽게 하늘이나 천정 쪽으로 잡아당기면서 척추를 늘이고 있다는 상상을 하는 것이 도움이 된다. 다음에는 자연스럽게 균형을 잡는 자세를 만들어 가도록 당신의 머리를 앞뒤로 가볍게 흔들고 옆으로도 흔들어 본다. 이것은 이완되지만 위엄 있고 각성된 자세를 취하도록 해준다. 손은 허벅지나 무릎에 편안히 내려놓으면 안정감을 더해준다. 몸통을 지지하거나 뒤로 기울어지는 것을 막기 위해 팔을 사용하지 말아야 하는데 이것은 많은 긴장을 불러일으키기 때문이다.

명상은 실제로는 신체 훈련이 아니지만 명상 하는 동안 가능하면 고요함을 유지하는 것이 유용하다. 자세를 고치거나 가려워서 긁고 싶은 충동이 일어난다면 곧바로 행동하지 말고 그 충동을 관찰해 보는 실험을 해보라. 당신은 이것에 대해 단호하거나 금욕적으로 대처할 필요가 없이 움직이고 싶은 충동에 대해 약간 억제하는 연습을 함으로써 당신의 집중력을 향상시킨다. 그것은 또한 마음이 어떻게 불편감에 대해 습관적으로 반응하는지를 보여줄 것인데, 이는 심신자각 수련의 핵심적인 원리다.

(R.D.Siegel(2010)에서 인용. 2010년 저작권은 Ronald D. Siegel이 가지고 있음. 허락을 받아 인용).

심신자각을 진료실로 가져오기

격식적인 심신자각 수련이 자리 잡기 시작하고 생활의 일부가 되었다고 가정해 보자. 당신은 그것을 어떻게 임상 작업에 좀 더 직접적으로 적용할 수 있을까? 이것은 4장에서 7장에 걸쳐 논의할 것인데, 환자를 가르치는 것은 물론, 당신 자신의 생활에서 구체화시키는 것을 포함한다. 여기에는 3가지의 기본적인 방법이 있다. (1) 당신의 작업에서 심신자각을 위한 올바른 조건을 갖추는 것 (2) 일하는 날에도 격식적 수련을 할 시간을 내야 하는 것 (3) 당신의 생활 속에 비 격식적인 수련을 쌓아나가는 것 등이다.

심신자각을 위한 조건을 갖추기

심신자각은 어떤 조건이 갖추어지면 더 잘 일어날 수 있다. 이 조건들은 4가지 연관된 용어로 표현될 수 있으며 앞 글자가 모두 알파벳 's'로 시작한다. 여유로움*spaciousness*, 단순함*simplicity*, 단일한 마음가짐*single-mindedness*, 천천히 하기*slowing down*.

심신자각의 상태에서 우리는 여유로움*spaciousness*의 감각을 가진다. 생각, 느낌 그리고 신체감각들이 그 안에서 좀 더 자유롭게 일어났다가 사라져 간다. 우리의 하루 생활에 약간의 외적인 여유로움을 부가한다면 심신자각이라는 내적인 여유로움을 더 자주 그리고 더 쉽게 경험할 수 있다. 이를 위한 한 가지 방법은 최소한 몇 분 더 일찍 진료실에 도착하는 것이다. 이것은 방을 정돈할 시간을 줄 뿐만 아니라 실내온도와 조명을 맞추고, 거기에서 안정감을 느끼면서 나아가서 첫 환자가 오기 전에 몇 번의 심신자각 호흡도 할 수 있게 해준다. 가능 하다면 예약 시간 사이에 약간의 여유공간을 두는 것이 좋고, 점심식사나 다른 휴식을 위한 틈을 가진다.

수년전 저자들 중 한 사람이 경기장 안팎에서 침착함을 유지할 수 있었던 전설적인 NBA (National Basketball Association) 선수인 월트 프레지어Walt Frazier와 인터뷰를 가질 기회가 있었다. 비결이 무엇인지 물었을 때 그는 절대로 급히 서두르는 느낌을 느끼지 않고 적당한 긴장감을 유지하기 위해 게임이 있는 날엔 다른 선수들이 나오기 전에 항상 경기장에 먼저 나와서 다가올 시합에 대해 차분히 자신의 마음과 몸을 준비한다고 대답했다 (개인적 대화, 1984). 환자와 일련의 집중적인 치료적 대면을 해야 하는 치료자들이 준비하는 것도 이와 다르지 않다. 우리가 그것을 잘해내기 위해, 그리고 현재에 머물러서 환자에게 조율할 수 있는 기회를 증진시키기 위해, 우리 자신에게 일정한 시간과 공간을 제공할 필요가 있다.

단순함*simplicity* 은 하나의 태도다. 이것은 과거에 대한 집착과 미래에 대한 불안을 옆으로 치워두고 계속 반복해서 "여기 그리고 지금"으로 되돌아오는 과정이다. 이것은 우리가 알고 있는 모든 심리적 이론들과, 환자에 대해 알고 있다고 생각하는 모든 것들을 놓아버리고, 지금 이 순간의 새로움 속에서 그 또는 그녀를 만나는 것을 의미한다. 단순함은 또한 물리적 환경에도 반영된다. 진료실을 잘 정돈하고 어지럽지 않게 유지함으로서 환자나 치료자 자신이 당면한 과제에 쉽게 집중할 수 있는 신성한 장소로 만들 수 있다.

단순함과 밀접하게 관련이 있는 것으로 글자 뜻 그대로 한 번에 한 가지씩을 하는 것을 의미하는 단일한 마음가짐*single-mindedness* 또는 단일한 과제의 수행*single-tasking* 이 있다. 물론 우리가 환자와 함께 앉아 있을 때 치료 회기가 방해를 받거나 주의가 분산되지 않도록 모든 노력을 다한다. 그러나 우리는 가능하면 멀티태스킹을 피함으로써 이러한 접근을 생활의 나머지 부분으로 확장시킬 수 있다. 그래서 우리가 전화로 통화 할 때는 통화만 하고 진료기록을 적을 때는 기록만 하고 점심을 먹을 때는 단지 점심만 먹는다. 필연적으로 예외가 있을 것이기 때문에 여기에 맹목적으로 경직될 필요는 없다. 그러나 우리가 치료 회기 중에 좀 더 단일한 마음을 가지고 싶어 한다면 회기와 회기 사이에도 좀 더 동일한 마음을 가지도록 권고한다.

마지막으로 천천히 하기*slowing down*가 심신자각에 매우 큰 도움이 된다. 이것을 할 수 있는 가장 좋은 방법 중의 하나는 멈춤 버튼을 누르는 것을 기억하는 것인데, 특히 우리가 감정적으로 흥분되거나 혼란스러울 때 단순하게 멈추고 숨을 쉬어본다. 타라 브라흐(Tara Brach, 2003) 는 "신성한 멈춤*sacred pause*"에 대해 말했는데 이것은 깊이 조건화된 파괴적인 반응을 중단하고 좀 더 현명하고 숙련된 대응을 선택할 수 있는 기회가 된다. 불교 지도자인 페마 쵸드론 (Pema Chödron, 2009) 은 멈춤은 "자연스런 열림*natural openness*"과 연결되는 강력한 수단이며 그녀는 이것을 "하늘같은 마음의 여유로움"이라고 표현했다.

> 멈춤은 이 과정에서 큰 도움이 된다. 그것을 통해 완전히 자기 몰두의 상태와 깨어있는 마음으로 현존하고 있는 상태 사이에 일시적인 대비가 일어난다. 당신은 그저 몇 초간 멈추어서 심호흡을 하고 계속해서 나아간다 (pp. 7–8).

MBCT의 창시자들은 멈춤을 통해 "행위 양식*doing mode*"에서 "존재 양식*being mode*"으로 전환함으로써 우리가 자신과 타인들을 돌볼 때 자동조종장치에 따라 반응하는 것을 중단하고 더 깊은 심신자각과 함께 행동하기 시작한다고 말했다 (Segal, Williams, & Teasdale, 2002).

임상에서의 격식적 수련

만약 당신이 시간을 낼 수 있다면 일상의 임상적 활동에 도입시킬 만한 간단한 격식적 심신자각 수련방법이 있다. 이 첫 명상은 아무 때나 할 수 있지만 특히 진료하는 날의 첫 시간에 하는 것이 유용하다. 이것은 토마스 비엔(Thomas Bien, 2006) 이 "구루 (guru, 힌두교, 시크교의 스승이나 지도자-역자 주) 되기" (pp. 26-27) 라고 부른 명상에서 영감을 받은 것이다.

이것은 엄격하게 심신자각적인 연습은 아니므로 시각화 기법도 포함하고 있다. 특히 수련의 목적이 심신자각과 관련되는 연민이나 자애 그리고 평정과 같은 긍정적인 자질을 배양

근원과 하나 되기

- 똑바로 앉아 편안한 자세를 하고 천천히 호흡에 주의를 기울이기 시작한다. 숨을 들이쉴 때 몸이 팽창하고 내쉴 때 몸이 수축하거나 혹은 놓아버리는 감각을 느낀다.
- 수 없이 자주 일어나듯이 당신의 주의가 방황하고 있는 것을 알아차리면 그것을 끌고 간 것이 무엇이든지 부드럽게 치워두고 호흡의 감각으로 다시 주의를 되돌린다.
- 점차적으로 주의의 초점을 좁혀서 가슴과 등 윗부분, 즉 심장을 둘러싸고 있는 부위로 집중한다.
- 심장 주변에서 느껴지는 호흡의 감각에 연결되어 머무르면서 최고의 지혜와 연민을 구현하고 있는 어떤 존재를 마음에 초대한다. 만일 당신이 종교적이나 영적인 경향을 가지고 있다면 그는 붓다, 예수 그리스도, 관음, 테레사 수녀, 또는 당신만의 전통이나 공동체의 인물이 될 수도 있다. 만일 당신이 좀 더 세속적이라면 역사나 신화에 나오는 누군가가 될 수도 있고 친애하는 선생님이나 임상 지도교수 또는 멘토 등도 될 수 있다. 또는 자신의 더 높은 자기*higher self*가 될 수도 있다. 한 인물에만 국한 되지 않고 일련의 인물들이 당신을 둘러싸고 서서 지혜와 연민이 가득한 눈으로 바라보고 있는 장면을 상상을 할 수도 있다.
- 지금 당신의 가슴*heart*과 그들의 가슴*heart*을 연결해 주는 한 줄기 빛을 상상해보라. 계속해서 숨쉬면서 그들의 긍정적인 성품과 치유의 에너지를 받아들이고 있는 자신을 느낀다. 그 빛이 점점 강해지기 시작하는 것을 보라. 당신이 근원적 존재들과 하나가 될 때 까지 점차적으로 가슴들 사이의 거리를 좁혀간다.
- 잠시 동안 더 조용히 앉아서 머리에서 발끝까지 당신의 온몸에 주입된 지혜와 연민의 지고한 근원을 상상한다. 그것은 항상 거기에 있음을 기억하면서 나머지 하루 일과동안 최선을 다해 그것을 환자와 함께 하는 업무에 가져오고자 하는 의도를 가지라.

하기 위해 많은 영적인 전통에서 사용되어온 온 기법이다.

다음의 명상은 당신이 시간을 낼 수 있는 정도에 따라 1분에서 5분정도 걸리는데 대개 치료 회기 사이의 여유 시간에 할 수 있다. 혹은 과거나 미래에 이끌려 자신을 잃어버린 느낌으로 인해 "지금 여기"와 다시 연결하기를 원할 때 하루 중 아무 때나 잠깐씩 할 수 있다. 이것은 MBCT 프로그램에서 개발한 "3분 호흡 공간Three-Minute Breathing Space" 을 각색한 것이다 (Segal등, 2002).

잠깐의 심신자각적 휴식

- 발바닥을 바닥에 대고 등을 똑바로 세운 상태로 앉는다. 눈은 감아도 되고 특별한 곳에 초점을 맞추지 않고 그냥 몇 십 센티 정도 떨어진 앞쪽을 내려다본다 (이 연습을 서서 할 수도 있고 원한다면 누워서 할 수도 있다).
- 신체/마음에 자각을 가져와서 당신이 발견한 어떤 강한 감각이나 에너지를 인식한다. 가능하다면 당신의 경험에 이름을 간단히 붙여본다 ("허리가 조임", "불안한 느낌", "지난 회기의 일을 생각함"과 같이 자신에게 말한다). 당신이 경험하는 것이 무엇이든지 그것을 관찰할 때 가능한 한 객관적이고 수용적으로 할 것임을 기억하라. 이것은 일어난 것에 단순히 이름만 붙이는 것이며 그것을 판단하거나 분석하는 것은 아니다.
- 호흡의 감각에 대한 자각으로 다시 돌아와서 코끝이나 가슴, 복부 등 당신이 가장 강하게 호흡을 느끼는 어느 곳이든 그 곳에 초점을 둔다. 당신이 할 수 있는 최선을 다해 전적으로 호흡의 감각에만 모든 주의를 기울이면서 최소한 세 번의 들숨과 날숨 동안 호흡의 감각들과 함께 머물고, 시간이 더 있거나 당신이 원한다면 더 오래 머물러도 좋다. 주의가 분산되면 분산시키는 원인이 무엇이든 옆으로 밀어놓고 다시 부드럽게 주의를 호흡으로 되돌린다.
- 호흡과 연결 된 상태에서 자각의 범위를 점차적으로 전신으로 확장시켜서 호흡과 함께 다른 곳의 감각들을 함께 자각한다.
- 자각의 범위를 계속해서 확장시켜 소리와 청각의 경험을 포함시킨다. 소리가 일어나고 사라져 갈 때 단지 그것을 알아차리라.
- 눈을 뜨고 주변을 둘러보면서, 당신이 보거나, 생각하거나, 느끼거나, 말하거나, 혹은 행동하는 그 다음의 대상에 자각을 가져온다.

모든 치료자들은 그 느낌에 익숙하다. 약속시간 15분이 지나고 환자가 나타나지 않으면 아마 당신은 전화를 하든지 메시지를 남겨둔다. 또는 그냥 기다리거나 서성거리고 있을지도 모른다. 응급상황이 생겼을까? 예약시간을 잘 못 알고 있을까? 환자가 그냥 잊어버렸을까? 지난 회기에서 환자를 다시 오지 못하게 만든 무슨 일이 있었을까? 아마 환자가 치료를 중단할 수도 있으며 환자로부터 아무 얘기도 듣지 못할 수도 있다. 이 같은 상황에서 마음은 모르는 것을 설명하기 위해 많은 이야기를 만들어 낼 수 있다.

그것에 대해 당신은 당장 할 수 있는 것이 아무것도 없기 때문에 일과 중 뜻하지 않게 생긴 45분이라는 시간을 어떻게 보낼 것인가? 물론 당신은 서류작업을 할 수도 있을 것이고 전화를 하거나 웹 서핑을 하거나 어제 읽기 시작했던 소설을 몇 쪽 읽을 수도 있다. 그러나 할 일 목록과 씨름하기 전에 당신은 다음과 같은 명상을 원할 수도 있다. 이 명상은 불확실성과 의심스러운 상황에 직면하여 심신자각과 연민을 배양하기 위해 고안 된 것이다.

결석 명상

- 조용히 앉아서 눈을 감고 마음에 떠오르는 어떤 생각이든지 그 생각을 자각한다. 만일 환자가 나타나지 않았던 이유에 대해 안다고 생각한다면 이것은 단지 생각이며, 기껏해야 추측임을 스스로에게 일깨우고 다른 가능한 설명을 고려해 보라. 만일 정말 모르겠다면 그 때 당신은 그 불확실성과 함께 단순히 앉아 있을 수 있는지 보라.
- 일어나는 어떠한 느낌이라도 간략히 인식해 보라. 아마도 당신은 화가 나거나, 상처 받고, 혼란스럽기도 하고, 걱정도 되고, 불안하기도 하거나, 외롭다고 느낄지도 모른다. 더 많은 생각으로 그러한 느낌들을 조장하지 말고, 그러한 느낌들이 당신의 신체 어디에 자리 잡고 있는지 보고 그것들과 더불어 숨 쉬고 혹은 그 부위 숨을 불어넣는다. 당신 자신에게 물어보라. 이런 힘든 생각들과 느낌들을 느껴보는 여유를 가질 수 있는가?
- 가능한 최선을 다해 그런 생각들을 옆으로 밀어두고 신체 감각들에 온전히 주의를 기울이라. 예를 들어 위장이나 가슴에 조이는 듯한 느낌과 같이, 신체 어느 한 지점에서 느껴지는 감각이 있다면 그곳에 초점을 둘 수도 있다. 또는 (의자나 바닥에 몸이 닿아있는) 접촉지점이나 몸 전체, 또는 호흡의 감각에 대한 집중을 선호할 수도 있다. 최소 몇 분 동안, 당신의 주의가 다른 곳으로 배회했음을 알아차릴 때마다 언제든지 다시 그 감각으로 돌아올 수 있음을 기억하면서, 이런 신체 감각들을 닻으로 활용하라.
- 이러한 감각들과 접촉된 상태로 머무는 동안 다음과 같은 구절을 천천히, 조용히 반복하면서 스스로에게 자애loving-kindness 를 전달하기 시작한다. *내가 안전하고 내부와 외부의 해로움에서 보호받기를May I be safe and protected from inner and outer harm. 내 마음이 편안하기를May I have ease of mind. 내 가슴이 위로 받기를May I have comfort of heart. 내가 모든 고통에서 벗어나기를May I be free from all forms of suffering* (좀 더 자세한 것은 6장의 자애 명상 수련을 참조하라).
- 잠시 후에 환자에 대한 이미지나 그에 대해 느껴지는 감각에 주의의 초점을 옮겨본다. 그런 후 자애를 그 혹은 그녀에게 확장시키기 시작한다. *당신이 안전하고 내부와 외부의 해로움으로부터 보호받기를. 당신의 마음이 편안하기를. 당신의 가슴이 위로받기를. 당신이 모든 고통에서 벗어나기를*
- 마지막으로 자신이 돌보고 있는 사람들과 헤어져 있는 모든 존재들을 마음에 초대하라. 다른 치료

자들과 환자들, 자녀들과 헤어져 있는 부모들, 자신의 친구들과 떨어져 있는 친구들, 연인들과 떨어져 있는 사람들을 포함한다. *우리가 안전하고 내부와 외부의 해로움에서 보호받기를. 우리의 마음이 편안하기를. 우리의 가슴이 위로받기를. 우리가 모든 고통에서 벗어나기를.*

- 당신의 일과를 계속하기 전에 단순히 숨 쉬면서 몸에서 가장 뚜렷이 느껴지는 어떤 감각이든지 그 감각과 함께 하는 약간의 시간을 가지라. 당신의 자애와 연민을 다음의 활동에 적용 할 수 있는지 보라.

진료하는 날을 위한 다른 비 격식적 수련방법들

당신은 단지 너무 바빠서 진료하는 날에 격식적인 심신자각 수련을 충분히 할 수 없다고 생각할지 모른다. 사실 그렇기도 하다. 그러나 제일 바쁜 날에 가장 바쁜 일정이라 하더라도 비 격식적으로 수련할 수 있는 기회는 항상 있게 마련이다. 당신이 해야 하는 모든 것은 바쁜 와중에 작은 틈새를 찾아보고 그때 심신자각을 할 것을 기억하는 것이다. 이번 장의 앞부분에서 기술된 "대기실로 걸어가는 명상"이 한 가지 방법이다. 그러나 그 밖에도 많은 방법들이 있다.

예를 들어 명상 수련이 점점 발전함에 따라 점점 당신의 닻, 즉 마음이 방황할 때 주의를 되돌려 돌아오는 장소에 익숙해진다. 닻으로 되돌아오는 것은 당신이 길을 잃었다가 집으로 다시 돌아오는 것과 같다. 그것은 안도감과 편안함을 가져다준다. 그것은 또한 어려운 임상 상황에서 아주 가치 있는 비 격식적인 수련방법이 될 수 있다.

자기 비판적인 이야기를 지루하게 말 하고 있는 환자나 당신의 논평에 대해 화를 내고 있는 환자, 혹은 자살에 대한 생각을 해왔다고 고백하고 있는 환자들과 함께 앉아 있다고 가정해 보자. 당신은 자신이 불안하고, 두렵고, 화도 나고 좌절감을 느끼거나 혼란스러움을 느끼고 있는 것을 발견할 것이다. 당신은 의자에서 몸을 앞으로 기울이고 있는 것을 알아차리게 된다. 당신은 이런 어려움을 감당할 수 있을지, 뭔가 유용한 말을 해서 이 상황을 극복할 수 있을지 의문을 가진다. 당신이 말을 꺼내기 전에 이렇게 한 번 시도 해볼 수 있다.

닻으로 되돌아오기 (returning to the anchor)

- 무엇을 말할까 생각하는 대신에 단 몇 초라도 닻으로 돌아올 수 있다. 의식적으로 숨을 한 두 번 크게 쉰다. 의자에 맞닿은 신체 부위를 느껴 본다. 주변의 환풍기 소리를 들어보거나 밖으로 차가 지나가는 소리를 듣는다.
- 만일 자애 또는 연민 수련이 잘 확립되어 되어 있다면, 당신은 자애명상에서 사용되는 구절을 닻으로 활용하여 거기로 돌아올 수 있다.

닻과 연결됨으로써 당신은 지금 이 순간으로 돌아오게 되며, 이를 통해 의심과 혼돈의 구름이 걷히고 마음이 본래 가지고 있는 지혜와 연민이 그 다음에 무슨 말을 하거나 행동을 해야 할지 알려줄 것이다. 심리학자이며 명상가인 실비아 부르슈타인 (Sylvia Boorstein, 2011a) 은 가끔씩 자애 혹은 연민 명상 구절들을 마치 작은 메트로놈 같이 마음의 배후에서 작동시킨다고 말하는데, 이것이 어려운 임상적 대면에서 마음의 균형을 잡아주는 데 도움이 된다고 한다. "균형을 잡자마자 나는 다시 방으로 되돌아온다... 완전히. 그때 내 마음은 자기 자신의 지혜를 회복하고... 그 때 실제로 일어나는 것은 내가 원래 가지고 있는 연민이다" (p. 7).

다른 많은 전문가들이나 정신치료자들은, 특히 개인 사무실에서 일하는 경우, 예약 시간 사이에 틈을 내서 스낵이나 간단한 식사를 하든지 일하는 시간에 혼자서 식사를 한다. 이 또한 심신자각을 배양할 수 있는 좋은 기회가 된다. 여기 몇 가지 방법들을 제안 해본다.

심신자각적 식사 휴식

- 컴퓨터나 스마트폰, 서류들, 혹은 읽을거리들이나 다른 주의를 분산시킬 수 있는 것들을 옆으로 치워 놓는다.
- 음식을 바라보면서 이들을 산출하고 자신이 먹을 수 있도록 해 준 모든 자연과 인간의 노력들을 간단히 숙고해보라.
- 음식을 먹기 전에 음식의 향을 흡입하라.
- 한 입 베어 물었을 때 그때의 경험에 모든 주의를 기울이라. 음식의 질감과, 맛, 그리고 당신의 몸과 마음에서 일어나는 모든 반응들을 알아차리라.
- 만약 시간이 있다면 평소보다 더 천천히 씹어 보고 한번 씹을 때마다 잠깐씩 정지 해보라.
- 식사를 마치면, 남아 있는 하루 동안 이 음식이 당신에게 공급해 준 에너지를 자신과 환자들이 더 명료하게 깨어있고 현존하기 위해 사용할 것을 결심하라.

(식사 명상에 대한 자세한 내용은 6장을 참조한다)

전화 통화는 업무와 관련된 흔한 일상적 활동으로 비격식적인 심신자각 수련을 위해 활용될 수 있다. 당신이 해야 하는 모든 것은 주의를 기울일 것을 기억하는 일이다.

전화받기

- 전화벨이 울리면 그것을 받기 위해 어떤 움직임도 보이기 전에 진정으로 그 소리를 듣는다.
- 전화기를 집어 들었을 때 그것의 무게, 질감, 온도 그리고 그 밖의 물리적인 특성들을 느껴 보라.
- 발신자 신분을 확인할 때 이름과 번호를 알든 모르든 무관하게 마음에 떠오르는 생각과 느낌을 알아차리라.
- 대화가 시작 되면 말하는 것과 듣는 것을 자각하라. 자신의 음성을 들어보라. 발신자의 목소리도 들어보라. 마음에서 일어나는 어떠한 반응이든 주시하고 당신이 거기에 끌려가고 있음을 발견하면 신체부위나 어떤 다른 닻으로 연결하여 머물라.
- 통화가 끝났을 때 잠시 정지하고 신체로 주의를 되돌려서 특히 조이는 곳이나 긴장감이 느껴지는 부위에 주의를 기울이라. 이 부위에 숨을 불어넣으면서 일상생활로 다시 돌아가기 전에 그곳에 있는 감각을 느껴보는 여유를 가질 수 있는지 보라.

당신이 실망감을 느낄 때 어떻게 할 것인가?

치료자 자신의 명상 수련을 심화시키는 것은 개인적으로 그리고 직업적으로 셀 수 없이 많은 유익이 있다. 그렇지만 항상 순탄치 만은 않다. 이 과정에서 낙담이라는 느낌은 특히 우리의 기대치가 높을수록 필연적인 부분이다. 당신이 (혹은 당신의 환자가) 명상을 그만두고 싶을 때마다 다음과 같은 점을 기억하는 것이 도움이 될 수 있다.

- *인내가 필요하다.* 명상에서 일어나는 변화들은 미묘하고 점진적으로 일어난다. 가끔은 아무것도 일어나지 않은 것 같지만 그렇지 않다. 많은 연구들은 8-10주간 지속적으로 수련했을 때 대뇌 기능과 객관적인 수행에서 눈에 띄는 향상을 보여준다.
- *유익함은 축적된다.* 명상을 수련할 때 당신은 살아왔던 세월만큼 오랫동안 조건화되어온 신체적 및 감정적 경험에 대한 반응들을 재배선*rewiring* 하고 있는 것이다. 이것은 하룻밤에 일어나지는 않는다. 대부분의 변화와 유익은 후향적으로, 시간이 지나고 나서 뒤를 돌아볼 때 알게 되는 것이다.

- *좌절감에 주의를 기울이라.* 좌절감과 지루함이나 초조함 등과 같이 그것과 연관된 상태에 대해 심신자각을 할 수 있을까? 그것들을 자세히 주시하라. 그것들에 대해 호기심을 가지라. 당신은 그것들을 실제로 어떻게 경험하는가? 그것들을 생각과 느낌 그리고 신체적 감각과 같은 구성 요소로 분해해보라.
- *친절 하라.* 수련은 쉽지 않다. 방황하는 것은 마음의 본성에 속한다. 그래서 마음이 방황했다는 것을 알아차리는 매 순간 그것은 문제가 아니다. 사실상 당신은 이미 원래 궤도로 돌아왔기 때문에 스스로 축하해야 할 일이다. 마음이 수천 번 방황한다면 당신은 단순히 수천 번 다시 돌아오면 된다. 이것이 수련의 모든 것이다.
- *비교하지 마라.* 당신이 할 수 있는 모든 것은 당신의 능력껏 최선을 다해 수련하는 것이다. 어느 누구와도 비교하지 말고 당신이 도달해야 한다고 생각하는 어떤 수준과도 비교하지 마라. 그냥 당신이 있는 그곳에 존재하고 그것으로 충분하다.

우리 너머로 가기

이번 장에서 제시된 제안들과 연습방법들은 일차적으로 치료자들이 스스로 심신자각을 심화시킬 수 있도록 고안된 것들이다. 그리고 그것은 우리들 대다수가 시작하기에 가장 좋은 장소이다. 다음 장에서는 심신자각을 지향하는 임상가를 위한 다음의 논리적인 단계를 탐구한다. 어떻게 환자와의 관계에 대한 심신자각을 배양함으로써 대인간의 조율과 공명의 수준을 증가시켜 50분간의 치료시간이 “두 사람 명상*two-person meditation*”이 될 수 있는지에 대한 것이다(Epstein, 2008).

3장

치료관계에서 심신자각의 배양

내담자의 은밀한 세계를 느껴본다는 것은 "마치" 치료자가 그것이 자신의 세계인 것처럼 느껴보는 것이다. 그러면서도 치료자 입장에서 "마치"라는 특성을 잊지 않는 것. 이것이 공감이다. 그리고 공감은 치료에 있어서 필수적이다.

– Carl Rogers (1961, p. 2845)

레스터 루보스키*Lester Luborsky*는 정신치료의 결과에 대한 선구적인 연구자이며 "도도새 가설*Dodo Bird Hypothesis*"로 유명하다. 수년간의 메타분석적 연구를 통해 그의 연구진은 정신치료의 가장 효과적인 형태가 무엇인지 서로 비교하여 결론을 내렸다. 이상한 나라의 엘리스에서 도도새가 결승점에서 선언한 것처럼 "모든 주자가 이겼고 그래서 모두가 상을 받아야 합니다" (Luborsky, Singer, & Luborsky, 1975). 후속 연구자들이 이 입장에 대해 강력히 지지하거나 반대 입장을 표명해오고 있는 반면, 매우 다양한 형태의 치료들이 수많은 질병에 대해 실제로 효과가 있다는 설득력 있는 자료들이 있다. 수많은 자료들은 또한 향후 치료결과에 있어 치료동맹의 강도와 같은 "일반적인 요인들*common factors*"이 정신치료자 개인의 테크닉보다 중요하다는 것을 시사하고 있다. (Duncan & Miller, 2000; Fulton, 2013; Hatcher, 2010; Horvath, Del Re, Fluckiger, & Symonds, 2011; Stiles, 2009; Tryon & Winograd, 2011).

치료결과에 대한 연구에서 심신자각에 근거한 많은 치료들이 기대를 모으고 있지만, 최소한 동등한 중요성을 가지는 것은 심신자각 수련이 전반적인 치료관계의 질을 향상시킬 수 있는 잠재력을 가지고 있다는 것이다. 2장에서 그 예비적인 증거를 제시한 바와 같이 치료자 자신의 심신자각 수련은 환자의 감정에 대한 조율*attunement* 과 치료적 현존 *therapeutic presence* 을 향상시킬 수 있다. 이번 장에서는 치료동맹을 심화하고 유지하기 위해 수련이라는 도구를 사용하는 방법과, 심신자각 수련을 환자들에게 소개할 때 치료동맹을 최상으로 유지할 수 있는 방법에 대해 제시할 것이다.

치료적 현존을 심화하기

최근 연구는 따뜻하고 공감을 잘하며 이해심이 있고 수용적으로 느껴지는 치료자가 환자에 대해 개방적이며 협동적인 태도로 접근함으로써 성공적인 치료동맹을 형성할 수 있음을 시사하고 있다 (Narcross & Wampold, 2011). 이미 오래 전에 프로이트 (1912) 는 "공평하게 기울이는 주의*evenly hoovering attentoin*" 를 길러야 한다는 말을 했다. 이는 치료자가 "단순히 듣기만 할 것이며 어떤 특정한 곳에 마음을 두는 우를 범하지 말라"는 말이다. 그러나 프로이트나 현대 연구자들은 어떻게 그러한 능력을 향상시킬지는 구체적으로 말해주지 않았다. 심신자각 수련은 그 한 가지 방법을 제공할 수 있다.

초점주의

심신자각 수련의 기본 기술은 집중*concentration* 혹은 초점주의*focused attention*이다.

그것은 호흡이든, 지면에 닫은 발의 감각이든, 혹은 일상의 소리든, 자각을 주의의 대상으로 반복해서 가지고 오는 단순한 방법으로, 초점을 맞추는 능력을 향상시킬 수 있다. 바로 이러한 능력은 치료 상황에서 굉장히 유용할 수 있다. 치료 시간 동안 경험하는 많은 요인들로 인해 마음이 방황하기 때문이다. 치료 회기의 내용이 우리를 위협하여 주의가 방어적으로 표류하게 되거나, 외부의 근심걱정에 주의를 빼앗기기도 하고, 환자가 치료에 깊이 몰두하지 않음으로써 환자의 말이 별로 "흥미"가 없어지거나 피곤을 느끼게 되기도 하고, 심지어 집중은커녕 잠에 빠지기도 한다. 이런 모든 상황에서 집중력을 기르는 것은 치료자가 주의의 초점을 유지할 수 있도록 도와준다.

심신자각 수련을 하지 않는 치료자는 보통 주의를 유지하기 위해 목소리를 높이거나 경험의 강도를 높이는 방법으로 "흥미"를 끌어간다. 치료자는 심신자각 수련을 통해 주의를 향상시키고 회기의 내용과 무관하게 현존할 수 있도록 훈련함으로써 카렌 호나이 (Karen Horney, 1952/1998, p 36) 가 말한 "온 마음을 기울이는" 주의를 발달시킬 수 있다. (또한 Morgan, Morgan, & Germer, 2013 을 보라)

동료들과 함께하는 다음의 간단한 연습을 통해 치료 회기에서 주의의 특성에 대해, 그리고 치료자의 마음을 산만하게 만드는 것이 무엇인지 깨달을 수 있다.

무엇이 당신의 주의를 분산시키는가?

- 똑바로 앉아서 편안한 자세로 상대와 얼굴을 마주본다. 눈을 감고 호흡에 주의를 기울인다. 들숨과 함께 몸이 팽창되고 날숨과 함께 몸이 수축되거나 이완되는 것을 느껴본다.
- 주의가 흩어지는 것을 알아차리면 그것이 무엇이든 상관없이 부드럽게 놓아버리고 호흡의 감각으로 다시 돌아온다.
- 수분 후에 눈을 뜬다. 누가 먼저 말을 하고 누가 들을 것인지를 결정한다.
- 듣는 사람이 할 일은 '그냥 듣는' 것이다. 고개를 끄덕일 필요도, 미소를 지을 필요도, 동료가 어떤 느낌인지 이해한 것을 말할 필요도 없다. 단순히 동료가 현재 순간에 존재하고 있는 것에 대한 귀와 눈의 놀라운 경험을 받아들이라.
- 말하는 사람은 다음과 같은 질문을 깊이 생각한다. "당신의 업무에 온전히 현존하지 못하게 만드는 것은 무엇인가?" 되도록 판단하지 않고 마음속에 떠오르는 것이 무엇이든 말하도록 하라.
- 대략 2분 동안 말하는 사람은 말하고 하고 듣는 사람은 듣는다.
- 이제 상대와 역할을 바꾼다. 즉, 듣는 사람이 말하는 사람이 되고 말하는 사람이 듣는 사람이 된다. 역시 2분간 이 연습을 반복한다.
- 각자가 듣는 사람이 되었을 때 알아차린 것과 말하는 사람이 되었을 때 알아차린 것에 대해 상대방과 경험을 나눈다.

치료자들은 전형적으로 이 연습에 대해 다양한 반응을 보고한다. 듣는 사람 역할을 할 때, 이해한다는 표현 즉, 고개를 끄덕이거나 미소를 짓는 것, 그 외에도 자신이 듣고 있다는 것을 상대에게 표현하지 않는 것이 처음에는 어렵다는 것을 알게 된다. 때로는 의사소통을 하고 싶은 욕구가 지배적으로 되어 듣는 일에 집중하는 것이 어려워지기도 하지만, 때로는 말하는 사람에게 자신이 듣고 있음을 증명하려는 강박적인 욕구에서 해방되어 진정으로 듣게 된다.

말하는 사람 역할을 하는 어떤 치료자는 듣는 사람이 고개를 끄덕이는 것이나, 그 외에 자신의 말을 듣고 있다는 반응이 확인되지 않으면 자신이 힘들어지는 것을 발견한다. 자신이 소외되는 느낌 때문이다. 다른 치료자는 그냥 듣기만 하는*just listeing* 열린 공간이 그들을 자유롭게 만들어서 자신의 느낌을 제대로 탐색할 수 있도록 해 준다는 것을 발견한다. 어느 쪽이든 치료자들은 그들의 작업에서 주의를 분산시키는 것이 무엇인지 깨닫게 된다.

우리는 치료자들이 단순히 듣기만 하고, 환자에게 반응을 보여주지 말라고 하는 것이 아니다. 그러나 동료와 함께 하는 이 연습은 우리가 자동적으로 반응한다는 사실을 더 민감하게 알아차리는 데 도움을 줄 수 있다. 경험 많은 치료자라면 열두 가지 코스 요리를 준비하면서도 고개를 끄덕이거나 명료화*clarification*나 정교화*elaboration*를 위한 질문을 하고 이해한 것을 표현할 수 있다. 우리의 주의를 분산시키는 것들과 함께 우리가 흔히 하는 반응을 알아차리는 것을 통해 작업에 더 많이 현존할 수 있다.

감정 내성

치료에서 주의를 방해하는 것들 중에서 가장 힘든 것은 강력하고 고통스러운 감정이 일어나는 것이다. 때로는 환자들이 우리에게 다행한 일을 이야기를 하기도 하지만, 대부분의 경우에는 질병, 상실, 실패 그리고 실망과 같이 힘든 경험을 토로한다. 애써 부정하지 않는다면, 환자의 불행이 우리 자신이나 사랑하는 사람들에게 충분히 닥칠 수도 있다는 사실을 인식한다. 그리고 간혹 그 불길한 생각은 참기가 어려울 때가 있다.

심신자각 수련은 감정 내성*affect tolerance*을 기르는 강력한 도구가 될 수 있다. 그것은 우리가 환자의 고통을 바라보면서 주의를 유지하는 것이 가능하도록 한다. 주의를 유지하는 것은 강한 치료동맹을 유지하는 데에 필수적이다. 왜냐하면 환자들은 전형적으로 치료자가 자신의 이야기를 인내할 수 있다고 느낄 때만 고통스러운 감정을 표현하기 때문이다. 만약 어떤 감정이 치료자가 견디기에 너무 노골적이거나 힘들다면, 환자는 그것을 알게 될 것이고 그 감정을 탐색하는 데에서 뒤로 물러선다. 한편, 우리가 환자의 경험과 온전히 함께 할 수 있다면, 환자로 하여금 우리처럼 할 수 있도록 도와줄 수 있다. 우리 중 어떤 치료자는 치료자의 길을 시작한지 얼마 되지 않아 환자에게 이런 사실을 배웠다고 한다.

임상 사례: 고통스러운 감정과 함께 존재하기

제리Jerry는 우울한 청년으로 그는 행복해질 가능성이 없으며 친구나 연인을 찾을 기회도 없을 것이라고 믿고 있다. 여러 주 동안 그는 치료자인 나에게 절망적인 상황에 대해 이야기하였고 나는 그에게 별로 도움이 되지 않는 것 같았다. 나는 그와의 대화를 바꿔보려고 다른 방식을 제안하였는데, 그의 상황이 언젠가 나아질 수 있을지도 모르는 이유를 말해보도록 했다. 나는 종종 매우 우울해진 상태로 치료 회기를 마쳤다. 그 때마다 "나는 우수한 학생이었지. 학생 때 다른 길도 많았는데. 확실히 이 일은 나랑 적성에 안 맞는 것 같아."라는 생각이 들었다. 특별히 우울했던 회기가 끝난 다음 주엔 의외로 한 번씩, 제리의 얼굴 표정이 밝아져서 치료실에 들어왔다. 그는 심지어 지난 번 회기가 아주 조금 도움이 되었다고 했다. 나는 속으로 "당신에게는 도움이 될지 모르지만, 나는 우울해진단 말이야!"라고 생각했다.

시간이 지나면서 나는 한 가지 교훈을 배웠다. 내가 만약 제리와 함께 그의 어둡디 어두운 곳까지 동행하여 그의 답답함과 무기력감을 나 자신 안에서 느낄 수 있다면, 그는 조금 덜 외로울 것이며 조금 더 이해받는 느낌을 받을 것이다. 그리고 조금 더 희망을 가질 수 있을 것이다. *

이러한 감정 내성을 발달시키기 위해 어떻게 심신자각 수련을 활용할 수 있을까? 여기에는 상호보완적인 두 가지 길이 있다: 그것은 불편감과 함께 존재하는 수련과 감정의 비개인적 특성을 관찰하는 수련이다.

---

* (원주, R.D. Siegel,2012. Guilford Press, 2012에서 저작권 가짐. 허가를 받고 인용)

불편감과 함께 존재하는 수련

감정 내성을 기르는 한 가지 방법은 격식적인 명상 수련을 하는 동안 자제하기를 수련하는 것이다.

불편감과 함께 존재하기

- 먼저 편안하게 앉는다. 존엄한 자세로 허리를 곧게 펴되 너무 경직되지 않도록 이완한다. 눈은 부드럽게 감아도 되도 뜨고 있어도 된다.
- 모든 준비가 끝났으면, 자연스럽게 숨을 쉬고 있는 자신의 모습을 살펴본다. 호흡의 감각을 단순히 알아차리기만 하라.
- 호흡을 가장 강하게 느낄 수 있는 곳에 집중한다. 그곳이 콧구멍일 수도 있고 가슴일 수도 혹은 배일 수도 있다. 각각의 들숨과 날숨의 감각을 관찰한다.
- 마음이 방황해도 괜찮다. 부드럽고 온화하게 호흡으로 주의를 다시 가져오라.
- 10분에서 15분 정도 호흡을 따라 간 후, 몸에서 불편감이 느껴지는 부위가 있는지 보라. 아마 통증이나 가려움일 것이다.
- 습관적으로 가려운 부위를 긁거나 통증을 피하기 위해 자세를 바꾸지 말고 호흡은 의식의 배후에서 자각하면서 그 불편감에 온전히 주의를 가져오라. 그 질감texture을 알아차리고, 순간순간 어떻게 변화하는지 알아차리라.
- 불편함의 감각과 함께 가능한 오래 머무르라. 만일 그것이 견디기 어렵게 느껴진다면 자유롭게 몸을 움직여도 좋다. 그러나 처음에는 어느 정도 불편감과 함께 단순히 머무르고자 하는 실험을 해보라.
- 수 분 동안 불편감에 주의를 기울인 후, 다시 호흡의 감각으로 주의를 되돌린다.

많은 사람들은 신체적 불편감에 이렇게 주의를 기울이는 수련을 할 때 일어나는 일에 놀라움을 금치 못한다. 빈번하게 통증이라는 감각이 꾸준히 지속되는 것이 아니라 순간순간 강약이 있고 변화한다는 것을 보게 된다. 때로는 우리가 특별한 뭔가를 하지 않아도 그것들은 완전히 사라지기도 한다.

이러한 종류의 집중 연습을 하는 동안 일어나는 불편감과 함께 존재*being with discomfort*하는 수련을 통해 힘겨운 감정으로 인한 고통을 포함하여 모든 종류의 고통에 대한 인내력을 점차 향상시킬 수 있다.

나의 감정이 아니라 그냥 감정일 뿐

아마도 심신자각 수련을 통해 얻을 수 있는 가장 심오한 통찰은, "나"라고 하는 것이 존재하지 않는다는 사실을 알게 되는 것이다. 물론 나의 몸은 여기 존재하고 있고, 다른 사람들은 나의 이름으로 나를 알고 있으며, 나의 주소도 있고, 주민등록번호도 있다. 그러나 심신자각 수련을 통해 발견하는 것은 우리의 의식은 쉴 새 없이 변화하는 경험의 흐름으로 구성되어 있다는 사실이다. 생각, 감정, 그리고 감각은 일어났다가 사라진다. 그러나 우리는 작은 난장이*little homunculus*–내부에 있는 작은 남자 혹은 여자인 "나"–를 결코 만나지 못 한다. 영속적이고 분리된 자아*enduring, discrete self*는 발견되지 않는다. 오히려 우리는 생각의 흐름에 대한 단어가 규칙적으로 서술되는 경험이 전개되는 것만을 발견할 뿐이다. 이미 1장에서도 언급한 바와 같이 이것은 비아*anatta* 혹은 무아*no-self*의 진실을 발견하는 것이다–즉 우리는 "지휘자가 없는 오케스트라"이다.

비록 난해한 이야기로 들릴지 모르나, 무아를 경험하는 것은 강렬한 감정과 함께 존재할 수 있는 능력을 증진시킴으로써 치료적 현존을 향상시킬 수 있다. 다시 한 번 1장에서 언급된 상황, 누군가가 우리의 마음을 상하게 했던 때를 떠올려보자. "내가 당신에게 어떻게 했는데, 당신이 나한테 이럴 수가 있나?" 라고 생각할 수 있다. 이러한 생각이 분노가 상승되는 가운데 일어나고, 이것은 이번에는 더 많은 분노와 관련된 생각을 유발시키고, 이는 상황이 더 오랫동안 더 강렬하게 지속되게 만든다 (Farb et al., 2007).

심신자각 수련에서 나타나는 무아의 경험을 통해 이 상황은 어떻게 경험될 수 있을까? 목과 등의 근육이 긴장하고, 심장이 더욱 빠르게 뛰고, 어쩌면 자신을 화나게 만든 사람을 몰아세우고 있는 자신의 모습이 마음속에서 춤추고 있는 것을 알아차릴 수 있을 것이다. 우리는 분노에 대해 인지 과학자가 다음과 같이 말하고 있는 바와 같이 경험할 것이다: 언어적 서술과 시각적 이미지, 그리고 신체적인 감각의 동시 발생. 그러한 분노를 "나의" 분노 ("나의" 두려움, 고통, 기쁨) 로 경험하는 대신, "그" 비개인적인 감각, 생각 그리고 이미지가 일어나는 것으로 경험할 것이다. "나" (그리고 "너") 에 관한 생각에 그다지 사로잡히지 않으면 훨씬 더 높은 차원에서 그 감정을 견딜 수 있다. 그래서 일어났다가 사라지는 감정의 파도에서 좀 더 자유로워질 수 있다. 그리고 우리가 보아 온 바와 같이 힘든 감정과 함께 머물 수 있는 것은 효과적인 치료동맹을 유지하기 위해서 필수적이다.

치료자는 심신자각을 통해 치료 회기에서 생기는 힘든 감정과 함께 머무르고 심지어 그것을 껴안는 능력을 향상시킬 수 있다. 이를 위해서 치료 회기의 밖에서 여러 가지 감정과 함께 존재하도록 다음과 같은 격식적인 연습을 이용한다.

치료에서 일어나는 감정을 껴안기

- 먼저 편안하게 앉아서 존엄한 자세를 취하고 허리를 곧게 펴되 너무 경직되지 않도록 이완한다. 눈을 부드럽게 감아도 되도 뜨고 있어도 된다.
- 호흡이 가장 강하게 느껴지는 곳에 집중해서 단순히 호흡의 감각을 알아차리라. 그곳이 코끝일 수도 있고 혹은 부풀었다가 가라앉는 복부일 수도 있다.
- 마음이 방황해도 괜찮다. 부드럽고 온화하게 다시 호흡으로 주의를 되돌리면 된다.
- 수 분 동안 호흡을 따라간 후, 강렬한 감정을 느꼈던 치료 회기의 한 순간을 떠올려 보라. 아마 슬픔, 분노 혹은 두려움의 감정이었을 수도 있다.
- 지금 당신이 그 감정의 일부를 느낄 수 있는지 보라. 그리고 그것이 몸에서는 어떻게 느껴지는지 알아차리라.
- 다음은 당신이 그 감정을 강렬하게 만들 수 있는지 보라. 자신의 주의를 그 감정에 보다 온전히 기울이거나, 혹은 그 감정이 처음 일어났던 치료 회기를 다시 떠올린다. 혹은 그 감정을 더욱 강화시킬 또 다른 생각이나 기억을 통해 그 감정을 강렬하게 만들 수도 있다.
- 이제 순간순간의 그 감정에 대한 경험과 함께 머물라. 목, 눈, 가슴, 배, 혹은 어디든, 감정과 함께 몸에서 일어나는 감각에 주목하라. 어떤 생각과 이미지가 그 감각에 동반되는지 알아차리라. 수 분간 그 경험과 함께 머물도록 노력하라.
- 수 분 동안 몸으로 느껴지는 그 감정에 주의를 기울인 후, 다시 호흡의 감각으로 돌아오라. 조용히 수 분 더 그대로 앉아 있으라. 그런 후 눈을 뜨고 자신의 일상으로 돌아간다.

선 전통*Zen tradition*에서는 이러한 수련들이 마음을 어떻게 변화시키는지 기술하기 위해 은유를 사용한다.: 소금 한 숟갈을 유리잔에 든 물에 녹여 마시면 짠 맛 때문에 물을 마시기 힘들다. 그러나 맑고 깨끗한 연못에 같은 양의 소금을 녹여 마신다면 그 물을 마시는 것이 그다지 힘들지 않다. 심신자각 수련은 마음을 점차 맑은 연못으로 변화시킨다. 그리하여 마음에 무엇이 오든지 그것을 수용할 수 있다.

선 전통은 또한 충격적이지만 감동적인 이야기를 포함하고 있다. 그것은 심신자각 수련이 마음을 강하게 만들고 평정을 이루는데 강력한 힘이 있음을 보여준다. 이 이야기는 R.D Siegel (2010)을 각색한 것이다.

> 옛날 고대 일본에 잔인무도한 한 장군이 그의 군사와 말을 타고 마을에 왔다. 그의 부하들은 즉시 보이는 것은 무엇이든 노략질과 살육을 일삼았다. 아녀자를 욕보이고 아이를 죽이고 가옥을 불 지르는 것은 물론 먹을 곡식마저 없애버렸다. 마을 사람들이 선사를 추앙한다는 사실을 안 장군은 주민들을 완전히 굴복시키기 위해 그 선사를 죽여 버리기 위해 나섰다.
> 장군은 말을 몰아 마을 어귀의 언덕을 올라 사원의 대청으로 말을 탄 채로 곧바로 들어갔다. 마침 방석 위에 참선 중인 왜소한 노인이 있었다. 장군은 말에서 내려 그 노인의 머리에 피 묻은 칼을 겨누었다. 그 노인은 그제서야 장군을 올려다보았다. 장군은 "나는 너를 눈도 깜짝하지 않고 이 검으로 죽여 버릴 수 있다는 것을 모르느냐?" 라고 위협하자 선승은 "나는 눈도 깜짝하지 않고 그 검으로 죽어버릴 수 있다는 것을 모르느냐?"라고 태연히 대답하였다. 그제서야 장군은 뭔가 혼란스러워하더니 절을 하고 마을을 떠났다고 한다.

요즘 전쟁에서는 통할 리 없는 이야기이다. 그러나 심신자각 수련으로 배양할 수 있는 용기와 유연성의 경지를 가늠해볼 수 있겠다. 이러한 용기의 일부만 있어도, 그것이 아무리 어렵다고 해도, 우리가 만나는 환자의 경험과 더욱 온전히 함께 머물 수 있지 않을까?

방해하지 않기

비아*anatta*, 혹은 무아*no-self*를 일견하는 것을 통해 치료자는 자기애적 집착을 내려놓을 수 있게 되고 이것은 치료동맹을 지원하는 또 다른 길이다. 저자들 중 한 사람이 정신치료에서 지혜가 어떤 역할을 할 수 있는지에 대한 연구를 위해, 숙련된 치료자를 만나 이렇게 물어보았다. "당신이 임상가로서 지혜롭게 행동하는데 방해가 되는 것은 무엇입니까?" 한 지혜로운 응답자가 간명하게 대답했다. "바로 나!"

그렇다. 대부분의 임상가들이 치료동맹을 약화시키는 실수를 하는 원인은 환자와 동료들에게 자신이 원하는 방식으로 보이고 싶어 하는, 자기애적인 관심과 관련이 있다. 치료자는 다른 이에게 잘 보이고 싶어 하는 인간의 보편적인 욕망 (Gilbert, 2009a) 때문에 허세를 부릴 수 있는데, 특히 지난 회기에 어떤 이야기가 오갔는지 기억이 나지 않거나, 잘 알고 있어야 하는 특정한 치료나 질병에 대해 지식이 부족할 때, 약 이름을 혼동하거나 치료 중에 졸리거나 딴 생각을 하고 있을 때 그럴 수 있다. 자신이나 타인에게 어떻게 보일지에 대한 걱정이 덜할수록, 실수에 대해 더 능숙하고 진정성 있게 반응하게 될 것이다. 유능하게 보이기를 포기하면 오히려 더 유능해질 수 있는 역설이 생긴다.

여기에 간단한 연습이 있다. 이 연습은 자기애적인 집착이 어떻게 치료동맹을 방해할 수 있는지 깨달을 수 있도록 도움을 줄 것이다.

나를 걱정하지 않기

- 먼저 편안하게 앉는다. 존엄한 자세로 허리를 똑바로 세우되 너무 경직되지 않도록 이완한다. 눈을 부드럽게 감아도 되도 뜨고 있어도 된다.

- 어디든 호흡이 가장 강하게 느껴지는 있는 부위에 집중해서 단순히 호흡의 감각을 알아차린다.

- 마음이 방황해도 괜찮다. 부드럽고 온화하게 다시 호흡으로 주의를 되돌리면 된다.

- 이제는 그냥 상상해 본다. 먹고 살 걱정도 없고, 환자와 동료에게 존경받지 않아도 되며, 자신에 대해 전문가로서의 능력이 있는 사람으로 생각하지 않아도 된다면 일하는 하루가 어떨까? 옷을 어떻게 입을까? 어떻게 다르게 행동할까? 최근 마지막 몇몇 치료 회기를 숙고해보고 그 회기가 어떻게 펼쳐졌을지 상상해본다.

- 그 회기를 숙고한 후, 다시 호흡의 감각으로 돌아온다. 조용히 수분 동안 더 그대로 앉아있으라. 그리고 눈을 뜨라. 다시 일상으로 돌아갈 때, 자신과 타인에게 어떻게 보일지 걱정하는 것이 어떤 영향을 주는지 계속해서 알아차린다.

자신의 그림자와 친해지기

심신자각 수련이 치료동맹을 강화시켜주는 또 다른 길은 우리가 어떻게 자신의 정체성을 형성하는지 명확히 하는 것을 통해서다. 칼 융은 우리가 자신의 어떤 부분은 "나"라고 동일시하면서도 그 외의 다른 부분은 확고하게 "나 아닌" 것으로 본다고 하는 사실을 지적하였다. 우리의 페르소나는 "나"라고 생각하는 특성으로 구성되어 있는 반면, "나 아닌" 것으로 생각하는 것들은 무의식적으로 뭉뚱그려 융 (Jung, 1938) 이 그림자*shadow*라고 부른 것 속으로 집어넣는다. 그래서 스스로를 지적이고 정이 많으며 관대한 사람으로 생각한다면, 바보 같고 무덤덤하고 이기적인 그림자를 알아차리는 순간 어려움을 경험하게 될 것이다. 이런 식으로 자신의 특성을 "나"와 "나 아닌" 것으로 나누는 것은 치료관계를 형성하는 능력을 저해할 수 있다. 치료 과정에서 자신의 그림자를 부각시키는 무언가가 나타날 때마다, (예를 들면 아집, 혼란, 산만함 혹은 무관심) 방어적으로 변하는 경향이 있다. 우리가 부인한 측면들이 환자들에게 나타날 때마다 치료자가 그것이 자신에게도 있을 수 있음을 부인하면 환자에게 부정적으로 반응할 수 있다.

분리되어 있는 지속적인 자아란 없으며 단지 변화하는 순간들의 끊임없는 흐름만이 있을 뿐임을 깨달을 때, 강박적으로 자신에 대한 특정한 견해를 강화시키는 경험을 추구하는 데에서 조금씩 벗어나게 된다. 치료자는 심신자각 수련이 완벽으로 향하는 길이 아니라 전체성으로 향하는 길임을 음미하게 된다 (Brach, 2003). 우리의 마음이 어떤 내용물과 동일시하고 다른 것은 거부하여 "자아"를 만드는 과정을 보게 됨에 따라, 자신의 경험 모두를 포용하는 것이 능숙해진다. 이는 환자를 덜 판단하면서도 더 유연한 반응을 하는데 도움이 될 수 있다.

다음의 간단한 연습은 직업적인 페르소나와 그림자의 요소를 더 잘 의식할 수 있도록 도움을 줄 것이다.

직업적 그림자 찾기

먼저 치료자로서 자신이 선호하는 특성 혹은 미덕의 목록을 만든다. 구체적으로 스스로에 대해 좋아하는 점과 효과적으로 일을 처리하는데 도움이 된다고 느끼는 점이면 된다.

1.
2.
3.
4.
5.

이제 위의 목록의 각 항목을 보고 그에 상응하도록 아래에 그와 반대되는 특성을 기술한다.

1.
2.
3.
4.
5.

이런 부정적인 특성을 체화한 사람을 그려본다. 이것이 당신의 대략적인 직업적 그림자의 초상이다.

또 다른 방법으로 자신의 직업적 그림자를 탐색할 수도 있다. 자신의 인생에서 했던 일을 떠올려 보는 것이다. 최근의 것이든 먼 과거에 있었던 일이든 상관없다. 다만, 그 일은 자신의 환자에게 보여주고 싶지 않는 것이어야 한다. 왜 안 되는가?

심신자각 수련은 자각과 수용을 통해 자신의 그림자를 통합하도록 촉진한다. 매 순간 마음이 무엇을 하는지 알아차리는 것을 수련함에 따라, 자신이 싫어하는 점을 포함해서 그것의 모든 요소들을 점점 더 잘 자각하고 수용하게 된다. 스스로를 판단하는 것은 단순히 일어났다가 사라지는 또 다른 생각일 뿐이라는 것을 깨닫는 것이다. 이렇게 해서 우리가 자신의 불완전함을 온전히 받아들이는 만큼 환자는 우리에게 진정한 신뢰와 수용을 느낀다.

모른다는 것

대부분의 치료자가 환자들에게 거의 인정하지 않는 비밀이 있다. 그것은 대부분의 시간에 치료자는 자기가 무엇을 하고 있는지 모른다는 것이다. 치료자가 되기 위한 수련 초기에는 알았을지도 모른다. 이론적 모델을 제시하는 수련 과정을 이수하고 그 모델에 대한 신념을 가지고 있는 지도자에게 배우고, 그에 따라 환자의 고통을 해석했다. 그러나 경험이 더 많아질수록 치료자는 자신이 생각보다 아는 것이 없다는 것을 깨닫게 된다 (임상가가 대체로 전문가로서의 경험이 많아질수록 성향에 있어 더 용통성이 생겨난다는 연구도 있다 [Auerbach & Johnson, 1977; Schacht, 1991]).

우울 증상을 보이는 환자가 있다고 하자. 그것은 양육자에 대한 분노를 표현하지 못하는 데서 오는 자신을 향한 분노일까 (Freud의 [1917] 견해)? 혹은 반복되는 실망에 기인하는 학습된 무기력일까 (Seligman의 [1975] 견해)? 아니면 생태심리학적 문제일까? 도시의 산업화된 문화 환경 속에서 생활하면서 지역사회, 가족, 혹은 직장에서 소외되는 문제 말이다. 혹은 간단히 선택적 세로토닌 재흡수 억제제 (SSRI) 와 같은 항우울제를 복용하면 해결되는 뇌의 세로토닌 불균형에 의한 고통일까?

우리가 모른다는 것을 아는 것이 치료동맹을 수립하는데 오히려 도움이 된다. 자신이 잘 모른다는 것을 모르면, 그리스 신화의 프로크루스테스와 같은 인물이 된다. 그는 큰 길 옆에 자리 잡은 성에 살면서 여행자에게 하루밤을 지낼 수 있도록 불러들인다. 그의 성에는 커다란 철 침대가 있는데, 여행자의 키가 너무 크더라도 그건 아무 문제가 안 된다. 침대에서 나온 여행자의 다리를 잘라 버리면 되니까. 여행자가 침대에 비해 작으면 맞을 때까지 늘여버린다.

이것이 환자의 고통에 대한 이론과 가설에 집착할 때 치료자의 마음이 하는 일이다. 치료자는 이론에 맞지 않는 정보는 무시하거나 변형시키기 쉽고, 그것을 지지하는 정보는 상세하게 다룬다. 피아제(Piaget, 1952) 의 용어로 설명하자면 치료자는 환자에 대한 정보를 이미 존재하고 있는 도식*schemas*에 동화*assimilation*시키는 데는 익숙하지만 치료자가 가진 모델을 새로운 정보에 순응*accommodation*하는 데에는 어려움이 있다.

환자에게 도움을 주고 치료자로서의 능력을 갖추는 과정에서 우리는 환자의 고통에 대해 너무 단순하거나 환원주의적인 이해 수준을 보이기 쉽다. "자기애적인 문제가 있는 어머니 때문에 그런 겁니다." "어린 시절 무관심에 대한 반응입니다." "경계선 인격 장애를 가진 여자 환자입니다." 그리고 정작 환자의 복잡한 내면을 탐색하려는 노력을 간과하고, 무수히 많은 다른 결론을 내리면서 치료자로서 안정감을 유지하는 데에 급급할 수 있다.

심신자각 수련은 치료자가 이런 함정을 피할 수 있도록 도움을 준다. 치료 회기에서 개방주시 (1장과 5장을 보라) 를 통해, 생각과 해석이 일어났다가 사라지는 것을 관찰하고, 결과적으로 그것들을 보다 가볍게 평가하는 것을 배울 수 있다. 처음에는 이렇게 우리의 정신적인 지주를 놓아버리는 것이 매우 두려울 수 있다. 마치 낙하산 없이 비행기에서 뛰어내리는 느낌과 약간 비슷하다. 그러나 결국 추락해서 부딪힐 땅 자체가 없다는 것을 깨닫게 된다 (Fulton, 2013). 지면에 쿵하고 부딪히는 것이 아니라 바로 다음의 경험, 떠오르는 생각 혹은 이해에 대해 치료자로서 단순히 마음을 열게 된다. 이러한 수련을 통해 스즈끼 순류 선사가 '초심beginner's mind'이라고 말한 능력을 발달시킬 수 있다. 그것은 이전 개념을 놓아버리고 사물을 어린 아이와 같은 순수한 눈으로 바라볼 수 있는 능력을 말한다. 그는 "초심에는 수많은 가능성이 있지만 전문가의 마음에는 가능성이 그다지 많지 않다."는 유명한 말을 남겼다 (p.21).

당신은 초심 수련을 정신치료 회기 동안 시도해볼 수 있다.

초심

- 치료 회기 전에, 수분 동안 환자의 어려움의 대한 특성에 대해 미리 추측해본다.
  무엇이 환자에게 고통을 일으키고 있는가? 앞으로 어떤 과정을 거치게 될 것인가?

- 치료 회기가 시작되면 자리를 잡고 앉아서 몸과 호흡 그리고 환자와 함께 현존하고 있는 경험을 자각한다.

- 환자가 말을 할 때 마음에서 어떤 생각이 일어나는지 주목하다. 환자에 대한 당신의 추측을 확인해주는 무엇인가를 하거나 말할 때 마다, 그리고 그 순간에 당신의 마음이 어떻게 반응하는지 알아차리라.

- 또 환자가 당신의 추측과 일치하지 않는 어떤 것이라도 하거나 말할 때 그것을 알아차리라. 그 순간에 대해 당신의 마음mind과 가슴 heart이 어떻게 반응하는지 관찰하라.

- 회기가 진행됨에 따라, 치료 시간에 일어나고 있는 것과 치료자로서 해야 하는 것을 당신이 안다고 생각하는 것에 대해 당신이 가지고 있는 어떠한 애착이라도 알아차리라. 의도적으로 매 순간의 불확실성에 대해 마음을 열어보려고 노력하라.

- 치료 회기가 끝나면 환자의 어려움에 대한 당신의 관점이 달라졌는지 숙고해 보기 위해 잠시 시간을 가져라

W.A.I.T.

치료자로서 자신이 무엇을 하고 있는지 모를 때가 빈번하게 있다는 것을 깨닫게 됨에 따라, 인내를 수련하는 것이 점점 능숙해진다는 것 또한 알게 된다. 불편감과 함께 앉아 있는 방법을 배우다 보면, 충동과 행동 사이에 간격을 열어둘 수 있다는 귀중한 깨달음을 얻는다. 명상 수련을 하면서 몸과 마음의 불편감과 함께 앉아 있는 시간을 통해 욕망이 일어나는 것을 느낄 수 있고 그것에 따라 행동을 해야 할 지 말아야 할지 선택할 수 있음을 배운다. 심신자각 수련 수준이 더욱 심화되면, 행동에 선행하는 일련의 과정을 자각하게 된다. 어떤 감각이 일어나고, 곧장 그것을 좋아하거나 싫어하는 감정적 신호에 이어, 그것을 지속하고 싶은지 혹은 피하고 싶은지에 대한 의도가 뒤따르고, 즐거운 경험을 지속하기 위해 혹은 불쾌한 경험을 회피하기 위해 행동을 취하는 것이다.

정신치료에서는 종종 이러한 일련의 과정의 결과 나타나는 행동이 말하는 것이다. 활발한 자발성은 치료관계를 생동감 있게 만들어주는 치료자의 귀중한 자질이 될 수 있는 반면에 치료자의 충동성과 강박성은 치료를 방해한다. 치료자가 먼저 생각하는 것이 아니라 생각 없이 먼저 행동으로 옮기는 것이 공감에 실패하는 많은 원인이 된다. 오래된 정신분석학의 금언으로 설명하자면 “아무리 옳은 해석이라도 적절한 때가 아니면 틀린 해석이다.”

충동에서 행동으로 이어지는 일련의 과정에 주의를 기울여 보면 우리는 어떤 경우에 치료를 진전시키기 위해 말을 하지만, 다른 경우에는 실제로는 의미 있는 기여를 했다고 스스로 느끼고 싶어서 하는 말들도 있다는 것을 깨닫는다. 그것은 불편한 침묵을 중단시키거나 멋진 이야기를 하는 즐거움을 찾고 싶어 하는 것이다.

말을 할 것인지에 대해 더 지혜롭게 결정을 내릴 수 있는 간단한 방법을 소개하자면, 정기적으로 W.A.I.T.: Why Am I Talking?라는 머리글자를 상기하는 것이다. 이 간단한 질문을 담은 머리글자는 지금 이 순간 자신이 느끼고 있는 것과 말을 하려는 동기를 알게 해준다. 이 질문을 마음에 새기면 치료를 다시 제자리로 되돌려 주고 치료동맹을 향상시킨다.

관계의 심신자각

심신자각 수련은 대인관계가 자세한 규칙에 의해 제약되는 승려와 수녀 그리고 수도자들에 의해 정교하게 발전되었음에도 불구하고, 특히 치료 관계에서 흔히 볼 수 있는 복잡 미묘한 대인관계의 혼돈 속에서 제대로 방향을 잡는데 도움을 준다. 2장에서 언급한 바와 같이 심신자각 수련은 대인 조율*interpersonal attunemnet*에 기여할 수 있다. 많은 수련들이 홀로 수행하는 것이기에, 이러한 관계의 과정은 빈번히 개인내적 조율*intrapersonal attunement*을 발달시키는 것과 함께 시작된다 (Bruce, Manber, Shapiro, & Constantino, 2010). 끊임없이 변화하는 내적 경험의 만화경에 주의를 기울이는 수련을 하면, 점차 생각, 감정, 감각 그리고 몸과 마음에서 펼쳐지는 반응을 더 잘 자각하게 된다. 대인 조율의 기초는 이 고도화된 자각에 의해 마련되는데, 이는 타인의 마음 상태를 감지하는 이른 바 뇌의 거울신경 시스템에 기초를 가지는 것으로 보인다 (Carr, Iacaboni, Dubeau, Mazziotaa, & Lezi, 2003; Iacoboni, 2009). 이 시스템의 활동을 느낄 수 있기 위해서는 우리는 개인내적 조율을 필요로 한다. 칼 로저스 (Carl Rogers, 1961) 가 한 유명한 말처럼, 공감은 “우리가 환자의 은밀한 세계를 ‘마치’ 자신의 세계인 것처럼 느끼면서도 ‘마치’라는 특성을 잊지 않는” (p. 284) 능력이다. 칼 로저스의 공감에 대한 정의는 지금까지 논의한 심신자각 수련이 주는 또 다른 기여를 포함하고 있다. 그것은 관점을 유지하고, 불편감을 인내하며, 우리의 감정적 경험에 대해 완전히 동일시되지 않는 능력이다.

자각의 세 가지 대상

세 가지 자각의 대상

- 치료 회기가 시작되면 자리를 잡고 앉는다. 몸과 호흡 그리고 감정 상태를 자각하도록 한다. 어떤 생각과 감정이 일어나는지 알아차린다.
- 이제 환자의 말, 보디 랭귀지 그리고 얼굴 표정에 주의를 가져오라. 자신의 몸에서 환자가 느끼고 있는 경험을 감지할 수 있는 살펴보라.
- 다음으로 당신의 감지되는 연결감이나 단절감을 알아차리라. 지금 이 순간 환자와 가깝다고 느껴지는가? 환자는 당신과 연결되어 있다고 느끼는 것 같은가?
- 회기가 진행됨에 따라 세 가지 자각의 대상에 주의를 기울이라. 순간순간 그것들이 어떻게 변해가는지 알아차리라.
- 치료 회기가 끝나가고 다음 회기를 고려할 때, 환자와의 연결감이나 혹은 단절감을 알아차리라.

자넷 써레이 (Janet Surrey, 2005) 는 대인 조율을 증진시킬 수 있도록 고안된 일종의 심신자각 수련으로 매 치료 회기에 접근할 수 있는 방법을 제안했다. 그것은 세 가지 자각의 대상에 깊이 주의를 기울이는 것과 관련된다. (1) “나”에게서 일어나는 감각, 생각, 그리고 감정 (2) 환자의 말, 보디 랭귀지, 그리고 지각된 감정 경험 (3) 관계의 흐름, 감지되는 연결감 혹은 거리감. 마지막 대상은 처음에는 가장 모호하다. 그러나 그것을 알아차리려는 의도를 키워 가면 환자와의 연결감을 능숙하게 감지할 수 있게 된다.

우주복을 입은 삶

우리는 모두 가슴이 찢어지는 상처로 고통 받는다. 다른 사람을 사랑하는 일도 수 없이 많은 상처를 수반한다. 어린 시절 양육자의 무관심에서부터 놀이터에서 환영받지 못하거나 이성 친구에게 헤어지자는 말을 듣는 일까지, 아무리 매력적인 삶을 사는 이라도 깊은 고통을 경험한다. 그 가슴 아픈 상처로부터 자신을 보호하기 위해 모든 종류의 방어기제를 사용하는 것은 자연스런 일이다. 타인과 관계를 가질 때 우리가 공유하고 있는 인간미를 깊이 느끼지 못하도록 심리적 거리를 두기 위해 우리는 사람들을 객관화하고, 이름표를 붙이거나 유형으로 나누기도 한다. 우리는 보다 다정스런 느낌을 스스로에게 국한시키고, 타인으로 하여금 그들이 우리에게 얼마나 중요한지 알지 못하도록 조심한다. 혹은 타인에 대한 관심을 끊어버리고 안전을 추구하기도 한다.

이 모든 수단은 우리를 서로에게서 분리시킨다. 아이러니하게도, 그것들이 우리를 안전하게 지켜 줄 것이라고 상상하지만 결국에는 우리를 더 취약하게 만든다. 왜냐하면 불행이 찾아오고 고통에 빠질 때, 우리는 사랑하는 사람들의 위로도 받지 못하고 결국 혼자 싸워야 하는 상태가 되기 때문이다.

티벳에 불교가 전해지기 전부터 샴발라로 불리는 잃어버린 낙원에 대한 신화가 있었다. 이 왕국에서는 가장 고귀한 가치는 샴발라 전사가 되는 것이다 (Trungpa, 1988). 샴발라 전사는 상식적인 의미의 전사가 아니다. 그들은 칼이나 창을 가지고 있지 않다. 그 대신, 그들은 정신적인 전사들이다. 그들은 마치 ‘가죽이 없는 소’처럼 사는 용기를 가지고 자신의 감정에 대해 완벽하고 정교한 민감성을 가지고 살았다고 전해진다.

1장에서 언급한대로 심신자각 수련은 방어적으로 사용되어 고립을 강화시킬 수도 있지만, 그것은 또한 고립을 줄여주는 잠재력도 가지고 있다. 샴발라 전사가 되게 하는 과정이 그 한 부분이다. 논의한 바와 같이 심신자각 수련은 고통스런 경험과 함께 머무를 수 있음을 가르쳐 주고 감정의 비개인적인 특성을 알게 함으로써 감정 내성을 길러준다. 만일 우리가 의도적으로 관계 속으로 들어가기 위해 이 수련을 사용하여, 특히 어떤 감정이 일어나든 수용하는 의도를 가진다면, 그것은 타인과 관계를 만들어가는 데 도움이 될 것이다.

다음의 연습은 함께 할 동기가 있는 파트너를 필요로 한다. 가장 이상적인 것은 명상 수련의 경험이 있는 사람이다. 수련이 조금 강렬하게 느껴지기도 하겠지만, 우리의 관계에 생동감을 줄 수도 있다. 우리가 공유하고 있는 인간미를 음미하게 하고 우리를 서로와의 관계로 이끌어 준다 (약 30분이 소요되고 R.D Siegel, 2010을 각색함.).

이 연습은 6장에서 보여 줄 다른 몇 가지 연습과 함께, 치료자 자신과 환자에 대한 연민을 기를 수 있게 해준다. 이 연민은 우리가 공유하는 진정한 인간성에 대한 인식의 토대가 된다. 그것은 인생은 우리 모두에게 힘겹다는 사실이다. 질병, 노화, 수많은 좌절과 죽음은 모든 이의 현실이다. 치료자가 환자를 "타인"으로 보지 않고 인생이라는 여행을 함께 하는

함께 호흡하기

- 등을 적당히 똑바로 세우고 상대와 마주보고 앉는다. 눈을 감고 배에서 느껴지는 호흡의 감각에 주의를 가져오라. 들숨에 배가 올라가고 날숨에 배가 내려가는 것이 어떠한 느낌인지 알아차리라. 당신의 주의가 방황하는 것을 알아차릴 때마다 부드럽게 호흡의 감각으로 되돌린다. 상대와 마주하는 동안 불안감이나 걱정이 느껴지는 것을 알아차릴 수도 있다. 그러한 감정들이 일어났다가 사라지도록 그냥 놓아두고 주의를 호흡으로 되돌린다. 10분에서 15분 정도 계속한다.

- 일단 집중이 조금 나아지면 부드럽게 눈을 뜬다. 시선을 상대의 배에 두도록 한다. 상대의 호흡을 주시하면서 동시에 당신의 배에서 올라가고 내려가는 호흡의 감각을 계속해서 알아차린다. 어쩌면 당신의 호흡이 상대와 동시에 일어나기 시작할 수도 있고 혹은 아닐 수도 있다. 어느 쪽이든 다음 5분 정도 자신의 호흡과 상대의 호흡을 계속해서 자각하기 위해 노력한다.

- 다음은 다소 힘들게 느껴질 수 있다. 언제든 힘들다고 느끼는 경우 적당한 곳으로 시선을 조정해도 괜찮다. 눈을 들어 시선을 조용히 상대의 눈에 맞춘다. 특별히 상대와 무엇을 소통하려고 하지 않는다. 단지 상대와 함께 하는 경험에 집중하라.

- 당신의 호흡을 의식의 배후에서 알아차리면서 상대의 눈을 들여다보는 것에 거의 모든 주의의 초점을 맞춘다. 시선을 맞추는 것이 너무 불편해지기 시작하면, 상대의 배로 시선을 다시 내리거나 눈을 감을 수 있다. 상대의 배와 눈을 오가면서 경험의 강도를 조절할 수 있다.

- 일단 수분 동안 상대의 눈에 시선을 고정했다면, 상대가 어린 아이였을 때 어떠했을지 상상하기 시작한다. 어머니나 아버지가 있는 상대에 대해 그리고 형제와 같이 성장했던 상대에 대해 상상한다.

상대도 당신이 했던 단계를 거쳤던 것을 상상한다. 학교에 입학하고 사춘기가 되고 결국 집을 떠나는 경험이다. 상대는 당신과 마찬가지로 기쁨과 슬픔, 두려움과 분노, 동경과 성취 등 수 많은 순간을 경험했다는 것을 자각한다. 인생의 단계를 천천히 지나간다. 하나씩 하나씩.

- 이제는 상대가 늙어가는 모습이 어떠할지 상상한다. 상대는 당신과 꼭 같이 인생의 다음 단계를 거치고 있을 것임을 자각하라. 상대는 병과 늙어감과 씨름해야 할 것이다. 이것이 상대에게 어떠할지 상상해본다. 유쾌하고 불쾌한 측면 모두에 대해.

- 마침내, 당신과 꼭 같이, 어느 날 상대는 죽을 것임을 자각하라. 상대의 몸에 있는 분자는 다시 땅이나 혹은 대기로 되돌아가 다른 것으로 변한다.

- 일단 이 모든 삶의 단계를 경험한 상대를 상상하고 나면, 지금 이 순간 함께 하고 있는 상대가 어떻게 보이는지에 주의를 되돌린다. 그런 후 상대의 배로 시선을 떨어뜨리고 수 분 동안 함께 호흡한다.

- 눈을 감고 수 분 동안의 명상과 함께 연습을 마친다. 연습의 각 단계에서 동반된 다른 감정들을 알아차린다.

- 마침내, 눈을 뜬다. 그리고 잠시 상대와 함께 방금 했던 경험을 토론하는 시간을 가진다.

www.sittingtogether.com .에서 녹화 음성 청취 가능함

동반자, 고통을 함께 경험하는 존재로 인식 할 때 그들은 그것을 감지한다. 이러한 인식에 대한 느낌은 치유적인 힘을 가지고 있다. 왜냐하면 그것은 환자가 혼자가 아니며 인간이란 존재로 서로 연결되어 있는 가족의 일원임을 느낄 수 있도록 함으로써 가장 힘겨운 마음의 고통인 외로운 고립에 대해 강력한 해독제가 되기 때문이다.

심신자각에 근거한 치료로 이행하기

다음 장에서는 치료자의 심신자각 수련을 심화하는데 활용할 수 있는 연습들을 소개할 것이다. 그것은 또한 환자들을 가르치는 데에도 활용할 수 있다. 임상가는 가끔 수련을 소개하는 것이 치료동맹을 저해하는 것은 아닌지 걱정한다. 특히 지금껏 구조화된 연습을 치료에 도입해 본 적이 없는 임상가라면 더욱 그러할 것이다. 약간의 안내 지침을 따르면 그 가능성을 최소화할 수 있다.

1장에서 논의한 대로 환자의 문화적 배경과 정체성을 염두에 두는 것이 중요하다. 어떤 환자들은 순수하게 비종교적인 배경에서 연구 자료와 함께 제시되는 수련을 하는 것이 훨씬 더 편안한 반면, 다른 환자는 종교적이거나 영적인 관점에서 제시되는 수련에 참여하는 것이 보다 편안하고 훨씬 의미 있는 것이라는 것을 알게 된다. 따라서 환자의 문화적 배경과 종교 혹은 철학적 신념을 명확하게 물어보는 것이 어떤 접근을 선택할 것인지 결정하는데 도움을 준다.

일단 특정한 수련을 소개하기로 결정했다면, 많은 사람들이 비슷한 상황에서 유익한 경험을 했다고 제시하면서 환자에게 시험삼아 한 번 해보기를 권해보는 방법이 보통 최상이다. 이 때 수련에 대한 긍정적인 기대와 동기를 부여하는 것과 치료 효과가 기대보다 좋지 않아 실망할지도 모른다는 가능성을 처음부터 미리 설명하는 것 사이에 균형을 잘 잡는 것이 좋다. 치료 관계의 특성에 부합한다면 수련에 대한 치료자의 개인적인 경험을 나누는 것도 도움이 된다. 이 때 자신이 이전에 경험했던 효과를 예로 들 수도 있고, 연구 논문으로부터 모은 정보를 제공할 수도 있다. 어떤 환자에게는 수련을 통해 예상되는 신경생물학적인 효과를 설명하는 것이 동기를 줄 수 있는데, 특히 기대하는 효과가 당장 나오는 것은 아니기 때문에 이런 방법이 도움이 된다.

얼마동안 치료를 시행해 왔지만 전에 심신자각 연습에 대해 소개한 적이 없었던 경우, 보통 간단한 설명으로 도움을 줄 수 있다. 치료자는 수련에 대한 자신의 경험을 솔직하게 설명을 해주거나 환자의 현재 어려움이나 혹은 발달 단계에서 왜 심신자각 수련이 적절한지 그 이유를 설명해줄 수 있다. 대부분의 환자의 경우, 치료자가 치료에 변화를 주는 것에 대해 편안해하고 그것에 대한 합리적인 설명을 한다면 그러한 변화를 받아들이는데 큰 어려움은 없다.

대부분의 수련은 치료 회기 중 초기에 소개하는 것이 가장 좋다. 그래서 치료자가 환자의 효과를 관찰할 수 있고, 필요하면 조정이 가능하다. 그리고 환자가 심신자각 연습을 자신의 것으로 통합하는데 도움을 줄 시간을 가질 수 있다. 약 5분의 수련 후, 치료자는 환자에게 다음과 같이 제안할 수 있다. "이제 … 과 함께 머무릅니다. [호흡이나 자각의 대상] 그리고 지금은 어떤지 저한테 말씀해주세요. 무엇을 알아차렸습니까?" 대부분의 환자들은 수련에 크게 방해된다고 느끼지 않고 치료자에게 피드백을 할 수 있다. 예를 들면, "이해가 잘 안가요. 그러나 조그만 아이였을 때 뚜렷하지 않지만, 아빠가 내 방 문 앞에 서 있던 모습을 계속 떠올렸어요." 혹은 "이거 잘 안 돼요. 생각을 멈추질 못하겠어요. 숨을 잘 못 쉴 것 같아요." 이런 피드백을 받으면 치료자는 수련을 변경해주거나 부드럽게 요령을 다시 말해주고 환자가 더 쉽게 수련을 할 수 있게 해준다.

나중에 경험에 대해 토론을 하는 것 뿐만 아니라 수련 회기 중 몇몇 지점에서 이런 종류의 피드백을 이끌어 내는 것이 보통 도움이 된다. 치료자가 계속해서 지침을 주면서 환자와 함께 수련에 참여하는 것이 보통 환자를 격려할 수 있는 방법이다.

수련 지침을 조정한 후에도 여전히 환자가 특정한 수련을 불편해하는 경우, 그 수련은 잠시 미루는 것이 최선이다. 사람에 따라 수련에 따라 반응이 모두 다르다는 것과 치료자가 다른 종류의 수련을 시도할 수 있어서 행복하다고 말하면서 그것이 정상적인 반응임을 이야기 해준다.

다른 한편 환자가 수련에 참여하는데 어려움이 없다면, 추가적인 수련을 숙제로 내 주는 것이 도움이 될 것이다. 이 책에 있는 명상지침을 치료자 자신의 음성 녹음으로 만들어 환자가 사용할 수 있도록 제공하는 것은 환자의 명상 수련에 대한 치료동맹을 지원할 수 있는 방법이다. 그렇지 않으면, 환자가 인터넷으로 확인할 수 있는 유인물이나 자신이 원하는 명상의 음성 녹음을 www.sittingtogether.com에서 무료로 이용할 수 있음을 설명해 줄 수 있다. 이 후 8장에서는 수련하는 것을 특히 꺼리는 환자에게 심신자각 수련을 소개하는 방법을 살펴볼 것이다. 그 후 9장에서는 다양한 수련이 소개되고 치료의 경과에서 어떻게 순서를 잡아갈 것인지도 실례를 들어 소개한다. 부가해서, 특정한 개인에게 어떤 명상 수련이 적합한지에 대해, 언제 어떤 수련이 사용되어야 하는지와 함께 부록에서 찾아 볼 수 있다.

그러나 먼저 심신자각을 구성하는 핵심 기술과 치료자와 환자가 함께 사용할 수 있는 다양한 수련에 대해 보다 자세하게 살펴보도록 하겠다.

4장

집중 수련

마음의 초점을 가지기

명상은 삶에서 도피하는 것이 아니다……오히려 삶에서 진정으로 존재하기 위한 준비다.

– 틱낫한 (Thich Nhat Hanh, in Murphy, 2002, p. 84)

집중*concentration* 또는 초점주의*focused attention* 는 명상의 기초이며, 그 위에 수련의 기본을 쌓아올리는 필수 요소다. 존 카밧진 (John Kabat-Zinn, 1994) 은 이것을 심신자각의 "초석"이라고 부른다. 개방주시*open monitoring,* 자애*loving-kindness,* 그리고 연민*compassion* 같은 다른 명상 수련들은 이 기술에 의존하며, 우리의 주의가 분산되거나 사로잡힐 때마다 돌아갈 수 있는 닻의 역할을 할 수 있다.

집중이란 무엇인가? 간단히 말하면, 이것은 현재 순간에서 우리의 마음을 안정시키고 고요하게 만드는 것을 배우는 것이다. 이것은 비밀스러운 기술이 아니며 일상에서 규칙적으로 사용할 수 있는 기술이다. 야구 게임, 자동차 운전, 연주 연습 또는 요가 수련과 같은 거의 모든 일상에서 우리는 집중을 사용한다.

그러나 우리는 곡예를 타듯 너무나 많은 일을 하기 때문에, 빈번히 스트레스를 받고, 주의가 분산되고, 오직 부분적으로만 현존한다. 우리는 저녁 요리를 하는 한편 자살을 시도하려는 환자들의 메시지를 체크하면서 아이들이 말하는 하루 생활에 대한 이야기를 반만 듣고 있다. 일상의 멈추지 않는 요구들은 우리를 종종 산만하게 만들고 탈진시킨다. 집중은 우리의 에너지를 재생하고 회복하는데 도움을 준다. 집중은 할 일 목록에 점점 더 많은 것들을 추가해서 여러 가지 일을 동시에 시도하는 대신에, 천천히 하면서 휴식할 수 있도록 도움을 준다.

집중은 소리, 몸, 호흡에 대해, 그리고 어떤 명상에서는 구절이나 단어에 주의를 기울이는 것을 통해 배양할 수 있다. 수련은 간단하지만 쉽지만은 않다. 그것은 마음이 방황하는 매 순간, 판단하거나 비판하지 않고 주의를 자각의 대상으로 돌아오게 하는 것과 관련된다. 마치 강아지를 길들이는 것과 같다. 강아지를 때리거나 호되게 꾸짖지 않는 것처럼, 우리는 방황하는 마음을 가혹하게 대하지 않도록 배운다. 그것이 마음의 특성이기 때문이다. 우리는 자신을 "멍청한 놈" 또는 "형편없는 명상쟁이"라고 부르지 않는다. 우리의 마음이 수 천 번을 방황하여도 다시 시작하면 된다는 것을 배운다. 명상 교사인 잭 콘필드 (Jack Kornfield, 1993) 는 "집중을 배울 때, 우리는 항상 초점을 잃어버리고는 항상 다시 시작하는 것 같이 느낀다."고 하였다 (p. 62). 우리는 이 과정에서 우리 자신과 친구가 되는 것을 배운다. 콘필드는 "우리가 강아지를 훈련시킬 때 결국 강아지와 친구처럼 되고 싶어 한다는 것을 항상 기억해야 한다. 이와 같이, 우리는 마음과 몸을 '친구'처럼 여기는 것을 수련한다."고 덧붙였다.

비록 이 수련은 간단하게 보이지만 깊은 함의가 담겨져 있다. 지나간 일을 반복적으로 반추하는 것을 놓아버리고 실수나 후회에 계속적으로 머물지 않으며 그리고 미래의 환상과 꿈 주위에 맴돌지 않는 것을 배우는 것이다. 우리는 현재 순간에 실제로 일어나는 것–즉, 주변에서 들려오는 소리, 앉아있는 몸의 느낌, 그리고 호흡의 감각–으로 돌아온다. 대부분의 가치 있는 시도들이 그러하듯, 이것은 수련을 필요로 한다.

집중 수련에서, 우리는 생각이나 감정을 억누르지 않는다. 그럴수록 그것의 지배력이 더욱 강화되기 때문이다. 대신 무엇이 우리의 주의를 끌고 갔는지 주목하고 스스로를 미워하거나 판단하지 않고 처음의 집중 대상으로 부드럽게 주의를 되돌린다. 사실 마음이 방황하는 사실을 알아차리는 이 순간은 매우 가치가 있다. 샤론 살츠버그 (Sharon Salzberg, 1997) 는 다시 시작할 수 있는 이 기회는 장애물이 아니라 바로 명상의 "정수"라고 제시했다.

> 우리는 과거나 미래, 또는 판단 속에 자신을 잃어버릴 수도 있지만, 일단 우리의 주의가 분산되었다는 것을 인식하면, 바로 그 순간 우리는 다시 시작할 수 있다… 아무리 터무니없고, 어렵고, 유혹적이거나 또는 바보 같은 생각이 일어나더라도, 다시 시작할 수 있음을 보는 이와 같은 수련을 계속 함에 따라, 자신에 대한 깊은 신뢰가 형성 된다 (p. 29).

집중 수련은 또한 정서적인 회복탄력성*resilience* 을 북돋운다. 명상 교사인 크리스티나 펠트만 (Christina Feldman, 1998) 은, 집중의 개발을 통해 “마음은 쉽게 상처 받지 않고, 극단에 빠지지 않게 된다. 그것은 안정감과 균형감을 가지게 되는데, 사로잡히거나 부담감을 느끼지 않고 인생에서 만나는 여러 경험들과 생각들을 받아들일 수 있게 된다.”고 지적하였다.

자세에 주의를 두기

명상은 앉아서, 서서, 걸으면서 또는 누워서 할 수 있다. 앉아서 할 때, 쿠션 위에서 완전히 다리를 교차한 가부좌자세를 만들려고 몸을 꼬아서 프레첼처럼 만들 필요는 없다. 의자에 편히 앉아 등을 펴고 바닥에 발을 내려놓아도 괜찮다. 손은 양 무릎 위 또는 옆에 둘 수 있다. 몸은 이완되어있지만 각성하고 있는데, 너무 경직되거나 뻣뻣하지도 않고, 너무 구부정하거나 구부러지지도 않게 한다. 눈은 살짝 뜨고 일 미터 정도 떨어진 바닥의 한 점을 가볍게 바라보거나 또는 살며시 감아도 된다. 막 처음으로 시작한 환자들, 특히 불안하거나 외상의 경험이 있는 환자는 눈을 뜨는 것이 가장 좋다.

우리들 대부분은 두 가지 종류의 기본적인 존재의 양식을 가지고 있다. 즉 긴장된 목표지향적인 활동과 초점이 없는, 가끔은 졸리는 이완된 상태다. 명상은 존재의 세 번째 양식으로 각성되어 깨어있으면서 동시에 이완되어 있다. 정좌 명상을 수련할 때, 각성된 존엄함을 보여주는 신체 자세가 이러한 양식을 뒷받침한다. 명상 교사들은 따라서 자신의 본래적으로 가지고있는 존엄을 구현하는 자세로 앉도록 제안하는데, 대부분의 사람들은 그것을 직관적으로 이해하고 심오한 긍정을 느낄 수 있다.

집중 수련에 환자가 접근할 수 있도록 만들기

명상 수업은 종종 많은 환자들에 있어서 호흡 명상으로 시작하지만, 불안, 외상, 또는 호흡 질환이 있는 경우에는 이렇게 시작하는 것이 최선이 아닐 수도 있다. 이런 환자들과 또한 회의적인 환자들에게는 소리를 경청하는 수련이 일반적으로 보다 더 안전하고 좀 더 접근이 용이하다.

샤론 살츠버그와 조셉 골드슈타인 (Sharon Slazberg & Joseph Goldstein, 2001) 은 소리로 시작하는 명상의 장점을 다음과 같이 설명한다.

> 우리는 듣는 것으로 시작하는데, 왜냐하면 그것이 심신자각의 자연스러운 특성을 지향하기 때문이다. 우리는 소리들이 오거나 또는 가게 할 필요가 없다. 우리는 그것들과 동일시할 필요가 없다. 그것들을 조작할 필요도 없다. 그렇게 하려는 어떠한 노력도 없이 들을 수 있다. 소리라고 하는 대상이 나타나고, 우리는 현존한다… 우리는 깨어있다… 우리는 그것과 연결한다. (p. 32)

단순히 듣기

- 편히 앉아서, 눈을 가볍게 뜨거나 또는 부드럽게 감는다.
- 당신 주위의 소리를 단순히 들어본다. 자동차, 바람, 비, 새 또는 에어컨 소리를 알아차린다.
- 이름을 붙이려 하거나, 무엇인지 파악하려 들거나 또는 없애려고 할 필요가 없다. 그저 있는 그대로의 소리를 들어본다.
- 당신의 몸을 거대한 귀라고 상상하거나 또는 당신이 원한다면, 당신 주변의 모든 소리들을 360도 방향에서 수신하여, 위에서, 아래에서, 앞에서 그리고 뒤에서도 들을 수 있는 접시 모양의 위성 안테나라고 상상한다 . 당신의 모든 존재를 기울여 들어본다.
- 각 소리들이 시작과, 중간 그리고 끝을 가지고 있음을 알아차린다.
- 당신의 마음이 방황하더라도, 문제가 되지 않는다. 단지 현재의 순간으로 되돌아온다.
- 이 순간은 유일한 순간이며 이 소리들은 결코 반복되지 않을 것임을 인식하면서, 지금 이 순간의 소리 속에서 안정을 취한다.
- 심호흡을 하면서, 손과 발을 꼼지락거리고 뻗는다. 눈을 감고 있다면 뜨도록 한다. 초점주의를 다음의 활동으로 확장한다.

www.sittingtogether.com에서 녹음자료를 들을 수 있다

임상 사례: 한 번에 한 가지 소리씩

마가렛Margret은 스트레스를 관리하는 치료를 받으러 왔다. 그녀는 직장과 세 자녀의 양육 사이에서 균형을 잡기 위해 노력하고 있었다. 그녀의 어머니는 최근 뇌졸중에 걸렸다. 마가렛은 카풀, 집안 살림, 아이들 축구 훈련시키기, 그리고 직장 일에다가 자신의 건강관리까지 처리해나가고 있었다. 일에 압도당한다고 느꼈을 때, 일차 진료 의사에게 진찰을 받고 명상을 권유받았다.

> 마가렛은 명상 수련에 대해 회의적이었지만 "또 다른 약"을 복용하고 싶지 않았기 때문에 그것이 해볼만 하다고 생각했다. 명상을 처음 시작했을 때, 마음은 분주하게 내달리면서, 한 가지 책임져야 할 일에서 또 다른 일로 춤추 듯 요동치는 것을 경험하였다. 그녀는 명상이 효과가 없다고 불평했고, 이렇게 바쁜 생활에 그것이 정말 적합한 것인지 의심이 들었다. 그녀의 치료자는 많은 사람들이 처음에는 그렇게 느낀다고 말하면서, 수련이란 강아지를 길들이는 것과 같아서 많은 인내와 자기수용이 필요하다고 설명했다. 그녀는 스트레스를 줄이기 위해 필사적으로 노력했고 매일매일 짧은 명상을 수련하여 마침내 "한 번에 한 가지 소리씩" 듣는 현재의 순간으로 돌아올 수 있음을 발견하였다. 하루 일과에서 시간을 내기가 어려웠지만, 그럭저럭 하루 5분을 따로 내어 다른 일을 하는 중간에 비격식적으로 수련을 하였다. 그녀는 커다란 편안함을 느꼈고, 어머니의 재활치료와 아들의 축구 훈련을 오가는 사이에도 유머 감각이 되돌아왔음을 느꼈으며 스트레스를 받거나 안절부절 못할 때마다 주위의 소리에 주파수를 맞췄다. 그녀는 "내 집에 새살림을 장만한 것 같은 기분이 든다."고 농담을 하면서, "내 마음 안에 이다지도 여유로운 공간이 있었다니."라고 말했다.

샤론 살츠버그 (Sharon Salzberg, 1997) 는 환자들에게 유용한 듣기 명상에 여러 다양한 반응들이 있다고 상세히 기술하였다.

> 소리를 듣는 방식은 너무나 많다. 우리는 아마도 어떤 소음을 들으면, 반발하고 흥분하면서 그것이 불쾌한 것임을 안다. 만약 소리가 즐거운 것이라면, 이 소리가 계속 되기를 원할 수 있다. 만일 소리가 유쾌하지도 않고 불쾌하지도 않다면 우리는 단지 "반만 들을 수" 있다. 혹은 우리는 판단하거나 개념화 하지 않고 단순히 감각적 사건으로 직접 들을 수 있고, 그 때 비로소 전체성을 가진 세계가 우리 앞에 열릴 수 있다 (pp. 39–49).

작곡가 존 케이지는 선불교의 제자로, 소위 "침묵의 멜로디*melodies of silence*"로 유명해졌다. 가장 유명하고 논란이 많은 작곡, 4'33"에서 연주가는 아무런 건반도 건드리지 않고 피아노에 앉아있다. 관객들이 듣는 "음악"은 방에서 들리는 자연스런 소리들이다 (Murphy, 2002). 우리는 환자들에게 듣기 수련을 소개할 때, 케이지의 경험을 각색하여 지금 이 순간 우리만을 위해 연주되고 있는 심포니를 들으라고 제안한다.

몸과 연결하기

다음 수련–접촉지점*touch points*–은 집중을 개발하는 또 하나의 탁월한 도구다. 이 명상에서, 환자는 몸이 접촉하고 있는 부위–예를 들면 눈, 입술, 손, 허벅지, 발 같은 곳에 주의를 두라고 지시 받는다. 그것은 몸에 기초를 둔 자각의 방식으로 마음을 고요하게 만드는데 도움을 준다. 주의를 몸의 가장자리에 두기 때문에 이것은 안전감을 필요로 하는 정신적 외상이나 또는 감정조절의 어려움과 같은 병력이 있는 사람들을 위해 좋은 수련이다.

접촉지점

- 편안히 앉아서 시작한다. 등을 똑바로 세우고, 발을 바닥에 접촉하여 존엄한 자세를 갖춘다. 눈은 살짝 뜨고 부드럽게 응시하거나 또는 부드럽게 감는다.
- 서너 번의 호흡을 통해 몸과 마음을 안정시키고 현재의 순간으로 돌아오라.
- 몸이 접촉하고 있는 곳을 알아차리라. 접촉하고 있는 눈꺼풀, 접촉하고 있는 입술, 접촉하고 있는 손, 접촉하고 있는 앉아있는 뼈, 의자에 접촉하고 있는 무릎의 뒷면, 바닥에 접촉하고 있는 발을 알아차리라.
- 순서에 따라 반복하면서, 편안한 리듬을 찾으라. 접촉하고 있는 눈꺼풀, 접촉하고 있는 입술, 접촉하고 있는 손, 접촉하고 있는 앉아있는 뼈, 의자에 접촉하고 있는 무릎의 뒷면, 바닥에 접촉하고 있는 발을 알아차린다. 만약 초점을 맞추는데 도움이 된다면, 스스로에게 접촉 지점들을 마음속으로 언급하라.
- 주의가 분산되어도 괜찮다, 비난하지 말고, 단지 다시 시작하라.
- 준비가 되었으면, 심호흡을 하고, 몸을 뻗고, 손가락과 발가락을 꼼지락거리면서, 손목과 발목을 돌린다. 만약 눈을 감았다면, 눈을 뜬다. 초점 주의를 다음의 활동으로 확장시키도록 하라.

www.sittingtogether.com에서 녹음자료를 들을 수 있다

임상 사례: 분노에 먹이를 주지 않기

리처드Richard는 분노 때문에 치료받으러 왔다. 그는 직장에서 동료들에게 그리고 집에서는 그의 부인과 아이들에게 분노를 터뜨리는 것을 알았다. 일을 잃을 것이 두렵고, 더 나아가서 누군가에게 상처를 줄 수도 있어서 가족들은 그가 치료받도록 강권하였다. 놀라울 것도 없이, 리처드는 이런 제안이 기분 좋지 않았다. 그는 폭행과 폭언을 하는 아버지 밑에서 성장하

여, 분노조절의 어려움 때문에 치료를 받는 것이 수치스러웠지만, 그의 자녀와 가족 또는 동료들이 다시 경악하는 경험을 원하지 않았다.

리처드는 명상을 시도하기 전에 많은 지지가 필요하였다. 치료자는 그와 같은 어린 시절을 보냈다면 그가 경험했던 분노와 그것의 표현을 억제하는 것이 얼마나 어려운 일인지를 탐색하였다. 일단 그가 이해받고 병적인 인간으로 치부되지 않자, 그는 치료시간에 처음으로 기꺼이 접촉 지점을 수련하는 시도를 하였고, 이후 직장과 집에서도 하였다. 가끔 그의 동료가 실수를 하였을 때, 폭발하는 대신 잠시 멈추어서 초점을 접촉 부위로 가져오는 것을 배웠다. 때때로 순서에 따라 몇 번이고 반복해야 했지만, 그것은 주의를 집중할 수 있는 닻을 제공했고, 그것을 통해 분노를 통제할 수 있었다. 집에서는 저녁식사 시간에 수련을 시작했는데, 그 때 가장 폭발하기 쉬웠다. 아이들 중 한 명이 무엇을 엎지르거나 말대꾸할 때 분노가 솟아나지 않도록 리처드는 몸으로 돌아와서 발바닥의 감각에 주의를 두면서 거기에 머물렀다. 그것은 항상 효과가 있는 것은 아니었으며, 계속해서 자신의 분노에 대한 수치감과 싸워야했지만, 자신의 분노를 억제할 수 있음에 감사하였다.

이 수련은 많은 임상적 적용 사례들이 있다. 주의를 발바닥에 두면, 폭발하기 쉬운 젊은 남자 정신장애인의 공격성을 조절하는데 도움을 주고 (Singh, Wahler, Adkins, & Myers, 2003), 분노 관리 프로그램에서 종종 사용한다. 이것은 또한 아이들이 조용히 앉아있거나 주의를 기울이는 것이 어려울 때 유용한 기법이다 (부록을 보시오).

이 수련의 변종으로 손에 대한 명상이 있다. 이것은 윌리엄, 티즈데일, 시걸 그리고 카밧진 (William, Teasdale, Segal & Kabat–Zinn, 2007) 뿐만 아니라 타라 브라흐 (Tara Brach,2003, 2011) 도 가르쳤다. 이것은 불안이나 손씻기와 같은 강박장애의 어떤 형태들에 특별한 도움을 줄 수 있는 집중 기법이다.

이 수련은 흔히 앉은 자세에서 하지만, 누운 자세로 할 수도 있는데, 불면증의 치료에 또한 효과가 있다.

임상 사례: 불면에 항복하기

주니타Juanita는 잠 때문에 두려웠다. 그녀는 첨단 기술을 다루는 매우 스트레스가 많은 직장에서 일했는데, 회사에서 대량 감원을 하는 바람에 두 세 사람 분량의 일을 한다고 느꼈다. 그녀는 최근 이혼을 했고, 아이들은 대학을 가서"빈 둥지empty nest"에서 외로움을 느껴왔다.

새벽 2시 또는 3시에 잠이 깨면 결혼 생활의 종말에 대해 반추하면서, 남은 여생을 홀로 지내게 될 것을 걱정하기 시작했다. 그녀는 점차 늙어가서 병이 들고, 마침내 아무런 지지도 받지 못하고 죽을 것 같은 걱정의 소용돌이 속으로 빨려 들어갔다. 대부분의 아침이면 지친 채로 일어나서 직장에서 일하는 것이 종종 고통스럽다고 막연하게 느꼈다.

불면증에 대해 필사적으로 도움 받기 위해 주니타는 잠 못들 때 여러 형태의 접촉 지점 수련을 실험하였다. 그녀는 손의 접촉, 어깨의 접촉, 둔부의 접촉, 다리의 접촉, 그리고 발의 접촉을 알아차리곤 했다. 수련을 하였지만, 그녀는 잠자는 데 대한 절망감을 느꼈다. 그러나 수련을 반복하면서 마침내 이런 압박감을 이완시키고 불면증과의 싸움을 멈추는 방법을 배우게 되었다. 수련을 통해 그녀는 진정되고 안정을 얻었으며, 현재 순간의 감각에 머물면서 가상의 미래를 투사하지 않고, 과거의 실수에 고민하지 않는 방법을 배웠다.

비록 항상 잠이 잘 드는 것은 아니었지만 그녀는 보다 편안한 휴식을 느꼈다. 그녀는 명상을 계속하면서 생각을 되씹는 반추의 악순환에 빠지지 않게 되었다. 두 달간 매일 수련을 한 후, 잠은 보다 쉽게 찾아왔다. 잠 못 드는 밤에는 주니타는 여전히 초조하여 다음 날 지칠 것을 걱정하였다. 그러나 그녀는 깨어있는 시간 동안에도 또한 보다 길게 명상을 하였다. 부정적인 생각들과의 관계가 변화되기 시작했고 그녀는 점차 생각들을 알아차리고, 놓아버리고 그리고 접촉 지점으로 돌아온다고 보고했다.

조셉 골드슈타인 (Joseph Goldstein, 1993) 은 집중을 배양할 때, 마음에서 무엇이 일어나든지 그것에 대해 어떻게 반응할 것인지 하는 것만큼 중요하지 않다고 설명했다. "핵심적인 질문은, 일어나는 것과 어떻게 관계하고 있는가 하는 것이다. 이러한 감정들에 대해 그것들을 생각하거나 분석하는 관계를 맺고 있는가? 혹은 단순히 느끼고 관찰하는 관계를 맺고 있는가?" (p. 100) 그녀는 불면증에 대해 초조함과 걱정으로, 그리고 다음 날 어떻게 잘 해나갈지를 고민하는 반응보다는 자신의 경험과 함께 존재하는 것을 배웠다. 두려움과 불안을 없애는 것이 아니라 좀 더 능숙하게 함께 존재하는 것을 배우는 것이 목표가 되었다.

호흡과 작업하기

호흡에 주의의 초점을 두는 수련은 집중 수련의 핵심이다. 호흡은 항상 활용할 수 있는 자각의 대상이다. 호흡 수련은 2,500년 이상 성공적으로 사용되어 왔고, 특정 종파나 신념

체계를 초월하여 손쉽게 사용할 수 있다.

비교적 통합이 잘 되어있는 환자들에 대해, 호흡에 주의를 집중하는 것은 탁월한 수련 방법이다. 해리나 외상의 병력이 있거나, 강한 불안을 느끼는 환자들은 보통 듣기, 접촉 지점, 또는 걷기 명상 (제5장을 보라) 을 수련 하는 것이 낫다. 호흡 수련을 할 때 우리는 호흡을 강요하거나 조작하지 않고 자연스러운 호흡에 주의를 둔다. 호흡에 정착하여 현재 순간을 자각하는 것을 배우는 것이다. 우리는 판단이나 비판은 놓아버리고, 호흡을 있는 그대로를–끊임없이 움직이며 항상 변화하는–허용한다. 다른 모든 명상 수련과 마찬가지로, 호흡과 작업을 할 때에도 기꺼이 반복해서 다시 시작하려는 마음이 필요하다. 당황스럽게 느껴지거나, 과거에서 헤매고, 생각, 분노 또는 후회에 사로잡혔을 때, 우리는 항상 호흡과 다시 연결할 수 있다. 명상 교사인 레리 로젠버그 (Larry Rosenberg, 2004) 는 만약 당신이 "5분 동안 앉아있으면서 수 천 번 호흡으로 되돌아와야 한다면, 그렇게 하라. 당신이 그것을 문제라고 여기지 않는다면 문제될 것이 없다" (p.34) 고 말한다. 대부분의 사람들은 그들의 마음이 얼마나 제멋대로 움직이는지를 알고 나서는 경악을 금하지 못하기 때문에, 생각과 느낌에 주의를 빼앗기는 것은 초보자뿐 아니라 숙련된 명상가에게도 정상적인 일이라고 반복적으로 강조하는 것이 도움이 된다.

호흡 발견하기

- 편안하게 앉아서 등을 곧게 세우고, 척추가 경직되지 않게 이완된 존엄한 자세를 갖추고, 눈은 부드럽게 뜨거나 또는 감은 채로 시작한다.
- 당신의 호흡을 찾는다. 우리는 종종 너무 바빠서 우리가 숨 쉬고 있다는 것을 인식하지 못할 때가 있다. 단순히 당신의 호흡을 알아차린다.
- 당신의 호흡이 어디에서 가장 강하게 느껴지는지 보라. 그곳은 콧구멍이나 가슴 또는 아랫배일 수 있다. 각각의 들숨과 날숨의 감각을 느껴보라.
- 만약 마음이 방황하더라도 문제가 되지 않는다. 다시 시작하도록 허용하라.
- 부드럽고, 친절하게 되돌아오라. 호흡이 당신의 닻이자 친구가 되게 하라. 호흡을 느끼면서 휴식하라.
- 너무 욕심을 부리지 않는다. 천천히 한다. 우리 모두는 한 호흡을 완전히 느끼는 능력을 가지고 있다.
- 준비가 되었으면, 손가락과 발가락을 뻗고, 꼼지락거려 본다. 만약 눈을 감고 있다면 뜬다. 초점 주의를 다음의 활동으로 확장시키도록 한다.

---

www.sittingtogether.com에서 녹음자료를 들을 수 있다.

임상 사례: 다시 시작하기

보니Bonnie는 20대 여성으로, 경제 불황기에 직업을 잃었다. 그녀는 자신이 실패자라고 느끼면서 우울해졌다. 부모님은 그녀에게 일자리를 찾으라고 계속해서 잔소리를 했고, 상황을 더 악화시켰다. 일자리의 전망에 좌절감을 느끼면서, 그녀는 점점 더 많은 시간을 컴퓨터 게임을 하며 보냈다.

보니는 약물치료를 원하지 않았지만 대신 명상을 해보고 싶어 했다. 그녀는 일반적으로 높은 기능을 가졌고 잘 통합되어 있었다. 수련을 시작하면서, 다시 시작하는 것을 자신에게 허용하는 것이 엄청난 위안임을 발견했다. 그것은 그녀의 양육 과정에서는 경험해보지 못한 중요한 점이었다. 그녀는 일이 없는 것이 도덕적인 실패는 아니며, 직업이 없다는 것으로 자신을 규정지을 필요가 없을 뿐 아니라 이것이 영원히 일을 못하는 것은 아닐 것이라는 것을 깨닫기 시작했다. 그녀가 이완되고, 호흡은 고정되어 있는 것이 아니라 항상 변하고 움직이는 것을 알아차리면서 삶의 다른 변화들에 대한 두려움도 줄어들었다. 컴퓨터 게임을 하며 움츠려들기 보다는 불확실성을 포용하는 것을 배우게 되었다. 호흡은 그녀를 위한 은유와 동기가 되었다. 명상 수련을 통해 "다시 시작하기"를 배우면서 그녀의 인생도 다시 시작할 수 있다는 것을 인식하였다. 자신을 비난함으로써 고통을 지어냈다는 것을 알아차리면서 그녀가 오히려 상황을 더 어렵게 만들고 있다는 것을 이해하였다. 판단이나 비난 또는 비판하지 않고 "다시 시작하기"가 무엇을 의미하는지를 숙고했고 부모님이 "비현실적"이라며 묵살했던 일에 대해 위험을 안고 새로운 노력을 해보겠다고 하는, 일에 대한 열망을 되찾았다.

보니의 아버지는 평생 한 가지 일을 해왔기 때문에, 그녀에게는 다시 시작하는 모델이 없었다. 그 같은 직업들은 요즈음 드물 뿐 아니라, 그녀는 실제로 평생직장을 원하지도 않았다. 그녀는 새로운 일을 찾아 시도하고 싶었다. 다시 시작하는 것을 통해 사람들은 습관에서 벗어나게 된다. 샤론 살츠버그 (Sharon Salzberg, 2011) 는 이것을 다음과 같이 말한다.

> 당신의 주의가 방황하고 있었다는 것을 인식하는 순간은 마법의 순간이다. 그것은 진정으로 달라질 수 있는, 새로운 대응을 시도할 기회이다. 자신이 취약하고, 훈련이 부족하다고 스스로에게 말하면서 좌절하며 포기하기 보다는 단순히 놓아버리고 다시 시작한다. 사실, 자신을 꾸짖는 대신 주의가 분산되어 있었다는 것을 인식할 수 있음에 대해 그리고 다시 호흡으로 돌아온 것에 감사할 수 있을지 모른다.

때때로 마음이 초조하여 호흡을 따라 가기가 어려울 때에는 마음의 초점을 어떤 다른 것에 두면 도움이 될 수 있다. 명상 교사들은 호흡과 함께 배가 오르내리는 것을 바라보면서 호흡이 들어올 때 "오름 rising" 그리고 나갈 때 "내림 falling"이라고 조용히 마음속으로 언급하거나 또는 숨이 들어오고 나갈 때 "들숨 *in*" 그리고 "날숨 *out*"이라고 언급하라고 제안한다. 많은 사람들은 또한 숫자를 헤아리면 집중하는데 도움이 된다는 것을 발견한다. 들숨에 "하나" 그리고 날숨에 "둘"하면서 게임을 하듯 호흡을 열까지 셀 수 있는데, 도중에 숫자를 잊어버릴 때마다 다시 처음부터 다시 시작하면 훌륭한 수련이 될 수 있다. 자유롭게 실험해보라. 기억해야 하는 중요한 점은 태국의 명상 스승인 아잔 차*Ajahn Chah*가 말하듯이 "단순하게 하는 것과, 현재 순간에 머무는 것"이다 (Rosenberg, 2004, p. 26).

임상 사례: 수를 헤아리며 수련하기

존은 중년 남성으로 회계사로 일하고 있다. 그는 사회불안 때문에 치료를 받으러 왔다. 그는 지역 YMCA의 명상 수업에 들어갔지만 "따분하여" 주의를 집중하기 어려웠다. 명상에 "실패"하였다고 느꼈지만, 명상이 뇌를 바꿀 수 있다는 책을 읽고 나서 다른 방법을 찾아보았다. 몇 가지 방법을 시도하였는데, 조용히 수를 헤아리는 방법이 잘 맞았다. 그는 숫자들의 세계에 살고 있어서 숫자를 명상에 통합시키는 것이 편안하게 느껴졌다.

존은 심신자각을 그의 생활 대부분에 적용시키기 시작했다. 직장에서의 회의나 데이트 같은 불안한 상황에서 호흡을 알아차렸다. 한 번에 한 호흡씩 호흡에 머무르면, 불안의 불편함도 지나가는 것이며 항상 다음 호흡과 함께 다시 시작할 수 있다는 것을 알게 되어 불안을 견딜 수 있었다. 그 순간에 머무는 것을 배우게 됨에 따라, 그가 할 말과 할 행동에 초점을 잘 두지 못하는 것을 발견하였고, 이를 통해 좀 더 쉽게 남들의 말을 들을 수 있게 되었다. 이것이 그의 일과 사회적 관계를 향상시켰다.

많은 사람들은 명상을 잘 할 수 없다는 것과 "틀리게" 하는 것에 대해 걱정을 한다. 환자들에게 단지 호흡만으로도 이미 잘하고 있다고 언급하며, 이 수련에는 실패라는 것은 없고, 단지 2분 동안만 앉아있어도 유익하다고 말해주는 것이 도움이 된다.

많은 환자들은 호흡과 접촉할 때, 그들이 지녀온 다른 감정들을 자각하게 된다는 것을 발견한다. 샤론 살츠버그 (Sharon Salzberg, 2011) 가 변형시킨 다음의 수련은 다른 호흡 수련들보다는 내부에 초점을 적게 두는 이점이 있다. 따라서 이것은 접촉지점 수련과 전통적인 호흡 명상 사이를 이어주는 다리 역할을 하여, 심한 외상이나 애도와 같은 격렬한 감정들과 싸우고 있는 사람들에게 효과적으로 사용될 수 있다. 만약 환자들이 기꺼이 격렬한 감정들을 직면하려고 하고, 또한 할 수 있다면, 이러한 변형 수련은 호흡에 주의를 두는 동안 편안함과 수용, 그리고 "요람과 같은" 느낌을 확보해 준다.

호흡 달래기

- 편안히 앉아서 의자 또는 쿠션 위에서 스스로의 견고함과 안정감을 느끼면서 시작한다. 당신의 본래적인 존엄함을 느껴보라.
- 서너 번의 심호흡으로 시작한다.
- 호흡이 가장 강하게 느껴지는 부위들, 콧구멍, 가슴 또는 배에 당신의 주의를 가져와서 한 호흡 한 호흡을 사랑스럽게 어루만지듯 달랜다.
- 마치 새라든지 혹은 어떤 소중하고 섬세한 물체를 쥐고 있는 것처럼 당신이 각각의 호흡을 친절하고 부드럽게 어루만질 수 있다는 상상을 하라.
- 만약 격렬한 감정이 올라온다면, 이들 감정들 또한 당신이 달랠 수 있는지를 보라. 그들을 탐구하거나 분석할 필요는 없고, 감정을 알아차리고 그것을 동일한 방법으로 어루만져 보라. 그리고 호흡으로 돌아오라.

임상 사례: 슬픔과 접촉하기

타라Tara는 50대 독신 여성으로, 최근 어머니의 사망으로 인한 비통함으로 치료를 받으러 왔다. 어머니는 장기간 어려운 질병을 앓으며 심한 통증으로 고통받아왔다. 타라는 일을 쉬고 어머니를 보살폈다. 그러나 임종의 순간에 함께 있지 못한 죄책감으로 고통스러워했다. 그녀는 명상이 어떤 평화를 발견하도록 도와주기를 원했다.

그녀는 호흡을 찾아보려고 노력했지만, 오히려 바다 같은 눈물을 발견할 뿐이었다. 그녀는 이로 인해 명상을 하는 것이 그리 좋은 생각은 아니라고 여기게 되었다. 그녀의 치료자는 처음에는 가슴heart과 마음mind이 너무 견디기 어려워 자각하지 못하도록 감정을 밀어내었다가, 일상의 업무에서 이완이 될 때 이들이 다시 홍수처럼 돌아온다고 설명해주었다. 만약 우리가 아직 이 감정들을 재통합할 준비가 되지 않았다고 느끼지 않는다면 이들은 진정으로 문제가 되지 않는다고 했다.

> 이를 통해 타라는 이해할 수 있게 되었고 그녀는 지금이 보다 온전한 애도의 감정을 느끼기에 가장 좋은 시간이라고 말하였다. 그리하여 그녀는 슬픔을 양손으로 꼭 쥐고, 달래며, 수용하고, 호흡으로 다시 돌아오는 것을 수련하였다. 처음에는 오직 잠시 동안만 할 수 있었고, 그녀는 슬픔이 계속되어 자신을 집어삼키지 않을까 걱정스러웠다. 슬픔과 호흡 사이를 오감에 따라, 그녀는 호흡의 소중함과 인생의 소중함에 대해 점점 더 깊이 감사하기 시작했다. 시간이 지나면서, 어머니의 인생에 감사할 수 있게 되었고, 자신의 남은 인생도 가능한 최선을 다하기로 하였다.

우리의 경험에 자신을 개방하기 시작함에 따라, 우리는 고통에 대해서도 또한 개방한다. "만약 당신이 수없이 울지 않았다면, 당신의 명상은 진정으로 시작되지 않은 것이다" (Kornfield, 1993, p. 40) 라고 아잔 차*Ajahn Cha*가 언급했듯이.

명상의 핵심 요소 중 하나는 그 순간에 일어나는 모든 것–즐거움, 불쾌함, 그리고 중립–을 그것들에게 끌려가지 않고 있는 그대로 경험하도록 허용하는 것이다. 우리는 고통스럽거나 불쾌한 감정을 부인하거나 숨기지 않고, 단지 그것들에게 사로잡히지 않도록 배울 뿐이다. 우리는 혼란스럽거나 폭력적인 생각들을 가진 것에 대해 자신을 질책하지 않도록 하는 것을 배우지만 그러나 또한 그런 것이 없다고 가장하지 않는다. 명상 교사들은 종종 "당신은 왜 마음에 떠오르는 생각들로 속상해 하는가? 당신이 그것을 초대하였는가?"라고 말하면서 생각으로 인해 고통받는 학생들에게 도움을 준다 (Salzberg, 2011, p. 66). 생각들을 알아차리고, 자신을 미워하거나 비난하지 않고 호흡으로 돌아오는 것을 통해, 부정적인 생각과 감정으로 동요하는 우리 자신을 해방시키기 시작한다.

다음의 수련은 최소한 정신 역동적 그리고 인본주의적 전통과 같은, 말로 하는 치료의 전통적인 접근과의 결별을 보여준다. 우리는 과거에 일어난 사건의 상세한 내막을 캐내고 처리하는 것에 익숙하다. 그러나 때로는 우리는 과거에 빠져 허우적거리고 자신을 구출하지 못하고 고통 받는다. 이것은 1장에서 논의되었듯이 치료의 초점을 서술적인 이야기에서 경험의 형태로 이동시키는 데 도움을 주는 수련이다.

이야기를 놓아버리기

- 편안하게 앉아서, 눈을 조금 뜨거나 혹은 감고, 존엄한 자세를 취한다.
- 콧구멍, 가슴 또는 배와 같이 호흡을 가장 강하게 느끼는 곳이 어디인지 찾아보라. 호흡에 대해 판단하거나 조절할 필요 없이 단지 자연스럽게 숨 쉬면서 그것을 느껴보라.
- 마음이 방황하기 시작하고, 이야기 또는 드라마에 빠져서 길을 잃었을 때, 단순히 자신에게 "지금은 아니야. 오직 호흡이야"라고 말하라.
- 비록 수백 번 호흡에서 벗어나도 다시 부드럽게 호흡으로 돌아온다. 자신을 일깨우라. "오직 호흡이야, 그 외에는 없어"라고 알려준다.
- 무엇이 당신의 주의를 분산시키는지 알아차리고, 그것을 마음속으로 언급mental note한 후에, 당신 자신에게 "지금은 이 호흡과 함께 하겠다. 이 호흡을 느끼겠다."라고 말하라.
- 준비가 되었을 때, 몸을 뻗고 손가락과 발가락을 꼼지락거리면서, 눈을 감고 있으면 눈을 뜬다. 남은 하루 동안 당신의 마음이 생각에 빠져들 때마다 그것을 알아차릴 수 있는지를 보라.

임상 사례: 현재속으로 들어오기

파울러*Paula*와 브라이언*Brian*은 결혼생활이 험난하여 부부치료에 들어왔다. 파울러는 외도가 있었지만 관계를 끝내고 다시 가정으로 돌아왔다. 브라이언은 결혼생활을 끝내기를 원하지 않았지만 파울러가 다른 남자와 침대에 있는 모습이 계속 떠올랐다. 비록 그가 다시 시작하기를 원하였고, 결혼생활에 새 출발을 원했지만, 분노, 상처 그리고 수치심을 놓아버릴 수 없었다.

배신의 느낌을 탐색하면서, 그는 파울러가 다른 남자와 함께 있는 환상을 계속해서 되풀이하는 끝없는 고리에 사로잡혀 있음을 깨달았다. 아내의 외도는 2년 전에 끝이 났지만, 그의 마음 안에서는 아직도 진행 중이었다. 치료자는 브라이안의 반복적인 생각들이 배신의 감정을 통합하는데 도움을 주지 못하고 단지 강박적으로 일어나고 있음을 감지했다.

치료자는 브라이언이 아내의 남자에 대한 강박적인 생각에 사로잡혔다고 느꼈을 때 호흡으로 돌아오도록 권유하였다. 몇 달간의 작업 끝에, 그는 배반과 분노의 느낌을 말할 수 있었고, 그를 향한 파울러의 진정한 사랑과 헌신에 대한 이야기를 들을 수 있었다. 두 사람 다 이전과는 다른 정직한 관계를 만들기 위해서는 용기와 고된 작업을 필요로 함을 인식했다. 과거에 대한 강박적인 생각으로 돌아갈 때마다 브라이언은 이야기를 놓아버리고 현재로 돌아왔다. 그는 호흡을 알아차리면서 자신과 파울러가 지금 잘 지내고 있다는 것을 음미했다. 명상을 통해 다시 시작하는 것을 반복적으로 수련함으로써 자신의 결혼생활에 또 다른 기회를 줄 수 있게 되었다.

비격식적 집중 수련

우리가 논의했던 대부분의 명상 연습은 또한 일상생활에서 비 격식적으로 활용될 수 있다. 예를 들어, 소리에 집중하기는 아침에 일어날 때, 걸을 때, 버스나 지하철을 타고 갈 때라든지 또는 파트너, 부모, 아이들 또는 환자들의 말을 들을 때 사용할 수 있다. (부록의 204 쪽 '타인의 말을 경청하기'를 보시오). 접촉 지점과 연결하기는 어려운 대화를 할 때(발바닥이 닿는 부위, 손의 부드러움과 펴 있는 감각), 압도적인 감정이 솟아날 수 있는 잠재적인 경우의 하루 종일 (또한 밤) 동안에 사용할 수 있다. 호흡에 대한 자각은 언제든지 활용할 수 있는데 호흡은 항상 우리와 함께 있기 때문이다. 우리는 빨간 신호등이나 멈춤 신호에서 또는 "운전 중 분통이 터질 때" 호흡을 알아차릴 수 있다. 차나 커피 한 잔을 마시며 또는 전화기를 들거나 이메일에 답장을 보내기 전에 잠깐 동안 멈추고 호흡에 주파수를 맞출 수 있다. 어떤 치료자들은 지난 회기에 대해 마음을 비우고 다음 회기에 대해 열린 마음을 가지기 위해 일 이 분간 시간을 따로 마련하여 호흡하기를 좋아한다. 마지막으로 우리는 강박적인 생각과 분노에 사로잡힐 때마다 *이야기를 놓아버리기*를 수련할 수 있다.

현실적으로 되기

명상이 항상 좋게 느껴지지 않더라도 괜찮다고 환자들에게 자주 상기시켜 줄 필요가 있다. 좋은 느낌을 가지는 것이 목표가 아니고, 집중은 때때로 쉽게 되지 않을 수도 있다. 피아노 연주나 춤, 또는 태극권 같은 다른 어떠한 기술과 마찬가지로 그것은 수련을 필요로 한다. 신체적인 단련에 대한 비유를 통해 종종 도움을 줄 수 있다. 체육관에 갈 때 때로는 운동이 거의 힘이 들지 않게 느껴질 때도 있고, 어떤 때는 같은 운동이 힘겹게 느껴질 때도 있다. 더 좋은 기분이 드는 날에는 우리는 양쪽 모두에 가치를 두는 반면, 힘이 드는 날에도 최소한 쉬운 날 만큼 우리의 체력이 증가한다는 것을 알고 있다.

명상 수련 또한 단지 좋은 날만을 위해 있는 것이 아니라, 존 카밧진 (John Kabat-Zinn, 1990)이 "삶의 온갖 재앙full catastrophe of life"이라고 부른 것에 대해 가장 유용할 수 있다. 어려운 상황에서 명상은 좀 더 힘들 수 있지만, 우리의 관점을 전환하는 데에 특히 유용하며 이런 어려움을 통해 성장할 수 있게 해준다. "순항은 우리를 숙련된 항해사로 만들어주지 않는다."라는 고대 아프리카의 격언이 우리를 일깨우듯이.

집중은 어떤 모습과 느낌을 가지고 있는가?

우리가 (혹은 우리의 환자들이) 집중 혹은 초점주의를 능숙하게 발전시키고 있는지 어떻게 알 수 있는가? 심신자각 수련에서 우리는 삶의 모든 부분을 조사하고 깊숙이 보는 것은, 현재 순간에 안정된 마음을 가져오는 집중에 좌우된다. 우리가 감정에 사로잡히는 경험을 할 때, 소리나 접촉 지점, 혹은 호흡을 자각함으로써 마음을 견고하게 하는 수련 *grounding practices*들로 돌아오면 큰 도움을 받을 수 있다. 이 수련들은 억압되어 있거나 부정했던 문제들이 의식의 표면에 떠오르기 시작할 때 특별한 가치가 있는 닻과 같은 역할을 한다. 만약 환자들이 이 기술을 발전시키기를 원한다면, 치료자는 어떻게 그들의 학습을 평가할 수 있을까?

샤론 살츠버그 (Sharon Salzberg, 2011) 는 언제 집중이 나타나는지 확인하기 위해 도움이 되는 기준들을 제시하였다. 여기에 번안해서 제시되고 있는 것들은 하나의 안내 지침이며 확고한 기준은 아니다. 항상 그렇듯이 개인별 차이를 자각하고 반응을 보이는 것이 중요하다.

1. 현재순간에 대한 어느 정도의 자각이 있다. 이것은 우리가 모든 순간에 현존하고 있음을 의미하는 것은 아니다 (누구도 그럴 수는 없다). 그러나 우리는 한 번에 수 초간은 호흡 (혹은 소리, 혹은 접촉 지점) 과 함께 머물 수 있는데 이것은 온전히 주의를 기울이는 것이 어떻게 느껴지는지 경험하기에 충분하다.
2. 주의가 산만해질 때 알아차리고 다시 시작할 수 있다. 심지어 숙련된 명상가도 산만해질 수 있다. 우리는 마음이 방황하는 것을 알아차리는 능력을 발전시키고, 우리 자신을 발견하고, 주의를 모아서, 수련으로 다시 돌아오기를 원한다.
3. 비판과 판단을 놓아버리는 것을 수련한다. 여기서도 우리가 모든 판단을 놓아버리기를 기대할 수는 없지만, 심하게 비판하지 않고 명상 수련을 전개시킬 수 있다. 우리의 마음이 방황할 때 자신을 비난하지 않고, 모욕하지 않으며, 미래에 대한 재앙을 예측하기 전에 자신을 추스린다.

4. 자신에게 좀 더 친절해진다. 삶은 누구에게나 힘들다. 우리가 조절할 수 없는 일들이 많다. 명상은 끝없는 자기혐오로부터 피난처가 될 수 있다. 수련을 통해서 우리는 자신의 친구가 되는 것을 배우며 자기연민의 씨앗을 심는다.
5. 우리는 보통 활용가능한 안정적이고 고요한 중심을 자각하게 된다. 우리는 반추하는 강박적인 생각들에 덜 "빠져든다." 덜 지치고 좀 더 활기차게 된다. 많은 경우에 고요함과 안정감이 증가하면 새로운 에너지와 홀로서기의 경험을 하게 된다.

우리의 환자들이 집중하는 능력이 발전했는지를 어떻게 평가할 것인가? 가끔 단순하게 이러한 기준들에 대해 환자에게 질문하는 것이 도움이 된다. 우리의 집중하는 능력은 매일매일 달라질 수 있음을 명심하라. 때때로 스트레스나 어려움이 있을 때 마음을 집중하고 초점을 두는 것이 좀 더 힘이 든다. 이럴 때는 수련을 위한 부가적인 시간을 잠시라도 따로 마련하거나, 다른 종류의 수련을 시도하는 것이 도움이 될 수 있다. 예를 들어, 숫자를 헤아리는 명상이 특별히 주의가 산만하거나 또는 몰입되어 있을 때 마음의 닻을 내리는 데에 도움을 주고, "*이야기를 놓아 버리기*"같은 수련은 강박적인 생각에 빠져 있을 때 특별히 유용할 수 있다.

위에서 기술한 요소들이 그 순간의 상황에 따라 일어났다가 사라진다. 하나의 시금석으로서 그것들은 항상 변화하는 마음의 지형을 여행할 때, 언제 집중이 나타나는지를 알아차리도록 함으로써 방향을 잡는 데에 도움을 준다.

5장

개방주시

마음을 확장하기

심신자각은 모든 것들과 모든 활동을 비추는 에너지다... 그것은 깊은 통찰을 주고 각성을 일으킨다.

– 틱낫한 (Thigh Nhat Hanh, 1974, pp. 25–26)

집중*concentration* 수련을 통해 마음을 어느 정도 확고하게 안정시킬 수 있게 되면, 우리는 심신자각 그 자체*mindfulness per se*, 혹은 연구자들이 개방주시*open monitoring*라고 부르는 것의 수련을 시작할 수 있다. 심신자각은 우리의 삶을 더 명료하게 볼 수 있게 해준다. 명상 교사들은 개방주시를 자각되어지는 그대로 모든 것들을 비출 수 있는 강력한 탐조등과 비교한다. 명상 교사인 샤론 살츠버그 (Sharon Salzberg, 2011) 는 그것을 먼지투성이 다락방에 들어가서 불을 켜는 것에 비유한다.

> 그 빛 속에서 우리는 모든 것을 본다. 찾을 수 있게 되어 고마운 아름다운 보물들, "말끔히 청소할 걸"이라는 말이 절로 나오는 먼지투성이 속에 버림받은 구석구석, 오래 전에 없애버렸다고 생각했던 과거의 불행한 유물들과 같은 것들을 말이다. 우리는 열려있고, 여유로운spacious, 그리고 애정 어린 자각과 함께 그것들 모두를 인정한다. (pp. 128–129).

개방주시는 환자와 치료자 양쪽 다 모든 종류의 고통과 함께 견딜 수 있도록 도움을 주기 때문에 임상 작업에서 그 가치는 헤아릴 수 없을 정도로 중요하다. 상황이 아무리 어렵더라도, 어떤 과거력을 가지고 있더라도, 증상이 아무리 오래 지속되었더라도, 개방주시는 그 순간에 우리의 삶에서 일어나고 있는 일을 다룰 수 있는 능숙한 방법을 찾게 해 줄 수 있다. 우리가 마음을 열기 시작하면, 자동적인, 조건반사적인 반응을 알아차리는 것이 능숙해진다. 우리가 마음 속에서 혼자말로 하는 이야기에 의존하기 보다는 실제로 일어나는 것을 더 정확하게 지각한다. 개방주시는 명상에서 뿐만 아니라 생활 속에서도, 마음의 반응이 어떻게 실제적인 경험에 부가되는지를 보여준다. 이러한 심신자각 기술을 수련할 때, 우리는 마음의 어떤 초월적인 상태를 얻기 위해 노력하는 것이 아니라, 두려움과 걱정, 분노, 그리고 욕망에 의해 우리의 마음이 사로잡히는 방식을 보기 위해 노력한다. 고요하고 수용하는 마음으로, 우리는 마음이 기능하고 있는 것을 관찰하고 우리의 행동에 대한 통찰을 얻는 방법을 배운다. 우리는 문제와 어려움으로부터 달아나지 않는다. 우리는 의식적으로 그것들을 향해 선다.

집중 수련을 할 때, 우리는 소리, 호흡, 그리고 자각의 다른 대상들이 왔다가 가는 것을 배운다. 개방주시는, 생각들과 감정들, 그리고 이미지들을 포함해서, 마음속에서 자연스럽게 일어나는 그 무엇이든지 그것에 대해 동일한 자각을 가져오는*bring same awareness* 것이다. 우리는 이러한 내용물들을 궁극적인 사실이 아니라 일시적인 사건으로, 하늘에 흘러가는 구름으로 보도록 주의를 훈련한다. 잭 콘필드 (Jack Kornfield, 1993) 는 어떠한 마음이나 느낌, 혹은 감정 상태도 15초에서 30초 이상 지속하지 않는다는 것을 관찰한다. 심신자각을 할 때, 우리는 이러한 마음 상태에 집착하거나, 그것들을 과장하고, 또는 그것들 때문에 드라마를 만들어내기보다는 그것들이 왔다가 가도록 놓아둔다. 우리는 유쾌한 대상을 붙잡지 않고, 불쾌한 대상을 피하지도 않고, 또한 중립적인 대상을 무시하는 일이 없이, 일어나는 모든 것–소리, 냄새, 생각, 감정–을 알아차린다.

우리의 생각은 단지 생각일 뿐이라는 것을 깨닫는 것을 통해, 그리고 우리의 생각이 절대적인 사실이 아니라는 것을 깨닫는 것을 통해 자유를 얻는다. 우리가 오랫동안 가졌던 고통스러운 믿음들, 즉 자신이 사랑받을 만하지 않고, 나쁘고, 게으르고, 무능하고, 또는 무가치하다고 하는 믿음이 반드시 진실이 아닐 수 있다는 것을 깨달을 수 있다. 부정적인 생각을 놓아버리는 것을 배우면 생각을 반추하는 악순환을 멈출 수 있다. 그러한 생각들은 더 이상 우리를 우울한 기분으로 추락시키든지 불안한 기분을 확대시키지 않는다. 우리는 빈번하게 우리의 기분에서 벗어나기 위해 나름의 방식으로 생각하려고 애쓰지만, 고통스럽고 부정적인 피드백 고리에 빠져들 뿐이다. 심신자각은 거기서 빠져 나와 우리의 몸과 지혜, 그리고 살아있음*aliveness*과 다시금 접촉할 수 있도록 해준다.

계속적인 수련을 통해 우리는 개방주시의 힘을 경험할 수 있다. 조건화된 생각에서 자유롭게 됨에 따라, 전에는 개방적으로 조사할 수 없었거나 기꺼이 조사할 마음이 내키지 않았던 문제들에 대한 통찰력을 얻으면서, 우리는 더 명확하게 볼 수 있고 더 깊게 이해할 수 있게 된다. 생겨나는 어떤 어려움이나 문제라도 다룰 수 있게 됨으로써 비롯되는 용기와 신뢰는 우리를 자유롭게 하고 더 많은 기쁨과 즐거움, 그리고 행복을 경험할 수 있게 한다.

몸 자각을 개발하기

소설가 제임스 조이스 (James Joyce, 1914/1991) 가 "더피씨는... 그의 몸으로부터 약간 떨어져서 살았다" (p. 71). 라고 썼을 때, 그는 우리가 종종 몸으로부터 단절되고, 그리하여 현재 순간으로부터 단절된다고 하는 것을 이해했다. 반면에 우리의 주의를 몸으로 돌리는 것은 현재 순간에 일어나고 있는 것을 발견하는 좋은 방법인데, 왜냐하면 타라 브라흐 (Tara Brach, 2012) 가 상기시키듯이 "몸은 현재에 살기"때문이다 (p. 80). 몸은 언제나 명상의 대상으로 활용이 가능하기 때문에, 신체 감각에 대해 흥미와 호기심을 가지게 되면 현재 순간으로 쉽게 들어갈 수 있다. 이러한 수련은 직접적인 경험과 우리가 거기에 덧붙인 것 사이의 차이를 알 수 있게 해준다. 많은 환자들이 안절부절 못하거나 처음에는 고요하게 앉아 있는 것이 어렵기 때문에, 걷기 명상은 몸과 연결하는 좋은 출발 지점이 될 수 있다. 그것은 집중에 대한 수련으로부터 개방주시로 훌륭하게 전환하게 해주고 상담실에서 매일의 생활로 쉽게 이행시켜 준다.

걷기 명상은 마치 우리가 "자동조종 장치*automatic pilot*" 상태에 있는 것처럼 행동하는 활동에 자각을 가져온다. 우리는 종종 도착하면 할 일이나 할 말을 생각하면서, 걷는 과정은 무시한 채로, 어딘가에 도착하려고 황급히 서두른다. 이 명상을 할 때, 우리는 공간속에서의 움직임의 경험에 주의를 기울인다. 걷기 명상은 하나의 감각에만 초점을 맞추는 집중 수련으로 행해질 수 있는 반면에, 또한 특히 수많은 감각들이 생생하게 느껴지는 실외에서 행해질 때는 쉽게 개방주시로 전환된다.

걷기 명상: 몸에 닿 내리기

- 눈을 뜨고 편안하게 선다. 발은 골반 넓이로 벌리고, 체중을 양 발에 고르게 나눈다. 팔은 당신이 가장 편하게 느끼는 대로 옆으로 늘어뜨리거나, 뒷짐을 지거나, 또는 앞으로 모아도 된다. 당신이 땅과 연결되어 있음을 느껴보라.
- 발가락, 발바닥, 발뒤꿈치에서 느껴지는 어떠한 감각들이라도 자각하라. 이러한 감각들을 더 명료하게 만들기 위해서 체중을 양 발 사이에서 자유롭게 옮겨보라.
- 이완되면서도 각성된 상태로 천천히 걷기 시작한다. 발이 땅에 닿는 것을 느끼라. "닿음, 닿음. 이라고 당신 자신에게 마음속으로 언급하라.
- 걸음의 각각의 움직임–발을 들기, 움직이기, 놓기에 주의를 기울이라.
- 당신의 주위에서 일어나고 있는 일을 알아차리라. 그러나 당신의 초점은 걸음걸이의 감각에 유지한다.
- 발과 다리의 감각에 어느 정도의 연속성을 가지고 주의할 수 있다면, 당신의 자각을 주위의 빛, 색깔, 소리, 그리고 냄새에까지 확장시켜 그것들을 흡수하라. 당신이 자각하고 있는 것 중에서 무엇이든 가장 현저한 것을 알아차리라. 아무 것도 조절하려고 애쓰지 말고, 명시적인 초점을 두지 않는다.
- 많은 생각들이 연속으로 일어나서 당신이 사로잡히거나, 거기에 주의를 빼앗기더라도 문제가 되지 않는다. 땅에 닿은 발의 느낌으로 당신 자신을 돌려보내면 된다.
- 멈출 준비가 되면, 호흡과 땅에 닿은 발의 느낌으로 돌아가서 몸을 뻗어본다.
- 이러한 자각을 다음 활동으로 가져갈 수 있는지 보라.

www.sittingtogether.com에서 음성 녹음을 들을 수 있다.

임상 사례: 현재속으로 들어오기상 사례: 몸과 친밀해지기

바바라*Barbara*는 17세로 대규모 시립 병원의 외래에서 치료 중이었다. 그녀는 주요우울장애와 알코올 중독이라는 두 개의 진단을 가지고 있었다. 바바라는 아동기부터 학대를 받아왔고 매우 비만했다. 처음에 그녀는 그것은 "바보 같은 짓"이라고 말하면서, 명상을 반대했다. 그러나 치료자가 하나의 실험으로 제안했을 때 그녀는 기꺼이 한 번 해보겠다고 했다. 왜냐하면 그녀는 생물을 가장 좋아했고 실험실에서 실험하는 것을 좋아했기 때문이었다. 치료자는 *단순히 듣기Simply Listening*부터 시작했다. 그리고 그들이 알아차리는 모든 소리를 함께 기록했다(4장의 90페이지를 보시오). 바바라는 이러한 연습을 좋아했고 그것이 위안이 되는 것을 발견했다. 그녀의 나이와 병력을 볼때, 가만히 앉아있는 것이 그녀에게 쉽지는 않았다. 그래서 치료자의 다음 제안은 걷기 명상이었다. 바바라는 그것을 시작하자마자 자신에게 잘 맞는다는 것을

> 알게 되었다.
>
> 바바라는 미소 짓고 주위를 보고 "이곳을 날려보냅시다."라고 말하면서 병원의 작고, 창문 없는 사무실로 들어가곤 했다. 바바라와 치료자는 병원의 주위를 걷는 것으로 시작했다. 처음에는 땅에 닿는 발의 감각에만 주의를 기울이도록 했다. 그들은 수개월간 이렇게 함께 걸었고, 대개 말을 시작하기 전에 몇 분의 침묵을 가졌다.
>
> 바바라는 자신의 몸에 대해 편안하다고 느낀 적이 없었기 때문에 매 걸음마다 친절하게 주의를 기울이는 것을 배우는 것은 새로운 경험이었다. 그녀는 항상 자신의 몸을 적이라고 생각했고 부끄러움의 근원으로 여겼다. 결과적으로 그녀는 부정적인 생각과 함께 자기 자신을 끊임없이 꾸짖었다: "너는 왜 그렇게 뚱뚱하니? 너는 게으른 돼지야! 너는 왜 행동을 제대로 못하니?" 점차로, 바바라는 다른 단계를 할 수 있다는 자신감을 느꼈다. 그녀는 집에서 벌어지는 끊임없는 소음과 분쟁과는 아주 다른 고요를 즐기면서 혼자서 걷기 시작했다. 어렵고 힘든 날에는, 여러 모습으로 *우스꽝스럽게 걷기Silly Waking*를 특히 즐겼다 (부록의 240페이지를 보시오). 그녀는 결국 12-단계 프로그램에 참가했으며 거기서 그녀는 중독, 과식, 그리고 자신의 외상을 다룰 수 있는 또 다른 지원을 발견했다.

어떤 환자들은 걷기 수련이 진짜로 명상인지를 궁금해 한다. 그것은 명상이다. 겉모습은 그들이 기대하는 것과 다르지만, 목적은 정좌 수련에서와 같다. 명상은 앉아서, 서서, 걸으면서, 그리고 누워서도 수련할 수 있다. 그러나 걷기 명상에서는, 보통 걷는 것과는 달리, 우리는 어떤 곳에 가려고 애쓰지 않는다. 대신에, 우리는 걸음을 내딛는 순간마다 충만하게 존재하는 것을 배우는 것이다.

걷기 위해 크고 열린 공간이 있으면 좋지만, 꼭 필요하지는 않다. 걷기는 작은 사무실에서도 빙글빙글 돌면서 또는 왔다 갔다 하면서 할 수 있다. 요점은 현재 순간의 움직임에 대한 감각으로 자각을 가져오는 것이다. 단순히 똑바로 서있기를 수련하는 것도 유용하다. 이것은, 걷기 수련과 함께, 우리가 졸릴 때 정좌 수련에 대한 좋은 대안이 될 수 있다. 아동과 청소년 또한 걷기 수련의 여러 가지 변형된 형태를 좋아한다 (부록의 우스꽝스럽게 걷기Silly Walking를 보시오). 장애인들을 위해, 걷기는 다른 방식으로 수정될 수 있다. 어떤 환자는 휠체어를 미는 손의 움직임에 초점을 둔다. 발이 아니고 손의 움직임을 느끼면서.

다음에 나오는 수련은 캠브리지 통찰 명상 센터*Cambridge Insight Meditation Center*의 나라얀 헬렌 리벤슨*Narayan Helen Liebenson*이 가르친 것이다. 걷기 수련과 같이, 그것은 우리의 자각을 광범위한 감각으로 열리게 하는 경향이 있기 때문에 마음을 개방주시로 향하게 한다. 그것은 앉아서, 서서, 또는 누워서 수련할 수 있다. 그것은 신체의 표면으로 자각을 가져오기 때문에, 상대적으로 안전하고 위협적이지 않는 방식으로 몸에 주의의 초점을 맞출 수 있으며, 따라서 외상성 기억이 완전히 통합되지 않은 사람이나 자신의 감정을 참아내는 데에 어려움이 있는 사람들에게 적합하다. 많은 환자들이 주간에 직장이나 집에서 쉬는 시간에, 또는 서류정리나 설거지 같은 반복적인 활동을 할 때에 이 명상을 활용할 수 있다는 것을 발견한다. 이 명상은 몸의 앞면과 뒷면으로 자각을 가져 오는데, 이것은 전통적인 명상 훈련에서 가끔 무시되어 온 것이다.

신체 검색

- 편안하게 앉거나 선다. 자신이 지금 어디에 있는지 깨달으라. 과거에 머물거나 미래에 대해 걱정하지 말고, 몇 차례 호흡을 자각하면서 현재 순간으로 들어오라.
- 마음의 눈을 사용하여 머리끝 두정부와 눈 사이의 부위를 "아래로 검색한다sweep down" 고 상상하라. 몸의 표면에 주의를 가져와서 이마에 있는 어떤 긴장이나 조이는 느낌이라도 알아차리면서, 그것을 부드럽게 이완시키라. 그런 후 눈에서 턱 사이의 부위를 검색하고, 턱에서 느껴지는 어떤 감각이라도 알아차리고, 근육을 부드럽게 하라.
- 다음으로 턱에서부터 쇄골까지 검색하면서 목과 목구멍을 부드럽게 하라. 무슨 일이 일어나는지 알아차리기 위해 잠시 멈추라. 쇄골에서 어깨로 주의를 옮겨가면서 감각을 알아차리고, 원한다면 긴장이나 조이는 감각 속으로 숨을 불어 넣는다. 어깨에서 가슴까지 검색하고, 잠시 멈추었다가, 복부까지 검색하고, 잠시 멈추어서 어떠한 감각이나 조이는 느낌에 대해서라도 숨을 불어넣는다. 어떠한 판단이나 비판도 하지 말고 나타난 것을 단지 알아차리라. 복부에서 아래로 엉덩이뼈까지 검색하고, 잠시 멈추어서 어떤 감각이라도 알아차리라.
- 어깨로 돌아가서 양쪽 팔을 동시에 검색하고, 팔꿈치와 손목에서 잠시 멈추고, 그런 후 손가락에서 휴식을 취한다. 몸에 어떤 감각이 있는지 단지 알아차리라.
- 엉덩이에서 골반까지 검색하고, 어떤 감각이라도 느끼기 위해 잠시 멈춘다. 그런 후 넓적다리로 내려가고, 무릎에 머물러 쉬면서 흥미를 가지고 그것을 자각하라. 무릎부터 발목까지 아래로 검색해 내려가서 발가락을 통해 나온다.
- 이제 보통 잘 알아차리지 못하는 부위에 주의를 가져오라. 발가락부터 발뒤꿈치까지 발바닥을 검색하라. 그런 후 몸의 뒤쪽으로 진행해서, 발뒤꿈치부터 무릎까지 위로 검색하면서 어떤 감각이라도 있는지, 어떤 단단하게 뭉쳐진 느낌 또는 긴장이라도 느낄 수 있는지 자각해보라. 근육을 부드럽게 하라.
- 무릎의 뒤쪽에서 엉덩이로 옮겨가면서, 감각에 친절하게 주의를 기울이라. 다시 한 번, 판단하거나 비판하지 말고. 엉덩이에서 등허리 부분으로 옮겨가서, 등에서 느껴지는 어떤 감각이라도 알아차리기 위해 잠시 멈추라. 등에서 느껴지는 어떠한 불편함이라도 있는지 알아차리고, 그것을 부드럽게 하라. 등허리 부분에서 등 중간 부분으로, 그리고 어깨뼈까지 검색하면서, 어떤 불편함이나 감각이라도 있는지 주의를 기울이라.

- 어깨뼈에서 양쪽 팔의 뒷부분으로 동시에 검색하면서, 팔 윗부분, 팔꿈치, 손목, 그리고 손바닥을 순서대로 알아차리라.
- 어깨로 돌아가서, 목을 거쳐 머리 뒷부분으로 위로 검색하고, 잠시 멈추어 어떤 감각이나 불편함이라도 알아차리라.
- 마지막으로, 뒷머리와 귀로부터 위로 검색하여, 두정부에서 머물러 휴식하라.
- 마지막 몇 분 동안, 매 순간 어떤 감각이라도 가장 생생한 감각에 주의를 보내라. 당신을 둘러싼 세상에 자각을 개방하라. 소리가 당신에게 오도록 허용하라. 만일 눈을 감고 있다면, 눈을 부드럽게 뜬다. 빛, 그림자, 그리고 색깔을 알아차린다. 어쩌면 바닥에 닿는 발의 느낌이나, 의자나 쿠션에 닿는 당신의 엉덩이의 느낌, 일어나는 어떤 다른 감각이라도 알아차리라. 어떠한 노력이나 통제도 하지 말고 마음을 자유롭게 하라.
- 준비가 되었으면, 손가락과 발가락을 꼼지락거리고, 몸을 뻗는다. 다음 활동을 하는 동안에도 심신 자각을 유지하도록 노력하라.

임상 사례: 자신의 몸에 거주하기

에이미*Amy*는 미용사로 일했는데, 그것은 하루의 대부분을 서서 보낸다는 것을 의미했다. 그녀는 큰 미용실에서 새 일자리를 얻었다. 거기서 그녀는 위험을 느꼈다. 사장은 호되게 비판적이었으며, 그녀가 말을 너무 많이 하고 너무 천천히 일한다고 불평했다. 스트레스가 많은 3개월이 지난 후, 그녀는 임시채용 처분을 받았다.

에이미는 아침에 일어나서 일하러 가고 싶어 하지 않는 자신을 발견했다. 그녀는 교육을 많이 못 받았고, 자존감이 낮았으며, 약간의 주의력 결핍 장애가 있었다. 엄마는 끊임없이 그녀를 비판했다. 그래서 그녀는 사장이 세세한 점까지 관리하는 것을 참기가 특히 힘들었다. 그녀는 매일 아침 메스꺼움과 공황 증상을 느끼기 시작했다. 그녀의 재정은 한정되어 있었고 직장을 그만둘 여유가 없었다.

처음에 에이미는 명상에 관심이 없었기 때문에 그것은 자기에게 도움이 되지 않는다고 말하면서 시도하기를 거절했다. "걱정을 없애려고 내가 망할 약을 먹는 수밖에 없나요? 나는 말하고 싶어요. 나는 침묵을 좋아하지 않아요. 그것은 나를 화나게 해요." 그녀의 저항의 강도를 고려하여, 치료자는 강요하지 않았다.

그러나 수개월 후, 그녀의 가장 친한 친구가 일 스트레스에 명상이 도움이 될 거라고 그녀에게 말했다. 그녀의 친구는 온라인 명상 프로그램을 활용하고 있었고 효과가 있다는 것을 알 수 있었다. 직장을 잃을 수도 있다는 절박함으로 인해 에이미는 기꺼이 한번 해보겠다고 말했다.

> 그녀는 소리에 귀 기울이는 것을 좋아했다. 그러나 호흡을 느끼는 것을 "증오했다." "그것은 뛰쳐나가고 싶게 만들어요." 그녀는 말했다. 신체 검색Body Sweep은 일하면서도 할 수 있는 것이었기 때문에, 그것은 다음 단계로 좋아 보였다. 에이미는 그것을 좋아했고 직장에서 수련하기 시작했다. 상관이 자기를 보고 있는 것을 알아챘을 때, 그녀는 주의를 자신의 몸으로 가져와서 자신에게 집중하기 위해서 몸의 앞쪽 표면을 아래로 검색하면서, 그리고 몸의 뒷쪽 표면을 위로 검색하면서 정신을 가다듬었다. 그녀는 이렇게 하면서 해고되는 것에 대한 걱정보다는 그녀의 고객에 초점을 맞추는 것이 훨씬 더 쉬워졌다. 그녀가 자신을 침착하게 만드는 것을 배우고, 자각의 영역 안에서 일어나는 무엇이든지 잘 받아들이는 것을 수련함에 따라, 그녀는 덜 말하게 되고 더 많이 듣기 시작했다. 변화가 일어나기 시작했다. 고객들은 자기들의 말을 경청해주는 그녀의 능력에 감사했고 그녀를 찾기 시작했다. 자신이 가지고 있는 기술에 대한 확신이 커짐에 따라 그녀는 일에도 잘 적응해나갔다. 에이미가 열심히 일하고 성실한 직원이라는 것을 알게 된 상관도 마찬가지로 안심하기 시작했다.

우울증에 대한 연구에서, 윌리엄 등 (Williams et. al., 2007) 은, 어떻게 우리의 마음에서 일어나는 것이 종종 의식적 자각 없이 몸에 영향을 미치는지를 탐구했다. "부정적 생각이나 이미지가 마음에서 일어날 때, 몸 어딘가에 수축이나 조이는 느낌 또는 긴장의 감각이 일어날 것이다" (P. 25). 만일 우리가 이러한 무의식적이고 습관적인 반응을 중단시킨다면, 에이미가 배운 것처럼 우리는 악순환을 멈추게 할 수 있을 것이다.

다음의 수련을 위해 집중에 대한 기초가 필요하다. 그것은 감각에 주의를 기울이는 것을 넘어서, 감각에 대해 마음이 어떻게 반응하는지 자각하는 것을 포함하고 있고, 그렇게 함으로써 집중 수련에서 개방주시로 전환하는 또 다른 방법을 제공한다. 이것을 환자에게 가르치기 전에, 소리나 몸의 접촉 지점, 혹은 호흡에 집중할 수 있는 어느 정도의 능력을 먼저 가지고 있다면 최선의 결과를 가져올 것이다.

감각에 대한 자각

- 편안하게 앉아서 시작한다. 몇 분간 소리에 귀를 기울이라. 그것을 뒤따라 갈 필요는 없고, 다만 왔다가 가도록 놓아둔다. 만일 호흡이 편안하면, 그것에 주의를 가져오라. 그것이 어디에서 가장 강하게 느껴지는지 알아차리라 (콧구멍, 가슴, 배). 그리고 괜찮다면, 숨이 몸으로 들어가고 나갈 때 "오름, 내림" 또는 "들숨, 날숨" 하면서 마음속으로 언급하라.
- 어떤 신체적 감각이 당신의 마음을 분산시킬 정도로 충분히 강할 때까지 소리나 호흡에 대한 주의를 계속 유지하라. 당신을 산만하게 하는 것이 무엇인지 알아차리고 그것을 마음속으로 언급하라. 정확한 단어를 사용하려고 애쓰지 말라. 압박감, 두근거림, 화끈거림, 가려움, 찌르는 듯한 느낌—그것이 무엇이든지 간에, 유쾌하거나 불쾌하거나, 그것이 일어났다가 지나가도록 놓아두라.
- 감각에 대한 당신의 반응을 알아차리라. 그것을 붙잡고 싶은가? 밀어내고 싶은가? 또는 무시하고 싶은가?
- 모든 감각에 대해 부드럽고 조심스러운 주의를 가져오라. 만일 당신이 통증을 경험하고 있다면, 그것에 대해 개방할 수 있는지 보라. 우리는 종종 통증을 끊어지지 않고 쉴 새 없이 계속되는 것으로 생각한다. 그러나 조심스레 주의를 기울여보면 통증이 일어났다가는 가라앉는 것이 반복되는 것을 알아차린다. 찌르는 듯한 아픔, 그리고 나서 일시적 중지. 압박, 화끈거림, 그런 후 가라 앉음 등.
- 어떤 불편감이라도 그것을 관찰할 때 무엇이 일어나는지 알아차리라. 색다른 종류의 감각을 알아차릴 수 있는가?
- 당신의 마음이 실제의 통증이나 감정적인 불편함에 무엇을 부가하는지 보라. 두려움에 움찔하는가? 그것과 싸우는가? 그것에 대해서 자신을 비난하거나 꾸짖는가? 그것이 더 나빠지거나 결코 멈추지 않을까봐 걱정하는가?
- 잠시 후에, 호흡이나 소리로 돌아간다. 불편감에 머무를 필요가 없다는 것을 당신 자신에게 상기시킨다. 다른 감각을 탐구하는 것과 닻으로 돌아가는 것 사이에 균형을 찾을 수 있는지 보라.
- 고통과 기쁨 모두 영원하지 않다는 것을 기억하라. 집착하거나, 피하거나, 또는 고치려 하지 않고 그것들이 왔다가 가도록 놓아두라. 당신의 주의를 소리, 접촉 지점, 혹은 호흡에 집중하면서 명상을 마치라. 다음에 이어지는 활동을 하는 동안 심신자각을 유지하라.

임상 사례: 고통과의 관계를 변화시키기

모니크Monique는 섬유근육통fibromyalgia으로 인한 압도적인 만성 통증으로 인해 치료에 임하게 되었다. 그녀는 수년간 고통을 겪어왔고, 의사가 "모든 것이 마음에서 일어난다."라고 그녀에게 말했을 때 점점 더 좌절하게 되었고 화가 났다. 그녀는 외톨이가 되었고, 일을 그만두었고, 대부분의 시간을 자거나 텔레비전을 보는데 썼다. "나는 바보가 아니에요, 정말로, 나는 아니에요."라고 그녀는 우겼다. 세심한 평가 후에, 치료자는 심신자각 수련을 권했다.

모니크는 거부했다. "내 배꼽을 바라보는 것이 어떤 중요한 변화를 가져오리라곤 전혀 생각되지 않는데요." 그녀는 이의를 제기했다. "이것은 어리석은 짓이어요. 당신은 나를 도울 수 없어요. 당신은 다른 돌팔이 의사들과 똑같을 뿐이어요. 나는 시간을 낭비하지 않을 거예요."

모니크의 치료자는 몇 번 깊은 숨을 쉬었고, 자신이 어떤 반응을 할지 생각하면서 분노가 일어나는 것을 알아차렸다. 그녀는 어떤 남자가 개를 가볍게 톡톡 쳤을 때 개가 그의 손을 물어버렸던 이야기를 생각했다. 개의 발은 잎사귀들로 덮여있었고, 덫에 걸려 있었던 것으로 밝혀졌다. 모니크가 고통의 덫에 걸려 있다는 것을 깨달음으로써 치료자는 그녀의 공격을 개인적인 것으로 여기지 않게 되었으며, 화내면서 그녀를 문밖으로 바래다주는 것과 같은 반응을 하지 않고, 친절하게 반응할 수 있었다. "연구는 실제로 명상이 만성 통증 문제에 많은 도움을 줄 수 있다는 것을 보여줘요. 우리가 현재에 더 초점을 맞추고 통증에 대해 미리 걱정하거나 긴장하지 않을 때, 통증의 경험은 감소되지요. 명상은 또한 우리가 통증에 대한 부정적인 생각에 빠지지 않도록 도움을 줄 수 있어요" (Siegel, 2013을 보라). 모니크는 눈을 굴렸다. "좋아요, 한 번 해 볼게요. 잃을 게 없을 것 같네요. 그러나 그것이 어떻게 도움이 될지 모르겠어요." 그녀는 한숨을 쉬었다. 초기의 적대감에도 불구하고, 모니크는 호흡 수련에 공감했고, 호흡 횟수를 세는 시도가 어려웠지만 그것을 좋아했다. 수주일 동안 매일 15분의 수련으로, 그녀는 차이를 경험하기 시작했으며, 통증에 의해 사로잡히는 경험이 감소하는 것을 느끼기 시작했다. 처음에 모니크는 통증이 변함없이 지속되고 가차 없는 것이라고 생각했다. 치료 회기에서 치료자의 안내에 따라 그녀는 한 번에 한 가지 통증씩 탐구하기 시작했다. "무릎이 아파요, 발이 아파요, 등이 아파요."그녀는 말했다. "모든 것이 항상 아파요." "불편을 느끼지 않는 부위를 알아낼 수 있나요?" 치료자가 물었다. "귀, 연분홍빛 손가락이요." 모니크가 대답했다. "좋아요." 치료자가 대답했다. "통증이 있는 곳을 알아차리세요, 통증이 덜한 곳도요."

그녀가 몸의 감각을 자각하는 것을 배우게 되면서, 매일의 아픔, 오한, 그리고 통증은 실제로는 파도처럼 온다는 것을 발견하고 놀랐다. 어렸을 때 그녀는 파도타기와 스키에 열중했었다. 처음에 모니크는 그녀의 몸이 자기를 배반했다고 느꼈지만, 불편감의 파도에 올라타는 것을 실험하면서 그녀는 마침내 어린 시절의 운동 기술을 끌어올 수 있다는 것을 깨달았다.

그녀가 수련함에 따라, 모니크는 미세한 감각을 자각할 수 있게 되었고, 무엇이 그것들을 악화시키는지를 확인할 수 있었다. 어느 날 아침 발에 통증을 느꼈다. 10억분의 1초안에, 그녀는 그날 걸을 수 있을까 궁금해 하는 자신을 발견했다. 그리고 나서 뼈가 부러지는 것을 걱정했다. 갑자기 수술을 상상했고 어떻게 목발을 집고 돌아다닐지 누가 자기를 병원에 데리고 갈지를 궁금해 했다. 그녀의 마음이 문제에 덧씌운 고뇌를 생각하면서 자신의 마음이 문제에 고통을 더해주고 있음을 자각했고, 자신이 얼마나 빨리 최악의 상태를 상상하는 생각으로 치닫는지에 대해 웃음이 나왔다.

모니크의 통찰력은 치료자가 그녀와 함께 나누었던, 불교의 두 화살 비유에 의해 영향을 받았다. 이 유명한 교훈을 주는 이야기는 심신자각으로 훈련받은 사람들과 아닌 사람들 사이의 차이를 설명한다. 후자가 고통스러운 감각을 느낄 때, 그들은 최초의 신체적 통증뿐만 아니라 곧 뒤를 이어 따라오는 정신적 괴로움도 경험한다. 그래서 단지 하나가 아니라 두 개의 화살에 맞는 것과도 같다. 모니크는 자기가 세 번째, 네 번째, 다섯 번째 화살을 더했다고 농담했다. "나는 전에는 그것을 몰랐어요. 나는 최악의 상태에 대비하는 것이며 단지 실제로 이러한 방식으로 생각하는 것이 도움을 준다고 생각했을 뿐이에요."

통증이 항상 지속되는 것은 아니며 정지되는 순간이 있다는 것을 알아차리는 것이 그녀에게 동기를 불어넣어 주었다. 모니크는 자신의 아파트 밖으로 나가는 모험을 시작했고, 친구의 제안으로 태극권 강습에 등록했다. 그녀는 통증을 계속 경험하지만, 그것을 헤치고 나아가는 것도 배웠다. 그녀는 더 이상 그것이 인생을 주도하고 있다고 느끼지 않았다. 모니크는 마크 트웨인이 남긴 유명한 글귀의 열렬한 팬이 되었다: "나는 아주 늙은 사람이고 매우 많은 불행을 겪었는데, 그것의 대부분은 결코 일어나지 않았던 일이었다."

감정의 심신자각

몸으로 감정을 자각하는 것은, 그것들을 감각처럼 몸의 일부에서 국소화시켜 느끼면서, 왔다가 가도록 놓아두는 실제적인 방법이다. 환자가 어려움을 겪을 때, 몸은 힘든 감정을 안정시키고 정착시킬 수 있는 장소를 제공함으로써, 감정에 사로잡히기 보다는, 효과적으로 처리할 수 있게 한다. 이러한 수련은 인생의 폭풍을 겪는 동안에 더 나은 균형 감각과 시야를 확립하도록 도울 수 있다.

몸에서 감정을 자각하기

- 편안하게 앉아서 눈은 감거나 반쯤 뜨고 시작한다. 접촉 지점이나 호흡에 따라 배가 올라가고 내려가는 것을 알아차리면서 몇 분 동안 주변의 소리를 들어본다. 당신의 닻에서 편안함을 느껴보라.
- 괜찮다면 신체 검색을 해보라. 긴장이나 불편함 또는 압박감이 있는 장소를 알아차리라.
- 당신 내면의 풍경에서 "감정 날씨"를 확인할 수 있는지 보라. 거기에 분노…슬픔…불안…두려움의 느낌이 있는가?
- 당신의 닻으로 돌아가라. 어떤 감정의 "바람"이 당신의 마음을 끌어당기는가? 당신의 마음을 끌고 가는 것이 무엇이든 그것을 주의의 대상으로 삼으라.
- 당신의 몸에서 감정이 거주하고 있는 곳을 국소화 할 수 있는지 보라. 마음을 조율하라—가슴에 압박감이 있는가? 이를 꽉 깨물고 있는가? 어깨에 긴장이 있는가? 가슴이 철렁 가라앉는 느낌인가? 맥박이 심하게 뛰는가? 머리가 아픈가? 눈이 무거운가? 당신이 느끼고 알아차리는 것에 대해 세심한 주의와 친절한 호기심을 가져 오라.
- 온화한 마음으로 당신의 감정과 함께 존재하라. 당신 자신을 비난하거나 꾸짖기 시작하는지 알아차리라. 당신이 단절되기 시작하는지disconnect 알아차리라. 무엇이 당신을 끌고 가는가?
- 감정이 몸 안에 거주하고 있는 장소를 알아차렸다면, 몸의 나머지 부위에서 무슨 일이 일어나는지 확인하라. 복부에서 느껴지는 공포에 대한 반응으로 가슴이 무너져 내리는가?
- 감정이 가장 강렬한 곳으로 따뜻한 손을 가져 와서 이곳을 부드럽게 하고 이완시키라. 이러한 불편함 속으로 숨을 불어넣어 보라. 때로는 친절과 호기심을 가지고 감정을 자각하는 것만으로도 도움이 될 수 있다. 발버둥치거나 저항하지 말라. 그냥 그것을 알아차리고 그대로 존재하게 하라.
- 당신이 압도되는 느낌이고, 어찌할 바를 모르고, 또는 마음이 분산된다고 느끼기 시작하면, 단순히 호흡이나 소리, 혹은 접촉 지점으로 돌아가라. 마음이 덧씌우는 어떤 판단이라도 알아차리라. 그것들이 왔다가 가도록 놓아두라.
- 준비가 되었을 때, 숨을 한번 쉬고, 손가락과 발가락을 꼼지락거리고, 몸을 뻗고, 그리고 눈을 감고 있었다면 눈을 뜬다. 다음의 활동 동안에도 심신자각을 유지하도록 노력하라.

임상 사례: 마음의 고통일 뿐이다

에밀리Emily는 20대 후반의 대학원생이며, 힘든 시간을 보내고 있다. 여러 해 동안 만나던 남자친구와 막 헤어졌고 비탄에 잠겼다. 어떤 날은 샤워도 안하고 먹지도 않고 침대에 누워있었다. 그녀는 그 남자 없이는 살 수 없다고 느꼈고 때때로 죽고 싶다고 느꼈다. 그녀의 인생에서 처음으로 잘 수 없었고 먹을 수도 없었다. 학교 공부에 집중할 수 없었고, 매일 몇 시간씩 울었고 그녀는 자기가 미쳐버릴까봐 걱정했다." 나는 이 고통이 끝날 것이라고 생각하지 않아요.

내가 정신병원에 입원할까봐 겁이 나요."

에밀리는 초기 단계 명상 수련을 했고, 더 많은 심신자각 수련이 도움이 될지 보기를 원했다. 그녀가 자기 몸에 귀를 기울였을 때, 통증이 그녀의 몸 구석구석 모든 부분을 점령하고 있는 것 같았다. 그것들과 함께 머물렀을 때, 그녀는 자신의 대부분의 감정을 복부에서 경험했다. 그것은 너무도 기가 막힌 감정들이었다. 그녀는 자신을 위로해주는 촉감과 따뜻함으로 편안함을 느끼면서, 손을 배 위에 놓았다. 날카로운 통증이 느껴지는 부위에 숨을 불어넣는 것이 통증을 완화시키는 데 도움이 되고, 그녀에게 어떤 공간-그녀의 표현을 빌자면, 폭풍 속의 짧은 평정과도 같은-을 제공한다는 것을 발견했다. 그녀는 호기심을 느꼈고 이것을 더 탐구하기를 원했다. 치료자는 타라 브라흐 (Tara Brach, 2013) 가 사용한 *몸에서 감정 자각하기*의 한 변형된 방법을 그녀에게 가르쳤고, 이를 통해 두 살짜리 아기의 부드러운 배를 발견하도록 이끌었다. 이것은 그녀를 가족이 아직 온전하고 아버지가 집에 살고 있던 때로 돌아가게 했다. 그녀가 "내 세계는 아직 안정적이었어요."라고 말한 시절이었다.

그녀는 어머니가 아버지에 의해 버림받은 후 탈진하여 심한 우울증으로 입원한 것을 보았다. 그녀는 엄마처럼 "엉망"이 되고 싶지 않았다. "나에게는 공부가 있고 그래서 더 나은 인생을 살 수 있어. 나는 이것을 날려버리지 않을 거야." 그녀는 말했다. 이러한 단호한 결단은 눈물을 흘려가며 또 잠 못 자는 밤을 겪어내면서 명상 수련을 하도록 도왔다. 그것이 그녀에게 디딤대를 제공했으며, 그리하여 그녀는 절망을 "장악하고" 그것을 넘어서기를 시작할 수 있다고 느꼈다.

수주에서 수개월에 걸친 수련과 치료 후, 폭풍우 먹구름 사이에 더 많은 평정이 나타났다. 에밀리는 그녀의 심적 고통이 영원한 것이 아니라는 것을 깨닫기 시작했다. 다른 모든 일과 같이, 그것은 지나갈 것이다. "나는 제임스가 떠난 후 내 인생이 정말로 끝났다고 생각했어요. 이제 나는 그가 없이도 아직도 살아있다는 것을 깨달았어요. 나는 많이 외로워요. 나는 주말이 싫어요. 나는 섹스와 누가 나를 안아주는 것이 그리워요. 그러나 내가 가지고 있을 줄 결코 생각 못했던 복원력을 발견했어요. 그것은 우리 가족 안에서는 결코 보지 못했던 것이에요. 거기에서는 재앙이 끊이지 않았지요." 아무도 그녀로부터 이것을 빼앗을 수 없을 것이다. 에밀리가 안정을 찾고, 잠을 자고, 먹고, 그리고 학교로 돌아갈 수 있게 되자, 아버지가 떠나가 버린 것에 대한 그녀의 느낌을 탐구하기 시작했고, 어려서 겪은 깊은 상실이 어떻게 재현되고 있는지 보기 시작했다.

이름 붙이기의 힘

이름 붙이기*Labeling* 는 많은 연구가 이루어진 명상 수련이다. 크레스웰, 웨이, 아이젠베르그 및 리버만 (Creswell, Way, Eisenberger & Lieberman, 2007) 은 경험에 이름을 붙이는 과정에서, 편도체 (뇌의 불안 중추) 를 비활성화시키고 내측 전전두엽에 접속된다. 그렇게 함으로써 반응적*reactive*인 상태에서 벗어나서 우리가 균형을 다시 찾고 전망을 발견할 수 있는 영역으로 들어간다는 것을 발견했다. 명상 교사인 조셉 골드슈타인 (Joseph Goldstein, 1993) 은 그것을 환자들에게 큰 도움이 되도록 명료하게 설명했다. 그는 "이름붙이기는, 그림의 둘레에 틀을 설치하는 것처럼, 사물을 더 뚜렷이 인식하도록 도와주고 당신이 보다 집중해서 정확하게 관찰하도록 해 준다."라고 했다 (p. 35). 그것의 임상적인 의미는 엄청나다. 이 수련은 많은 질병에 사용될 수 있으며, 혼란스러운 느낌으로 괴로워하는 광범위한 종류의 환자들에게 적합하다.

감정에 이름붙이기

- 편안하게 앉아서 눈은 감거나 조금 뜬 상태로 시작한다. 깊은 숨을 몇 번 쉬거나, 당신이 선호한다면, 주변의 소리에 주의를 가져오라.
- 당신의 닻과 연결해서 몇 분을 보낸다. 당신이 어떤 감정에 이끌려 갈 때, 그 감정이 무엇인지 주목하라. 온화함과 수용하는 태도를 가지고, 감정에 이름을 붙이라. 예를 들면, "걱정, 걱정, 걱정"하고 언급하라. 이름을 정확하게 붙이려고 강박적으로 애쓰지 말라. 효과적으로 되기 위해서 정확할 필요는 없다.
- 그 감정을 당신의 몸 어디에서 발견할 수 있는지 보라. 단순히 그것과 함께 존재하도록 당신 자신을 놓아두라.
- 수련에 임하는 당신의 태도를 알아차리라. 당신이 "분노, 분노, 분노"하면서 알아차릴 때, 당신 자신에게 화내고 있는가? 이러한 감정을 느끼는 당신은 나쁜 사람이라고 자신에게 말하고 있는가? 친절함과 온화함, 그리고 수용하는 마음으로 이름 붙이기를 할 수 있는지 보라.
- 만일 감정이 너무 강렬해지고 당신이 사로잡히는 느낌을 느끼기 시작하거나 또는 어찌할 바를 모른다면, 단순히 당신의 닻으로 돌아가라.
- 감정을 억제하거나 분석할 필요가 없다. 그것이 일어났다가 사라지도록 놓아두라. 과거의 지나간 이야기나 얽힌 사연을 떠올릴 필요가 없다. 그것에 이름을 붙이고 사라지게 놓아두라.
- 가능한 한 더 온화하고 친절한 마음으로 감정에 이름을 붙이라. 만일 부정적인 감정을 친절하게 대할 가치가 없다고 느낀다면, 그것에 대해서도 마찬가지로 이름 붙이기를 하라. 유쾌한 감정에도 마음을 열고 그것들에게 이름 붙이기를 하라.
- 감정에 이름 붙이기와 당신의 닻으로 정착하는 것을 번갈아가면서 계속하라. 준비가 되었을 때, 깊은 숨을 몇 번 쉬면서, 손가락과 발가락을 꼼지락거리고, 몸을 뻗고, 그리고 눈을 뜬다. 다음 활동으

로 옮겨가면서 당신의 감정적 반응을 계속해서 자각하도록 노력하라.

---

www.sittingtogether.com에서 음성 녹음자료를 들을 수 있음.

임상 사례: 그 아래에 놓여진 것

페르난도Fernando는 40대 독신남자였다. 그는 "완벽한 여성"을 못 만났기 때문에 결혼하지 않았다. 그는 명상 수련을 했고 그것은 그의 인생에서 중요한 부분을 차지했다. 그러나 그는 인터넷 포르노에 쓰는 시간과 매춘부에게 쓰는 돈이 걱정이 되어 치료를 시작하게 되었다. 외면상으로는 존경받는 전문직을 가지고 있었지만 그는 자신의 비밀스런 생활로 인해 창피했고 자신이 더럽다고 느꼈다. 문제는 그가 알고 있는 바와 같이 "지나친 성욕"을 조절하는 것을 배우는 것이었다.

페르난도의 치료자는 감정에 이름을 붙이는 것이 성적인 느낌과 행동에 대한 어떤 관점을 얻을 수 있게 해줄 것이라고 암시했다. 이름 붙이기를 수련하기 시작하면서 그는 욕정을 매우 잘 알아차리게 되었다. 혐오보다는 친절한 어조로 "욕정, 욕정, 욕정"이라고 언급하면서 수련했다. 이것은 어려운 도전이었는데 왜냐하면 그것이 신앙심이 깊은 가족들이 그의 자위행위를 혐오스러운 짓이라고 비난한 어린 시절로 돌아가게 했기 때문이다. 욕정에 대해 판단보다는 관심을 가져오기 시작하면서, 그는 발굴되지 않은 느낌의 단층들을 찾아내고는 놀랐다. 처음에는 슬픔과 대면했다. 그것에 이름 붙이기를 하고 스스로 느끼도록 허용했다. 이 느낌 아래에서 강렬한 분노를 만났다. 가족들을 신체적으로 공격하고 징벌하는 심상이 동반되었다. 이것을 경험하는 것은 힘들었고 그는 할 수 있는 만큼 친절하게 "분노, 분노, 분노" 라고 이름을 붙였다. 이러한 감정이 지나갔을 때, 그가 기억할 수 있는 가장 먼 어린 시절부터 느껴왔던 깊은 외로움을 자각하게 되었다. "가족 중의 누구도 따뜻함이나 애정을 보여준 적이 없었어요."라고 그는 회상했다. "그리고 신체적 접촉이 거의 없었어요." 페르난도는 그가 과도한 성적 욕망이라고 생각한 것 아래에는 사실은 결코 알지 못했던 깊은 외로움이 있었다는 것을 깨달았다. 매춘부에 대한 유혹의 일부분은 단순히 안아주고 위로해주는 사람과 함께 있고 싶어하는 것이라는 것도 알았다. 그는 치료자와 함께 이러한 갈망이 어떻게 그의 인생에서 그렇게 많은 부분을 형성하도록 한 선택들에 관여했는지 계속해서 탐구했다.

페르난도는 그의 강박이 그렇게 깊은 뿌리를 가지고 있는 것을 알고 낙심했지만, 그는 "불을 켜는 것"이 너무 늦지 않았다는 것도 깨달았다. 이것은 모든 환자에 대해 사실이다. 샤론 살츠버그 (Sharon Salzberg, 2011) 가 말했듯이, "다락방에 스위치를 켤 때, 어둠에 묻혀 있던 시간이 10분간이었든, 10년이었든, 또는 100년이었든 그것은 아무 문제가 되지 않는다" (P.129).

이 수련은 감정 ("외로움, 외로움, 외로움") 뿐 아니라 생각에도 이름 붙이기를 함으로써 더 심화시킬 수 있다. 페르난도는 이런 식으로 이름 붙이기를 수련을 했다. "아무도 나와 같이 있고 싶어 하지 않는다는 생각." "내가 혐오감을 준다는 생각." "나는 사랑스럽지 않다는 생각." 판단하는 마음을 알아차릴 때 자신에게 친절을 베푸는 것은 힘들기는 하지만 중요한 일이다. 페르난도는 하늘에 구름이 흘러가듯이 그의 생각이 왔다가 가도록 놓아두는 수련을 했다. 그 순간의 느낌은 영원히 지속하지 않으며 그가 전적으로 그런 사람은 아니라는 것을 치료자가 지적하는 것도 도움이 되었다. 시인 릴케 (Rilke, 1905/2005) 가 표현했듯이 "어떠한 감정도 궁극적인 것은 아니다" (P.171).

이름 붙이기를 변형시킨 한 가지 유용한 방법은 생각과 감정에 동일시할 때 자신을 그 방정식에서 제거하는 것과 관련이 있다. 1장과 3장에서 설명했듯이, 우리의 마음속에서 일어나는 생각과 감정에 대해 그것들을 비개인적인 사건으로 관찰할 때, 사로잡히는 느낌이 감소한다. "나는 화가 나I *am angry*"라고 말하는 것은 쉽게 "그리고 나는 항상 화가 나있었고, 나는 항상 화를 낼 것이고, 이것은 절대 변하지 않을 것이고, 모든 것이 성난 아버지가 나를 학대 했을 때로 돌아가게 한다."라고 말하도록 만든다. 대신 우리는 "화가 일어나고 있어*Anger is arising*."라고 말하는 것을 시도할 수 있다. 감정을 이렇게 비개인적인 방식으로 대하게 되면, 그것에 끌려가거나 자신을 규정하는 자질로 항상 사실이라고 믿기 보다는 더 쉽게 지나가게 할 수 있다. 조셉 골드슈타인 (Joseph Goldstein, 1993)은 그의 학생들에게 중립적인 생각인 "그리고 하늘은 푸르다."를 덧붙이도록 하였다. "모든 판단하는 생각의 끝에 그 문장을 덧붙임으로써, '하늘은 푸르다'라는 생각이 마음속에서 지나가는 것과 꼭 같은 방식으로 판단하는 마음을 지나가게 하는 것이 어떤 느낌인지 알게 되었다"(P.65) .라고 말했다. 많은 환자들이 이 기법을 좋아했다. 왜냐하면 그 기법이 감정을 사물의 성질의 일부로, 즉 사람들이 겪는 방대한 경험의 일부로 보면서 그것이 더 쉽게 지나가게 함으로써 감정의 하중을 감소시키기 때문이다.

모든 것을 함께 종합하기

아래의 연습은 앞에서 했던 개방주시 명상들을 결합하여 감각, 생각, 느낌과 행동에 빛을 비추어 줌으로써, 그것들이 어떻게 서로 상호작용하고 영향을 미치는지를 보여준다. 이것은 캠브리지 통찰 명상 센터에서 미셸 그레이디*Michael Grady*의 가르침에서 영감을 받은 것이다.

유형 발견하기

- 편안하게 앉아서 눈은 감거나 뜬 채로 시작한다. 자신의 존엄을 표현하는 자세를 찾으라. 수 분 동안 소리나 접촉지점, 또는 호흡에 대한 집중을 확고히 하라.
- 몸에서 느껴지는 감각에 주의를 가져오라. 긴장이나 조임, 혹은 불편한 부위를 자각하기 위해 재빨리 신체 검색을 시도하라.
- 생각이나 감정으로 당신의 주의가 끌려갈 때까지 하나의 감각에 머무른다. 이것이 명상의 대상이 되도록 하라. 그것에 온 정신을 쏟으라. 호기심을 가지라.
- 생각이나 감정에 친절하고 부드러운 주의를 가져오라. 판단이나 비난하는 생각이 들면 이것에 주목하고 온화하게 이름 붙이기를 하라. 생각과 느낌을 계속해서 지켜보라. 어찌할 바를 모르게 되면 당신의 닻으로 돌아가라.
- 순서를 구별할 수 있는지 보라. 예를 들면, 가슴의 조이는 감각에 공포의 느낌이 뒤따라오는가? 그 공포가 “나는 여기서 나가야만 해” 와 같은 생각을 유발하는가? 온화한 마음을 가지고 충분한 시간 동안 당신의 경험과 함께 머무른다. 당신의 주의와 호기심, 그리고 명민함을 그 과정에 가져오라.
- 행동이란 일련의 생각이나 감정의 일부이고 그것들과 묶여 있는 것임을 주목할 수 있는지 보라. 이것이 어떻게 함께 당신에게 오는지 탐구하라.
- 다음 활동으로 옮겨가면서 감각, 감정, 생각, 그리고 행동의 순서를 계속해서 자각하기 위해 노력하라.

임상 사례: 새 안경

타마라Tamara는 요가 교사가 되려고 안정된 직장을 그만 둔 30대 후반의 여성이었다. 남편은 그래픽 디자이너인데 최근에 직장을 잃었고 새 일자리를 찾을 수 없었다. 그들은 초등학교에 다니는 어린 아이가 하나 있었다.

타마라는 점점 커지는 공포를 감당해내기 위해서 치료를 시작했다. 수입과 지출의 균형을 맞추기가 어려웠고 청구서가 쌓여갔다. 그녀는 자신이 사기꾼처럼 느껴졌다. 사실은 공황발작이 일어나고, 잠들기 위해 위스키와 와인을 매일 밤 마시면서도 그녀는 미소 지으면서, 부드럽고 평온한 요가 교사의 역할을 해야만 했다. 그녀는 안정된 직장을 포기한 자신을 위선자라고 부르면서 꾸짖었다. 명상을 하려고 했을 때 그녀는 "넌 어리석고, 현실에 어두운 바보야." 라고 아버지를 흉내 낸 목소리로 자신에게 소리 지르고 있는 것을 발견했다. 그녀는 남편의 수동적인 점 때문에 점점 더 화가 나고 있다는 것도 알아차렸다.

타마라의 치료자는 명상을 하는 동안 그녀의 감각과 생각, 감정, 그리고 행동의 연속성을 알아차리기 위해 노력하도록 제안했다. 이 수련을 받아들이면서, 그녀는 자신의 생활 속에서 이러한 마음의 사건들이 연속적으로 일어나는 과정을 더 광범위하게 알아차리기 시작했다. 치료에서 그녀는 가슴에 조이는 느낌과 뭉쳐지는 느낌을 자각하게 되었는데, 그녀가 한밤중에 종종 경험했던 감각이었다. 이 감각에 뒤따라 되풀이되는 생각이 일어났다. "우리는 해낼 수 없어. 조Joe가 직장을 얻지 못하면 우리는 부모님 집으로 들어가야만 할 거야. 차라리 죽고 싶어." 이 생각에 동반되어 종종 어지러운 느낌과 맥박이 심하게 뛰었다. 이 지점에서 타마라는 위스키에 손을 뻗고 초콜릿 쿠키를 먹으려고 하는 것을 깨달았다. 실컷 먹고 나서는 남편이 직장은 찾지 않고 텔레비전을 보거나 페이스북을 확인한다고 비난하곤 했다.

타마라가 이러한 패턴을 알아차렸을 때, 그녀는 새 안경을 쓴 느낌이었다고 말했다. 그녀는 칠판을 읽지 못하는 것을 선생님이 알아챘던 초등학교 때의 시간을 생각해냈다. 안경을 꼈을 때, 그녀는 세상이 얼마나 달라 보이는지에 매우 놀랐다. 그녀는 나무, 건물, 간판, 사람들이 흐릿하다고 생각했었다. 물체가 뚜렷한 형태와 모양, 날카로운 모서리, 그리고 선명한 색깔을 가지고 있다는 것을 알지 못했다. "모든 것이 뿌연 상태였고 모두 함께 뒤섞여 있었지요. 명료함은 새로운 경험이었어요. 세상에 대한 내 지각은 완전히 변했어요."

타마라가 그녀의 마음의 연속적인 흐름을 알게 되면서 악순환을 중단시킬 방법을 발견했다. 그녀는 가슴이 조임을 느끼자마자 닻을 사용하는 수련을 했다. 발바닥을 느끼려고 노력했고 위스키를 찾는 대신에 요가를 하려고 노력했다. 무슨 일이 일어나는지 알 수 있게 되면서 자기가 화났다는 것을 깨달았다. 이것을 통해 그녀는 부정에서 벗어나서 남편에게 큰소리를 지르기보다는 말하기 시작했다. 그들은 결혼을 재조정하고 스트레스 덜 받으며 사는 방법을 찾기 위해 부부치료를 시작했다.

타마라는 자기의 감정과 습관적인 반응 사이에 공간을 만들 수 있다는 것을 배웠다. 힘든 감정과 부정적인 생각은 모든 사람이 경험하는 것의 일부분이다. 자각하지 못한다면, 그것들은 우리의 행동을 강제할 수 있다. 그러나 방석에 앉아 명상을 하면서 이러한 패턴을 알아차리게 된다면, 우리는 삶의 다른 부분에서도 그것들을 알아차림으로써 중단시킬 수 있다.

심신자각의 효과는 그것을 얼마나 많이 해보느냐에 좌우되는 것으로 보인다. 그래서 하루 종일 비격식적인 심신자각 수련을 하려고 노력하는 것이 도움이 된다. 버스나 승용차를 타기 위해 걸어가면서 몸을 자각하거나, 저녁 식사를 준비할 때 몸의 감각을 알아차리고, 하루 생활을 하면서 변화해가는 감정과 그 패턴에 주의를 가져 오는 것과 같은 것이다. 우리는 격식적 수련을 할 때와 동일하게 생각과 감정에 이름 붙이기를 할 수 있고 연속해서 이어지는 이러한 활동들에 주의를 기울일 수 있다.

놓쳐도 괜찮다

당신 자신이나 환자가 반응적*reactive* 이고 심신자각적이지 못한*unmindful* 상태가 되는 것을 걱정하지 말라. 크리스티나 펠트만 (Christina Feldman, 2011) 은 "심신자각은 어렵지도 않고 복잡하지도 않다. 그러나 심신자각을 하도록 *기억하*는 것은 힘든 과업이다" (P.167).라고 썼다. 심신자각 수련의 목적은 우리의 내부와 외부의 풍경을 더 잘 자각하게 되도록 주의를 훈련하는 것이다. 그리고 잊어버리는 것은 그 과정의 일부이다. "심신자각을 놓쳤다는 것을 인식하는 순간, 우리는 이미 그것을 다시 회복한 것이다. 그 인식이 핵심이다. 그 때 우리는 다시 시작할 수 있다" (Salzberg, 2011, p. 105).

6장

자애 및 연민 수련

가슴을 관여시키기

연민은 사치가 아니다. 그것은 인류가 생존하기 위한 필수품이다.

–달라이 라마 (The Dalai Lama in the Halifax, 2012)

자애*loving-kindness*와 연민*compassion*은 집중과 개방주시 혹은 심신자각으로 다져진 비옥한 토양에서 자라고 번창할 수 있다. 우리가 판단하거나 비난하지 않고 자신의 주의를 모으고 반복해서 되돌리는 수련을 할 때, 우리의 마음은 점차 더 수용적이면서 덜 반응적*reactive* 인 상태가 된다. 조셉 골드슈타인 (Joseph Goldstein, 1993)이 말했듯이, 시간이 지남에 따라 (우리의) "명상은 마음을 엄청나게 민감하게 발전시켜서 우리가 자신이나 타인과 관계 맺는 방식을 변화시킨다. 우리는 더 깊이 느끼기 시작하고, 깊은 느낌에서 연민의 샘이 솟는다" (p. 147).

자애와 연민은 가슴*heart*을 조금 다른 방식으로 열리게 한다. 연민-중심 치료*compassion-focused therapy* 를 개발한 심리학자 폴 길버트 (Paul Gilbert, 2009c)에 따르면, 자애가 타인이 행복하기를 바라는 마음과 관련된다면, 연민은 "자신뿐만 아니라 다른 살아있는 존재의 고통을 완화시키고 싶은 소망 및 노력과 관련된다" (p. xiii). 따라서 연민은 행동을 지향하고 있다. 틱낫한Thich Nhat Hanh 의 가르침대로 그것은 어떤 생각이나 느낌만이 아니라, 우리가 행동하는 그 무엇이다. 연민은 문자 그대로 "함께 아파한다"는 것을 의미하고 (Siegel & Germer, 2012, p. 12), 따라서 그 성격상 관계성을 갖는다.

그것은 우리를 타인과 연결시키며, 자신이 분리되어 있고 혼자라는 가정에 이의를 제기한다. 연민은 역사를 통해 다양한 종교적 전통들이 말해 온 인간성의 공통분모 (Armstrong, 2010), 즉 '우리 모두가 마음의 고통, 상실, 질병, 그리고 죽음에 취약하다는 것에 대한 이해'를 자각할 수 있게 하는 기본적인 인간의 능력이다.

치료자에게 연민은 고통에 직면할 때 회복탄력성*resilient*을 유지하도록 도와주는 생명줄이다. 샤론 살츠버그 (Sharon Salzberg, 1997)는 이렇게 말했다: "연민의 상태에서 우리는 전체성*whole*과 내구성*sustaining*을 가진다. 연민 가득한 마음은 고통에 직면해서 파괴되거나 깨지지 않는다. 그것은 여유로우면서도 회복력을 가지고 있다" (p.133). 따라서 연민은 정신치료에서 치료자 자신과 환자를 위해 꼭 필요한 요소이다 (Germer & Siegel, 2012).

집중과 심신자각처럼, 자애와 연민 또한 배우고 양성할 수 있는 기술이다. 신경생물학적 연구 및 학자와 임상가의 작업을 통해, 우리는 이러한 능력을 훈련하는 것이 매우 유익하다는 것을 이해하기 시작했다 (Davidson, 2012; Fredridkson, 2012; Germer, 2009; Gilbert, 2009a; Germer & Siegel, 2012; Neff, 2011; Neff & Germer, 2013). 그리고 우리는 특별히 연민이 대부분의 정신치료에서 치료적인 요인임을 발견했다 (Shapiro & Carlson, 2009; Holzel et al., 2011).

자애와 연민 수련은 우리가 자신과 다른 사람들을 대하는 방식을 바꿀 수 있게 해준다. 우리의 생각, 느낌, 그리고 행동에 주의를 기울이는 것을 통해, 우리는 모든 불완전함에도 불구하고 우리 자신의 있는 그대로를 사랑하는 것에 대해 가슴을 연다. 그리고 우리가 자신을 돌보는 것을 배움에 따라, 사람들의 그 모든 복합성을 더 잘 이해할 수 있게 된다. 수련을 통해 치료자는 "짜증스러워지기 보다는 그들이 행복해지기를 소망하고, 지난날 받았던 상처를 놓아버리고... 우리가 어쩌면 전에 무시해버렸던 사람들을 친근한 자세로 대하고, 어려운 사람들을 대하는 더 나은 방법을 찾아볼 마음이 생길 수 있다" (Salzber, 2011, p. 16). 집중과 개방주시를 통해 우리는 직접적인 경험 자체와 우리가 지어낸 이야기를 구별할 수 있게 되는 반면, 자애와 연민은 "우리의 이야기를 변화시키는 힘"을 내포하고 있다.

엄청나게 유익하기는 하지만, 연민을 배양하는 것은 특히 어려울 수 있다. 고통을 줄이고 싶어하는 소망만이 아니라 고통에 완전히 열려 있기란 우리들 대부분에게 어려운 일이다. 불교의 명상 전통은 이런 어려움에 대한 단계적 접근법을 개발했다. 일단 어느 정도의 집중이 형성되면, 수도자들은 연민 자체에 집중하기에 앞서 자애*loving-kindness* (팔리어로는 metta) 를 기르는 데 집중했다. 자애는 자신과 타인의 행복을 바라는 마음과 관계가 있지만, 고통에 대한 주의 집중을 꼭 포함하지는 않기 때문에 (Siegel & Germer, 2012) 그것은 연민 수련을 위한 좋은 기초가 될 수 있다.

자애는 전통적으로 자신과 타인을 위한 친절한 기원을 표현하는 몇 가지 구절을 사용함으로써 양성된다. 이런 구절에는 다음과 같은 다양한 것들이 포함된다.

내가 안전하기를May I be safe.
내가 행복하기를May I be happy.
내가 건강하기를May I be healthy.
내가 평화롭기를May I be peaceful.
내가 고통에서 벗어나기를May I be free from suffering.
내가 편안하게 살기를May I live with ease.

"내가 ~ 하기를"이란 표현은 애원이나 허락을 얻기 위한 것이 아니라, 자신과 타인을 위한 기원과 의도를 표현하는 것이다. 이런 구절들은 "안전…건강…편안" 혹은 "행복…평화…고통에서 벗어남."과 같은 단지 몇 개의 핵심 단어들만 조용히 반복함으로써 더 간단해질 수도 있다. 자애 수련에서, 우리는 각각의 구절에 우리의 완전한 주의, 에너지, 그리고 지능을 쏟아 부으려고 노력한다. 이런 구절들은 메마르고, 고갈된 혹은 얼음장 같은 마음에 필요한 양분을 가져다 줄 수 있다.

종교적 및 문화적 배경에 따라, 이런 수련이 기도처럼 느껴질 수도 있다. 그래서 비종교적인 사람들은 때로 그것을 하는 데 불편을 느끼고, 그것이 "설교" 같거나 너무 "형식적"이라고 느낀다. 이 때에는, 우리가 외적인 실체에게 도움을 간청하는 것이 아니라 느낌과 연결하고 더 강화하기 위해 노력하는 것이라는 점을 강조하는 것이 도움이 될 수 있다. 구절을 사용하는 것을 싫어하는 사람들의 경우에 안전, 건강, 평화, 그리고 편안함에 대한 시각적 이미지를 사용하는 것이 똑 같이 도움이 될 수 있음을 우리는 알게 되었다. 유신론자들은 간청 기도에서처럼 자신과 타인에게 행복을 가져다 주기를 신에게 간청하고 있는 자신을 종종 발견하기도 한다. 그런 사람들에게는 더 종교적인 구성틀이 자애를 기르는 데 효과적일 수 있다. 대부분의 사람들에게 적용할 수 있는 입문용 자애 수련이 아래에 있다.

자신에게 자애를 제공하기

- 두 눈을 뜨거나 감은 상태로 편안하게 앉아서 시작한다. 소리, 접촉지점, 혹은 호흡과 같은 당신의 닻에 몇 분 동안 머무른다.
- 자신을 안정시키고, 몸에서 느껴지는 어떤 긴장이나 불편감이라도 마음속으로 언급하라. 그것을 불러내서 부드럽게 만들라.
- 전통적인 구절 몇 가지로 자신에게 친절한 마음을 향하게 하면서 시작하라: *내가 안전하기를. 내가 건강하기를. 내가 편안하게 살기를.* 혹은 *내가 행복하기를. 내가 평화롭기를. 내가 고통에서 벗어나기를.* 이 구절들 중에서 혹은 자애를 불러일으킬 수 있는 자신의 다른 구절들을 선택하라.
- 그 구절을 조용히 자신에게 말하면서, 편안하게 느껴지는 리듬을 찾으라. 당신이 각각의 구절에 마음을 열 수 있는지 보라. 만약 어떤 구절이 당신에게 절실하게 느껴진다면, 잠시 동안 그것에 머무르는 것도 괜찮다.
- 각 구절이 당신에게 필요한 필수 비타민을 함유하고 있다고 느끼거나 메마른 땅을 적셔주는 부드러운 비라고 상상해보라.
- 안전, 건강, 평화, 그리고 편안함을 불러일으키는 장면을 떠올리는 실험을 하라. 만약 그것이 당신의 자애를 풍부하게 해준다면, 계속해서 그 장면을 떠올린다.
- 마음이 산만해지더라도, 문제되지 않는다. 원래의 구절이나 장면으로 돌아가서, 그것들을 당신의 닻으로 삼으라.
- 준비가 되었을 때, 깊이 숨쉬고, 몸을 뻗고 감았던 눈을 뜬다. 당신이 그 다음 활동에 자애 가득한 태도를 이어갈 수 있는지 보라.

임상 사례: "Good Morning Heartache"

딜란*Dylan*은 30대 후반의 음악가였다. 그는 최근 몇 년간 특히 힘들었다. 스스로가 만들어서 지난 10년 동안 자신의 정체성을 형성해왔던 밴드가 해체되었고 점차 혼자서 할 수 있는 일을 찾기가 어려워졌다. 그의 부인은 그가 늦게 잠들고 오락성 약물을 사용하는 것에 지쳐 그를 떠났다. 딜란은 불안과 슬픔에 잠겨 희망을 상실한 채 잠에서 깨면 자신이 나락으로 떨어진 상태임을 알았다. 미국의 재즈가수 빌리 홀리데이의 노래 "Good Morning Heartache"는 엉망이 된 삶과 무너진 희망을 표현하며 그에게 속삭이는 듯 했다.

자신을 친절한 마음으로 대하고 싶고 절망에 빠진 스스로를 돕기 위해 약물을 사용하는 것 외에 다른 무언가를 바라며, 딜란은 지역 명상 센터에서 열린 연민에 대한 워크숍에 참석했다. 다른 많은 사람들처럼 그도 처음에는 사랑을 받을 자격이 없다고 여겼기 때문에 자신에게 자애를 보내는 것이 어렵게 느껴졌다. 그래서 그의 치료자는 전통적인 방식으로 친절과 보살핌을 "은인"에게 보내는 수련을 해보도록 제안했다 (137페이지의 *연민에 찬 존재 Compassionate Being 연습을 보시오*). 딜란은 그의 할머니를 선택했는데, 그녀는 그를 지지해주고 위안해 주는 존재였고, 특히 어머니가 정신병으로 입원해 있었을 때 더욱 그랬다.

처음 몇 주 동안에는 아무 것도 도움이 되지 않는 것처럼 보였다. 사실, 딜란은 계속해서 잠들어버렸기 때문에 자신에게 화가 났다 (이런 일은 수련 초기 단계에서 우리가 삶의 속도를 늦추고 피로와 수면 부족을 알아차릴 때 종종 일어난다). 그의 치료자는 이혼과 직업 상실은 사람이 겪게 되는 큰 상실이며, 어떤 것들이 서로 분리될 때 피로가 느껴지는 것은 자연스런 일이라고 공감을 표현하면서 언급했다. 그녀는 그에게 명상을 계속하되, 만약 졸음이 오는 것을 알아차리면 서 있어보라고 제안했다. 딜란은 이 변형된 방식을 좋아했고 수련을 지속했다.

그는 수련을 통해 아침에 찾아오는 심적 고통이 서서히 줄어드는 것을 느꼈다. 구절들을 활용함에 따라, 편안함과 안정감을 느끼기 시작했다. 그는 그것들을 "온전한 정신의 가능성"을 상기시켜 주는 것이라고 불렀다. 그것은 혼잡한 시간의 교통 체증 상황에서 유용했는데, 운전 중에 느끼는 분노를 진정시키는 데 도움이 되었다. 그가 특히 불안하거나 초조하다고 느꼈을 때는 간혹 단지 한 구절만 반복하기도 했다. 그는 *내가 안전하기를*이란 구절이 자신이 잠시 멈춰서 균형감을 찾도록 도와준다고 느꼈다. 그 구절은 또한 변덕스러운 감정과 더 친밀하게 상호작용하여 그것을 다룰 수 있게 도와주는 도구가 되었다. 특히 재산분할 문제로 그의 부인과 심한 말다툼을 한 이후, 그는 명상 지도자이자 심리학자인 실비아 부르슈타인 (Sylvia Boorstein, 2007) 의 일련의 구절들을 사용함으로써 자신을 위안하고 폭식을 막을 수 있었다. *친구, 지금은 고통의 순간이다. 모든 사람은 괴로움을 겪는다. 이완하고, 깊이 호흡하라. 우리는 이것을 해결할 것이다.* 딜란이 삶을 수습하기 시작함에 따라, 자애 수련은 안정된 토대를 찾게 해주었다.

잭 콘필드 (Jack Kornfield, 1993) 가 지적했듯이, 우리가 고난과 실수를 피할 수는 없지만, "실수를 자각하고, 우리의 가슴속에 내재하는 변화시키는 힘을 그것에 적용하는" 기술을 배울 수 있다. 우리는 어쩔 수 없이 우리 자신의 한계에 직면하게 될 것이다. 어느 선사는 인생은 "실수의 연속"이며, 우리가 배우고 성장하는 것은 이러한 실수를 통해서 일어난다고 말했다. 비슷한 의미로 콘필드는 "삶을 사는 것은 계속해서 실수를 하는 것이다. 이것을 이해하면 우리는 자신과 타인에게 매우 편안하고 관용적인 마음을 가질 수 있다" (p. 72) 고 언급했다.

신체에 연민을 가져오기

보디 스캔Body Scan 은 건강관리 수련에 심신자각을 도입하여 널리 사용되는 일반 대중을 위한 체계적인 프로그램인 MBSR (Kabat-Zinn, 1990) 의 핵심 요소이다. 네프와 거머 (Neff & Germer, 2013) 는 그들의 심신자각적 자기연민*mindful self-compassion: MSC* 의 8주 과정에서 이 수련을 연민형성*compassion-building* 연습으로 변형시켰다. 아래에 있는 것은 개인 치료를 위해 더 변형된 것이다. MBSR에서는 발에서 시작해서 신체 위쪽으로 올라가라고 가르치지만, 개인 치료에서 일부 환자들은 머리에서 시작해서 아래로 내려가는 것이 더 효과적이라고 느낀다. 명상 교사들은 발에서 시작하는 것은 안정감을 위해 도움이 되고, 머리와 눈에서 시작하는 것은 긴장을 완화시키는 데 도움이 될 수 있다고 말한다. 둘 다 효과적이다: 당신의 수련을 하면서 환자에게 무엇이 효과적일지 자유롭게 실험해보라. 이 수련은 전통적으로 누워서 하라고 가르치지만, 똑바로 앉거나 서서 할 수도 있다.

연민 가득한 보디 스캔

- 편안한 자세를 찾아서 앉거나 눕는다.
- 소리나 접촉지점, 혹은 호흡 수련을 사용해서 잠시 동안 안정을 취하고, 자신에게 집중한다. 현재의 순간 속으로 들어오라. 과거에 대한 후회나 미래에 대한 걱정은 놓아버린다.
- 머리와 눈, 그리고 턱에 주의를 가져와서, 어떤 긴장이든 부드럽게 하라. 몇 분 동안 이렇게 휴식을 취하면서, 모든 것을 받아들이라. 만약 통증이나 마음의 불편감을 알아차리면, 친절하고 사랑스런 주의를 몸의 그 부위에 가져온다.
- 목과 목구멍으로 이동하여 그곳을 부드럽게 만들고, 어떤 긴장이나 불편감이라도 있다면 거기에 위로에 찬 주의를 가져온다.
- 계속해서 어깨와 가슴으로 내려가서, 당신의 몸을 친절함으로 가득 채우라. 불편감이 있다면 무엇이든 알아차리고 그것을 부드럽게 한다. 어떤 통증이나 감정에도 부드럽고 친절한 주의를 가져오라. 싸우거나 저항하지 말고, 있는 그대로 놓아두라. 당신의 두 팔에 동시에 주의를 가져와서, 팔 위쪽에서 손가락까지 아래로 내려간다. 만약 당신이 힘든 시간을 보내고 있다면, 손을 가슴에 얹고, 위로와 위안을 주는 접촉의 감각을 느껴보라.
- 계속해서 배, 등, 그리고 골반으로 내려가서, 신체의 모든 부위에 친절하고, 연민 가득한 주의를 가져온다. 만약 힘든 감정이 일어나면, 호흡으로 되돌아가거나 자애 구절들 중 몇 가지를 반복한다. *내가 안전하기를. 내가 건강하기를. 내가 평화롭기를. 내가 편안하게 살기를.* 또는 다음과 같은 당신이 만든 변형을 사용해도 된다. *내가 내부와 외부의 위험으로부터 벗어나기를.* 혹은 *내가 있는 그대로의 나 자신을 완전히 사랑하기를.* 당신이 원한다면, 그 구절을 간단하게 핵심단어로 단순화

시킬 수도 있다. *안전…건강…평화…편안.* 이런 단어들이 내려와 앉게 하고land 그것들을 흡수하라receive. 그것들이 당신을 풍요롭게 하라.

- 만약 신체의 어떤 부위에 대한 강한 혐오감이 일어난다면, 당신이 할 수 있는 가장 친절한 목소리로 말하라. *내가 내 몸을 있는 그대로 사랑하고 수용하기를. 내가 내 몸에 친절과 연민을 가져오기를.*
- 양쪽 허벅지, 무릎, 발목, 그리고 발에 친절한 주의를 가져와서, 당신의 몸이 하는 모든 것과 당신을 위해 얼마나 열심히 일하는지에 감사하라. 주의가 분산되면, 구절이나 호흡으로 돌아간다. 만일 특정 부위와 연관된 어떤 느낌에 사로잡히면, 몸의 이 부분을 건너뛰고 준비가 되었을 때 그 부위로 되돌아갈 수 있다.
- 모든 흉터, 결함, 불편감, 혹은 질병을 함께 가지고 있는 당신의 온 몸에 대해 연민으로 마무리하라. 당신이 바로 이 순간 있는 그대로의 몸을 사랑하고 그것에 감사할 수 있는지 보라.
- 당신이 준비 되었을 때, 특히 만약 당신이 누워있다면, 몸을 뻗어보고, 손가락과 발가락을 꼼지락거려보고, 손목과 발목을 돌리고, 한쪽으로 돌아누운 다음, 천천히 일어난다. 당신이 자기연민의 태도를 다음 활동에도 이어갈 수 있는지 보라.

임상 사례: 몸을 친절하게 대하기

제시카Jessica는 대입시험에 대한 중압감으로 스트레스를 느끼며, 쓰라린 이혼을 겪고 있는 부모님 사이에 끼어 있는 고등학생이었다. 그녀의 남자친구가 지지의 원천이었지만, 그가 다른 사람과 데이트를 시작했을 때 그녀는 그것을 견딜 수 없었다. 그녀는 손목을 긋기 시작했고, 처음에는 조심스러웠지만 점차 극적으로 바뀌었다. 그녀의 부모는 자신들의 드라마에 빠져 알아채지 못 했지만, 관심 있는 코치가 알아채고 제시카가 도움을 찾도록 해주었다.

그녀의 첫 번째 치료 시간에, 제시카는 대부분의 시간 동안 그저 울었다. 그녀가 더 편안해지기 시작했을 때, 그녀는 집에 있는 것이 얼마나 힘들었는지 학교에 있는 것이 얼마나 스트레스였는지 이야기했다. 그녀는 체육 시간에 요가를 배웠고 마침내 명상과 이완을 정말로 좋아했다. 이것을 치료에 접목시키기 위해, 그녀의 치료자는 *접촉지점Touch Points* 수련을 시작했다(4장의 92페이지를 보시오). 그녀는 이 기술을 시험과 스트레스 상황에서 사용했고, 그녀의 전 남자친구가 새로운 여자친구와 함께 있는 것을 우연히 보게 되었을 때 그것이 특히 유용하다는 것을 발견했다. 하지만 이런 만남 이후에, 그녀는 여전히 집으로 가서 그녀의 개인적 공간인 욕실에서 손목을 그었다. 그녀는 그것을 삶의 고통과 스트레스를 방출하는 방법 즉 "해소"라고 표현했다.

제시카는 *접촉지점* 수련이 편안하게 해준다는 것을 알고 치료 시간에 그것을 즐겼지만, 그녀는 혼자서 수련을 할 수 없었고, 종종 그것을 하는 것을 "잊었다". 그녀와 치료자가 치료에서 이것을 살펴보았을 때, 제시카는 수련이 그녀의 시간을 너무 많이 빼앗는다고 불평했다. 치료자는 자신이 동일한 문제로 고심했을 때 도움이 되었던 생각을 이야기 했다. "내 스승 중의 한 명은 언젠가 내게 우리가 수련을 할 때마다 처음부터 시작하지는 않는다고 말했어요; 우리는 우리가 벗어났던 곳에서 다시 할 수 있다는 것이지요." 제시카는 미소 지었다. "좋은 생각이어요. 그렇게 하면 마치 많은 작업이 필요하지 않은 것처럼 덜 어렵게 되겠어요." 나중에, 그녀가 여름옷을 입기 시작하고 몇 개월 전에 손목을 그은 흉터가 더 잘 보이게 되었을 때, 그녀는 마침내 그녀의 비밀을 다룰 준비가 되었다. 그녀는 치료 시간에 *연민 가득한 보디 스캔 Compassionate Body Scan*을 수련하기 시작했고, 그녀의 신체 곳곳에 친절한 주의를 기울였다. 그녀의 몸에 감사를 표현하고 애정을 쏟는 작업을 몇 주 동안 하고 난 후, 그녀는 피부에 칼이나 면도날을 덜 대게 되었다. 물론, 칼을 대는 안 좋은 날도 여전히 있었다. 이런 때에, 수치심과 죄책감에 빠지기보다 그녀와 치료자는 자애와 연민을 유지하기 위해 노력하면서 다음 구절을 추가했다. *내가 스스로에게 친절하기를. 내가 신체적 해를 가하지 않기를. 내가 안전하고 보호받기를. 내가 있는 그대로의 나를 사랑하기를.* 그녀는 파괴적인 행동에 머무를 필요 없이 다시 시작할 수 있음을 알게 되었다.

그녀의 삶은 점차 안정되기 시작했다. 이혼은 결론이 났고 양육 문제도 해결되었다. 제시카는 원하던 대학에 합격했다. 손목을 긋고 싶은 충동이 완전히 사라지지는 않았지만, 그녀는 더 많은 자원을 가지고 있으며 다른 선택을 할 수 있다고 느꼈다. 비록 매일 수련을 하지는 못 했지만, 그녀는 필요할 때 명상을 활용할 수 있게 되었다고 보고했다. 보디 스캔을 수련하고 자애와 연민 구절을 사용함으로써, 그녀는 손목을 긋고 싶은 충동을 멈추고 대신에 친구에게 전화를 걸고, 음악을 듣고, 조깅을 하고, 요가를 하거나 일기장에 그녀의 감정에 대해 쓸 수 있다는 것을 알게 되었다. 힘든 순간에, 그녀는 거머와 네프가 "자기-연민 휴식*self-compassion break*"이라고 불렀던 것을 사용했다 (Germer, 2009; Neff, 2011; Neff & Germer, 2013). 그녀는 잠시 멈추어서, 한 손을 가슴에 대고 말한다. *제시카, 지금은 고통스러운 순간이다. 모든 사람들이 고통을 겪는다. 삶은 때로 힘든 것이다. 그저 이 순간을 느끼자. 나 자신에게 친절하자. 내 몸을 보살피자.*

식사에 연민을 가져오기

많은 환자들이 식사를 조절하는 데 어려움을 느끼고 음식을 섭취하는 것에 대해 자신을 비난하면서 그것으로 인해 고통 받는다. 심신자각적 식사*mindful eating* 는 MBSR의 핵심 수련 중 하나인데 우리는 연민과 함께하는 식사(Fain, 2011 참고)를 포함시키기 위해 그것을 개작했다. 이것은 신경성 식욕부진, 대식증, 그리고 폭식을 포함한 다양한 식이 장애에 도움이 될 수 있다. 이 수련을 위해, 당신은 건포도, 말린 체리나 크랜베리, 혹은 신선한 과일과 같은 가장 손쉽고 편리한 것이라면 무엇이든 사용할 수 있다. 이 수련을 위해 같은 종류의 과일 세 개를 선택하라.

연민 가득한 식사

- 편안하게 앉아서, 눈을 뜨거나 감은 채 의자가 받쳐주는 느낌을 느끼면서 시작한다.
- 몇 분 동안 안정을 취하고 몸에 집중한다. 현재 순간으로 들어오기 위해 소리, 접촉지점, 혹은 호흡을 자각하는 수련을 활용하라.
- 눈을 감고 있었다면 눈을 뜨고, 당신 앞에 있는 과일 세 개를 냅킨이나 접시 위에 올려놓는다. 단지 그 과일의 색깔, 모양, 그림자, 그리고 빛의 반짝임 등을 알아차리라.
- 과일 하나를 집는다. 당신의 두 손가락으로 그것을 부드럽게 집어서. 그것이 어떻게 느껴지는지 자각하라. 그것의 질감texture을 알아차리라. 그것을 뒤집어서 마치 전에는 결코 그것을 본 적이 없는 것처럼 살펴보면서, "초심beginner's mind"으로 관찰하라.
- 그것을 당신의 코로 가져와서 냄새를 맡아보라. 그것을 당신의 입술로 가져오라. 어떻게 느껴지는가? 온도와 여러 가지 특징들을 자각하라.
- 그 과일을 당신의 입안에 넣고, 혀 위에 가만히 올려두라. 그것을 씹기 전에 잠시 동안 기다리라. 당신의 입이 반응하도록 놓아두라. 모든 감각을 자각하라.
- 당신이 씹기 시작할 때, 무슨 일이 일어나는지 알아차리라. 천천히 그리고 주의 깊게 그것을 하라. 맛과 씹는 느낌을 자각하라. 이렇게 자신이 단순하게 먹고, 씹고, 삼키는 행동을 즐기도록 허용하라.
- 잠시 멈추어서, 자애나 연민을 자신에게 보내기 시작한다. 다음의 구절을 조용히 반복해도 좋을 것이다. *내가 내 몸을 사랑하고 보살피기를May I love and care for my body. 내가 스스로에게 만족을 주기를May I feed myself. 내가 스스로를 풍요롭게 하기를May I nourish myself*
- 두 번째 과일과 함께 이 과정을 반복하고 나서, 그런 후 세 번째 과일로 반복한다. 각각의 경우에 당신이 알아차리는 것을 보라. 스스로가 음식을 음미하면서 자신에게 영양을 공급하게 하라
- 준비가 되었을 때, 몇 차례 깊이 숨쉬고, 손가락과 발가락을 꼼지락거리고, 몸을 뻗는다. 심신자각적인 영양공급mindful *nurturing*의 태도를 다음 행동에도 가져갈 수 있는지 살펴보라.

임상 사례: "내가 내 몸을 돌보는 방법을 배우기를"

낸시*Nancy*는 일생에 걸쳐 폭식에서 벗어나려고 발버둥 쳤다. 50세 때, 그녀는 거의 모든 유명한 다이어트–애킨스*Atkins*, 사우스비치*South Beach*, 웨이트워처스Weight Watchers–와 그녀가 관심을 가진 것보다 더 많이 유행하던 다이어트를 시도했다. 사실, 그녀는 오빠가 자신을 "뚱보"라고 불렀던 13살 이후로 끊임없이 다이어트를 했다고 말했다. 그녀는 도넛과 아이스크림에 대한 식욕을 억제하기 위해 최면도 시도해 보았지만 오랫동안 효과가 있는 것은 아무 것도 없었다. 그녀는 즐겨보는 여성 잡지에서 심신자각과 체중 감소를 다룬 책에 대한 기사를 읽었고 명상 과정에 등록했다. 그녀의 지도자는 개인 치료를 병행하도록 권했다.

그녀는 치료자와 함께 작업을 시작했다. 그들이 함께 연민 가득한 식사*compassionate eating*를 수련했을 때, 낸시는 이전에 블루베리를 전혀 맛보지 못했다는 것을 깨달았다. 그녀가 말했듯이 마치 "자동조종 상태auto pilot"에서, 심지어 먹고 있다는 사실조차 자각하지 못한 채 자신의 배를 채웠다. 그녀는 간혹 숨 쉴 틈도 없이 먹었다고 웃으며 말했다.

그녀가 속도를 늦추고 정말로 음식을 맛보기 시작했을 때, 그녀는 쿠키 반죽 아이스크림을 세 스푼 먹고 나서부터는 맛보기를 멈추었다는 것을 깨달았다. 일단 이 사실을 알게 되자, 그녀는 한 통을 다 먹는 대신에 세 스푼을 먹고 멈추는 실험을 해보았다. 그녀는 천천히 자신의 식습관에 작은 변화를 주기 시작했다. 크림과 설탕 세 개를 넣은 커피 다섯 잔을 한 잔으로 줄였고 탄산음료 큰 잔으로 세 잔을 마시던 것을 물로 바꾸었고 프라이드 치킨, 피자, 그리고 큰 사이즈의 후렌치 후라이를 포함한 햄버거를 더 건강한 식단으로 바꾸었다.

낸시는 매일 연민 가득한 식사를 수련하면서, 다음 구절을 반복했다: *내가 내 몸을 사랑하고 보살피기를. 내가 스스로에게 만족을 주기를. 내가 스스로를 풍요롭게 하기를.* 그녀는 자신의 과식 중 상당수가 감정을 해결하고 자기위안을 얻기 위한 것임을 깨달았다. 그녀는 어린 시절 성적 학대를 당한 경험과 학대를 가하는 사람에게 덜 매력적으로 보이기 위해 체중을 이용했던 방법에 대해서 말하기 시작했다: "나는 너무 뚱뚱해져서 누구도 나를 원하려고 하지 않았어요." 그녀는 삶이 거의 더럽혀졌으며 타락했다고 느꼈다. 자신의 몸을 역겹고, 혐오스럽게 여겼다. 그것은 더 이상 자신의 몸으로 느껴지지 않았다. 그녀가 치료자와 함께 성적 학대에 대한 기억을 다루었을 때, 낸시는 다음 구절을 추가했다. *내가 혐오, 역겨움, 그리고 후회로부터 벗어나기를. 내가 어린 시절의 상처에서 벗어나기를.*

식사하는 일에 연민을 가져옴으로써 낸시는 자신의 몸을 되찾고 상처에서 치유되기 시작했다. 그녀는 개인 치료와 더불어 성폭력 피해자 집단에도 참석했다. "나는 결코 깡마르지 않겠다. 그러나 나는 스스로를 병들게 만들 때까지 먹으면서 학대를 영속시키지는 않겠다."라고 그녀는 말했다.

연민을 명상 쿠션에서 세상으로 가져가기

다음 수련은 샤론 살츠버그 (Sharon Salzberg, 2011) 가 가르쳤던 걷기 명상의 한 유형이다. 그것은 우리가 밖에 나가 있는 동안 언제든지 할 수 있고, 격식적인 자애 명상 수련에 추가할 수도 있으며, 혹은 보다 격식적인 명상 수련이 너무 힘들 때 할 수도 있다.

연민을 일상 생활에 가져오기

- 편안하게 서서, 균형을 잡고 몸의 중심과 바닥으로 몇 차례 숨을 돌리면서 시작한다.
- 그리고 다음의 혹은 다른 자애 명상 구절을 조용히 반복하라. *내가 안전하기를. 내가 건강하기를. 내가 평화롭기를. 내가 편안하게 살기를.*
- 이 구절을 말하면서 편안한 속도로 걷기 시작하라. 당신이 원한다면, 그것을 호흡이나 걸음걸이와 맞춘다. 당신이 사람들이나 동물과 함께 걸을 때, 조용히 다음과 같이 말하면서 그들이 행복하기를 기원하라. *당신이 행복하기를. 당신이 건강하기를. 당신이 평화롭기를. 당신이 편안하게 살기를.*
- 당신이 하고 있는 것을 다른 사람에게 말할 필요는 없다. 당신이 그들의 곁을 지나갈 때 단지 그들에게 조용히 친절을 제공하라. 당신이 지나치는 모든 사람들에게 자애와 연민을 보내야 한다고 느낄 필요는 없다. 단지 몇 사람만 선택하는 것으로 충분하다.
- 만약 이렇게 하는 것이 불편하게 느껴진다면, 혹은 당신이 힘든 시간을 보내고 있다면, 잠시 동안 자애를 단지 자신에게 보내는 것으로 돌아간다. 그런 다음, 일단 안정되었다고 느끼면, 당신 곁을 지나가는 모든 살아있는 존재–개, 고양이, 새–에게 자애와 연민을 보내는 연습을 다시 해보라. 당신은 심지어 나무와 꽃을 포함시킬 수도 있다.
- 당신이 두려워하는 장소–고속도로, 진료실, 비행기, 승강기, 밀집된 공간 등–에서 이 수련을 할 수도 있다. 만약 당신이 감정에 사로잡히면, 호흡으로 되돌아가서 자애와 연민을 자신에게 보낸다.

임상 사례: 죽음보다 더한 공포

카르멘Carmen이라고 하는 젊은 교사가 대중 앞에서 말하는 것에 대한 심한 공포를 해결하기 위해 치료에 참석했다. 그녀는 수업을 하기 전에 떨거나 토하는 등 신체적인 문제가 생겼다. 그녀에게 있어 대중 앞에서 말하기란 죽기보다 힘들었다. 이 공포는 그녀의 어린 시절 학예회에서 몸이 얼어붙어 울면서 무대 뒤로 뛰쳐나갔을 때부터 그녀를 지속적으로 괴롭혔다. 그녀의 주치의는 그녀에게 베타 차단제beta blocker (교감신경 항진으로 인한 떨림이나 심계항진, 안면홍조 등을 억제하기 위해 사용되는 약물이다 –역자 주) 를 처방했고, 그것이 도움은 되었지만, 그녀는 자신의 문제를 다루는 다른 방법을 찾고 싶었다. 비록 그녀가 가르치는 것을 좋아했지만, 대중 앞에서 말하는 문제는 직업을 바꿀 고민을 할 정도로 큰 장애 요소였다.

집중 명상의 기본적인 기술을 익힌 뒤에, 치료자는 그녀에게 자애와 자기연민을 소개했다. 그녀가 자신의 공포에 대해 호기심을 갖게 되기 시작했을 때, 그녀는 자신이 누군가에게 평가받거나 부적절하다고 판명되는 것을 두려워했다는 사실을 깨달았다. 그녀의 아버지는 재능은 뛰어나지만, 엄하면서도 불안정한 사람이었는데, 유년기 시절 내내 그녀에 대해 비판적이었다. 그녀가 했던 어떤 것도 충분하지 못 했고, 어떤 성취도 웃음거리가 되고 축소되었다. 카르멘은 청중을 자신의 모든 말을 비웃고 헐뜯는 모질고 비판적인 아버지처럼 여겼다.

카르멘의 치료자는 그녀에게 청중에 대한 내적인 믿음을 바꾸는 실험을 해보도록 권유했다. 그녀가 강의를 하기 전에, 그녀는 교실에 있는 모든 사람에게 따뜻함, 자애, 그리고 연민을 보내는 것을 시각화했다–*여러분이 안전하기를. 여러분이 건강하기를. 여러분이 평화롭기를. 여러분이 편안하게 살기를.* 그녀가 매 강의 전에 이 구절들을 수련했을 때, 그녀는 공포가 그녀의 아버지와의 관계에 뿌리를 두고 있으며 그것은 단지 생각일 뿐, 필연적인 진실이 아니라는 것을 더 잘 이해할 수 있게 되었다. 그녀는 교실을 더 분명하게 보기 시작했다–일부 학생들은 집중하고 있었고, 일부는 문자 메시지를 보내고 있었고, 일부는 (그녀가 바라는 필기를 하면서) 노트북을 사용하고 있었지만, 다른 일부는 잠을 자고 있었다. 그녀는 그들을 하던 대로 놓아두고 그 모든 것들을 개인적으로 받아들이지 않고도 강의를 할 수 있다는 사실을 깨달았다.

학기가 진행되고 그녀가 학생들을 알게 되면서, 그녀의 공포는 줄어들었다. 그들은 단지 자신이 할 수 있는 한 최선을 다하고 있는 아이들이었고, 그녀가 자신의 삶에서 그랬던 것처럼 그들도 그들의 삶에 짓눌려 있었다. 카르멘은 출중한 강의자가 될 필요가 없다고 마음먹었다. 그녀는 매 강의를 시작할 무렵 불안이 생긴다는 것을 알았지만, 자애와 연민을 그녀의 청중에게 보냄으로써 불안은 보통 몇 분 이내에 가라앉았다. 학기말이 되었을 때 그녀는 더 이상 토하거나 공황 발작을 일으키지 않고도 가르칠 수 있게 되었다.

극심한 고통을 다루기

다음 수련은 잭 콘필드 (Jack Kornfield, 2008) 와 폴 길버트 (Paul Gilbert, 2009a)를 포함한 많은 지도자들이 가르쳤던 명상의 한 유형이다. 그것은 환자가 그들 자신에게 자애를 보내기 어려워할 때 특히 유용하다.

연민에 찬 존재

- 당신의 자리를 찾아 편안하게 앉아서, 스스로 안정을 취하면서 시작한다.
- 몇 분 동안 호흡과, 소리와 혹은 접촉지점에 닻을 내리면서 현재 순간에 머무른다.
- 산, 해변, 혹은 아름다운 정원과 같은 안전하고 평화로운 장소를 떠올려보라. 이 장소를 당신을 위한 피난처나 안식처로 생각하라. 이곳에서 휴식을 취하라.
- 현명하고 연민에 찬 존재가 당신 앞에 있다고 시각화하라. 이 사람은 좋아하는 선생님이나, 친구, 혹은 가족일 수도 있다. 어쩌면 붓다, 모세, 예수, 무하마드, 혹은 관음보살과 같은 영적인 존재일 수도 있다. 그것은 심지어 애완동물이나 다른 동물 혹은 자연 상태의 장소일 수도 있다.
- 당신이 가지고 있는 어떤 고통이나 어려움을 자각하라. 이 존재가 무언가를 말하거나 행동한다고 상상해보라. 그가 무슨 말을 해주는가? 그는 당신을 어떻게 위로하는가? 깊이 경청하고 어떤 일이 일어나는지 보라. 이 존재로부터 연민과 지혜를 받도록 하라.
- 만약 당신의 마음이 방황하면, 이 평화로운 장소와 이 연민에 찬 존재로 다시 돌아오라. 그의 연민과 친절함의 일부를 당신이 흡수할 수 있다고 느껴보라.
- 이 장소를 당신을 위한 내부의 자원resource이 되게 하라. 당신이 지지나 자양분이 필요할 때면 언제든지 이곳으로 돌아올 수 있음을 기억하라.

---

www.sittingtogether.com에서 음성 녹음자료를 들을 수 있다.

임상 사례: 우리가 통제할 수 없는 것 다루기

이안*Ian*은 형의 자살로 인한 괴로움을 다루기 위해 치료에 참석했다. 그의 형은 삶의 대부분을 정신질환과 중독으로 고통 받았다. 그는 할 수 있는 데까지 형을 도우려고 노력했지만, 형의 요구는 감당하기 어렵고 질리게 만드는 것이었고, 이안이 결혼을 하고 아이를 갖게 되자 더욱 감당하기 어려워졌다.

그가 무엇보다 견디기 힘들었던 것은 그의 형이 자살하기 몇 시간 전에 전화를 한 것이었다. 아기는 울고 있었고, 이안은 수면이 부족해서, 형의 문제를 다룰 기력조차 없었다. 이안은 형에게 나중에 다시 전화하겠다고 말했다. 그러나 그것은 너무 늦어버렸다. 그는 그날 밤 형과 이야기를 나누지 않은 자신을 용서할 수 없었다. 그는 자신이 형을 구할 수 있었을지 모른다고 생각하고 또 생각했다.

이안이 명상 수업에 참가했을 때, 그는 너무나 죄책감과 후회에 사무쳐 앉아 있을 수조차 없었다. 치료 초기에 그는 자신에게 연민을 보낼 수 없었다. 그는 도움이 필요했던 형을 자신이 버렸다고 생각했다. 이안은 도움을 주지 않았던, 그날 밤 그의 형의 절망을 알아채지 못했던 자신을 비난했다.

비록 이안에게 자기연민이 도움이 될 것임은 분명했지만, 그의 치료자는 그가 거기서부터 시작할 준비가 되어 있지 않다는 것을 깨달았다. 그래서 대신에 그는 *접촉지점Tcuch Points* 수련 (4장의 92페이지를 보시오) 과 *감정에 이름 붙이기Labeling Emotions* 수련 (5장의 118 페이지를 보시오) 을 몇 개월 동안 소개했다. *내가 이 슬픔과 함께 하기를. 내가 그것을 위한 자리를 만들기를.* 이런 구절을 사용하면서 이안은 안정감을 느끼고 감정과 함께 머무를 수 있게 되었다. 때로 그는 다음과 같이 간단히 언급*note*했다. 이것이 바로 애도다.*This is what grief is like*

이안이 자살을 어느 정도 수용하고 난 후에야 그의 치료자는 *연민에 찬 존재Compassionate Being* 명상으로 나아갔다. 이안은 원래 종교적인 가정에서 자랐고 동정녀 마리아와 연결되어 있다고 느꼈다. 그는 사랑과 이해심 많은 마리아가 자기 앞에 계신다고 상상했다. 이 수련을 매일 하면서, 그는 마리아를 자신의 고통을 이해해줄 수 있는 존재로 여겼다. 수개월에 걸친 치료, 애도 작업, 그리고 명상 수련을 통해, 그의 죄책감은 호전되기 시작했다. 그는 그의 형을 사랑했고 수십 년 동안 그를 위해 아주 많은 것들을 해주었다. 그날 밤 그가 형과 이야기를 나누지 못한 것은 비극이었지만, 형이 더 잘하고 있는 것처럼 보였기에 그는 상황이 그렇게 심각한지 알 길이 없었다.

낮 동안의 심한 고통을 덜어주기 위해, 그의 치료자는 또한 MSC(mindful self-compassion)

프로그램에서 나온 "누그러뜨리고, 달래고, 허용하라Soften, Soothe, and Allow" 라는 비격식적 수련 하나를 소개했다 (Germer, 2009; Neff, 2011). 이안은 몸의 긴장을 풀고, 꽉 다문 입에 힘을 빼고, 무의식적으로 꽉 쥐었던 주먹을 풀고, 배의 불편한 부위에 호흡을 불어넣었다. 그런 다음 한 손을 가슴에 대고, 그의 고통을 받아들였다. 그는 속으로 말했다. *형은 떠났다. 이것을 받아들이자. 그가 평화롭게 잠들기를. 그가 괴로움에서 벗어나기를.*

형의 첫 번째 기일에 이안의 슬픔은 여전히 심했지만, 그는 형의 질병, 중독, 혹은 사망이 자신의 책임이 아니라는 것을 깨달았다. 비록 이안은 결코 시를 좋아하는 사람은 아니었지만, 친구는 그에게 파블로 네루다의 시에 있는 다음 구절을 복사해서 주었고, 그것은 어느 정도의 평화를 가져다주었다.

어쩌면 대지가 우리에게 가르침을 줄 수도 있다. *Perhaps the earth can teach us*
왜냐면, 모든 것이 죽은 것처럼 보일 때에도 *as when everything seems dead*
나중에는 살아있음을 증명하기에 *and later proves to be alive* *

기일을 기념하기 위해, 이안은 비록 그가 형을 구하지는 못했지만, 적어도 절망에 빠진 다른 사람들을 도와줄 방법을 배울 수 있다는 것을 깨닫고, 지역 자살예방 응급 상담소에서 일하기 시작했다.

거머 (Germer, 2009) 가 지적했듯이, 연민은 그 순간에 우리에게 일어나고 있는 일을 수용하는 것 이상이다. 그것은 "고통에 빠졌을 때 스스로를 수용하는 것이며… 그것은 사람을, 고통을, 그리고 고통에 대한 우리 자신의 반응을 전적으로 수용하는 것이다" (p. 33). 우리가 연민을 배양할 때, 우리는 깊은 슬픔과 함께 하고 거기에 개방하는 능력을 배양한다.

---

* 파블로 네루다 (1974). 고요하라. Extravagaira (p. 26) (A. Reid, trans.). New York: Farrar, Straus & Giroux.

다른 사람들

때로 우리가 감정적으로 가장 견디기 힘든 순간은 다른 사람들과 관련이 있다. 우리 모두 한두 번씩은 대인관계 갈등으로 마음고생을 했던 경험이 있다. 다음 수련은 다른 사람에 대한 부정적인 감정에 빠져있다는 느낌이 들 때 유용할 수 있다. 일단 자신에 대해 약간의 자애가 형성되면, 이 수련은 우리의 삶에서 힘든 사람들과의 관계를 변화시키는 데 도움을 줄 수 있다. 약간 힘든 사람부터 시작해서 더 힘든 사람들로 옮겨가는 것이 좋다. 이 수련은 친구, 동료, 어려운 상사, 혹은 가족과의 문제에도 사용될 수 있다. 그것은 또한 힘든 환자와의 관계를 변화시킬 수도 있다.

힘든 사람 문제를 다루기

- 편안하게 앉아서 시작하여, 몇 분 동안 소리나 접촉지점, 혹은 호흡에 집중하여 자신을 안정시킨다.
- *내가 안전하기를. 내가 건강하기를. 내가 평화롭기를. 내가 편안하게 살기를.* 이 구절을 사용하여, 자신에 대한 자애를 수련하기 시작한다. 여기에 추가하거나 혹은 기존의 구절 대신에 다른 구절을 사용해도 괜찮다.
- 만약 자신부터 시작하기가 어렵다면, 후원자나 당신에게 애정을 보여주었던 사람부터 시작하라(이전의 *연민에 찬 존재* 연습에서처럼). 그 사람에게 자애의 구절을 마음으로 보내고 나서 몇 분 후에 당신을 그 안에 포함시킨다. *우리가 안전하기를. 우리가 건강하기를. 우리가 평화롭기를*…
- 마음속에 당신이 대하기 힘들었던 사람의 이미지를 떠올리라. 인생에서 가장 힘겨웠던 사람부터 시작하지 말고, 약간 혹은 보통으로 힘들었던 사람부터 시작하라. 그 사람에게 자애를 보내라.
- 만약 당신이 감당하기 어렵거나 저항감을 느낀다면, 호흡이나 자신을 위한 구절로 돌아가라. 만약 당신이 심한 분노를 느낀다면, 당신은 *연민에 찬 존재* 수련 또한 사용할 수 있다.
- 만약 수련이 너무 힘들다면 천천히 하고 몇 분 뒤에 쉬어도 괜찮다. 단지 30초라도 이 수련을 해보면 우리의 감정은 누그러지기 시작할 것이다. 당신이 할 수 있는 시간을 점차적으로 늘려보라. 당신이 준비가 되었을 때, 당신에게 매우 힘들었던 사람에게 자애를 보내는 시도를 해보라.
- 당신 자신에게 자애와 연민의 마음을 보내면서 수련을 마친다. 당신이 이런 태도를 다음 활동으로 이어갈 수 있는지 보라.

임상 사례: 용서할 수 없는 배신

알렉스Alex는 결혼한 지 10년이 넘어서 그녀의 남편이 외도를 하고 있다는 것을 알게 되었다. 설상가상으로 상대는 그녀가 좋은 친구라고 여겼던 사람이었다. 그녀는 엄청난 충격을 받았고 삶의 기반이 송두리째 무너지는 느낌을 받았다.

이혼 소송과 양육권 분쟁에서, 남편은 그녀의 정신질환 병력을 악용했고, 그녀가 좋은 엄마가 될 만큼 충분히 안정적이지 않았다고 주장했다. 그녀는 공황 상태에 빠졌으며 아들에 대한 양육권을 잃게 될까 봐 불안했다. 절망 속에서 그녀는 자살을 시도했고 다시 입원을 해야 했다. "나는 절대로 그를 용서하지 않겠어. 절대로."라고 알렉스는 말했다.

그녀는 아들의 고등학교 졸업식에서 전남편을 보게 되자 분노가 치밀어 올랐다. 몇 년 뒤, 그녀의 아들은 약혼 발표를 했다. 그는 알렉스에게 자신의 결혼식에 엄마가 오기를 바라지만 엄마가 올 수 없을 것 같다고 말했다. 알렉스는 노력해보겠다고 했다. 그녀는 치료에 열심히 임했고 얼마 전부터는 요가 또한 시작했다. 그녀는 결혼식을 극복해야 할 어려움으로 다루었다. 그녀는 매일 수련을 해오지 않았지만 친구가 그녀에게 결혼식을 치르기 위해서는 명상을 할 필요가 있다고 말했을 때 동기 부여가 되었다. "가능하다면 결혼식에는 가야해."라고 알렉스는 말했다.

자신, 은인, 친구, 중립적 사람, 그리고 어느 정도 어려운 상사에게 자애와 연민을 보내기를 배운 뒤, 알렉스는 그녀의 전남편을 다룰 준비가 되었다. 이혼한 지 거의 20년이 지났고 알렉스는 이 분노를 무덤까지 가져가고 싶지는 않았다. 그녀가 수련을 시작했을 때, 그녀는 기억, 슬픔, 그리고 분노로 어찌할 바를 몰랐다. 때로는 그것이 그녀가 감당하기에는 너무 크게 느껴졌다. 그녀는 소리에 귀 기울이는 수련과 그녀가 겪어왔던 것에 대해 자신에게 자애를 보내는 수련으로 되돌아갔다. 그녀가 앉아 있기 힘들 때는 산책을 가거나, 차를 마시거나, 친구에게 전화를 걸거나 혹은 새 강아지와 놀았다. 그 사건들이 모두 홍수처럼 밀려왔을 때, 그녀의 은인이 자신에게 친절과 연민을 보내는 이미지를 떠올리며 자신을 위안했다.

치료자의 도움으로, 알렉스는 정신질환이 그녀를 힘든 배우자로 만들었음을 처음으로 인정했다. 배신당한 것과 버림받은 것을 용서할 수는 없었지만, 그녀는 약간 누그러질 수 있었다. 적어도 그녀의 전남편은 믿음직스럽고 헌신적인 아버지였다. 수개월에 걸친 준비와 수련을 한 다음, 알렉스는 조심스럽게 결혼식을 기다렸다. 그녀는 가능한 한 좋게 보이기 위해 큰 돈을 들여 새 드레스를 샀다. 결혼식이 진행되는 동안 구절을 마음속으로 반복하는 노력 덕분에 그녀는 전남편과 과거 친구였던 그의 부인을 따뜻하게 대할 수 있었다. 알렉스는 재혼하지는 않았

> 지만 한 친구에게 결혼식에 응원 차 함께 가달라고 요청했다. 결혼식에 참석하고 예의 바르게 행동한 것은 큰 승리였다. "나는 결코 나의 전남편과 친구의 행동을 용납하지는 않겠지만, 적어도 아들과 며느리를 위해 올바른 행동을 할 수는 있다."

시결과 거머 (Siegel & Germer, 2012) 에 의하면, 연민은 "특히 고난 속에서 우리 자신과 타인을 보살피는 태도를 길러주고, 그것은 결과적으로 우리가 더 깊이 심신자각하고 저항을 내려놓으면서 매 순간의 경험을 수용하도록 해준다."라고 적었다 (p. 11). 이것이 연민이 알렉스에게 도움이 되었던 이유다.

삶이 견딜 수 없다고 느껴질 때

통렌 (Tonglen, 호흡과 상상으로 타인의 고통을 받아들이고 긍정적인 에너지를 보내는 티벳의 수련 방법 – 역자 주) 은 받아들이고 내보내는 티벳 불교의 수련인데, 그것은 강력한 정서적 고통을 처리하기 위해 연민을 기르고 우리 자신을 다른 사람과 연결시키도록 고안되었다 (Chodron, 2001). 다음의 수련법은 라마 윌마 밀러 (Willa Miller, 2009, 2012)의 가르침을 개작한 것이다. 그것은 환자들이 심한 신체적 혹은 정서적 고통을 타인과 연결해주는 수단으로 이용하고, 증상을 성장을 위한 기회로 변모시키도록 도와줄 수 있다.

타인의 고통과 연결하기

- 잠시 동안 안정을 취하는 시간을 가진 후 시작한다. 주의를 안정시키고 현재 순간으로 돌아오기 위해 호흡, 소리, 혹은 접촉지점이라고 하는 닻을 활용하라.
- 신체적 혹은 정서적 통증의 경험으로 당신의 자각을 가져오라. 그것을 고치려고 하거나 없애려고 애쓰지 말라. 당신이 그 경험 속으로 다가설 수 있는지 보라. 당신이 어떤 감정을 느끼고 있는지 알아차리라. 이 감정이 당신의 몸 속 어디에 있는지를 찾아낼 수 있는지 보라.
- 잠시 멈추어서 당신이 이야기의 구체적인 내용에서 한 발짝 뒤로 물러날 수 있는지 보라. 만약 분노, 상실감, 슬픔과 같은 강렬한 감정이 일어나면 온화하고 연민 가득한 마음으로 이것을 언급note하라.
- 몇 차례 호흡을 한 후 그 통증이나 괴로움을 완화할 수 있는지 보라. 당신의 몸이나 마음에 어떤 저항이라도 있는지 보라. 이것 또한 완화할 수 있는지 보라. 그것과 맞서거나 싸우지 말라.
- 그러한 경험이나 자신을 비판하지 말라. 비록 견디기 어렵더라도 모든 종류의 감정을 스스로 느껴보라.

- 이런 감정을 느끼거나 이런 경험을 하고 있는 사람이 당신만이 아니라는 사실을 인식하라. 똑 같은 고통과 괴로움을 가진 사람들이 세상에 많다는 것을 알라. 이 사실을 통해 그러한 사람들과 당신을 연결시켜 보라. 이런 경험을 하기 전에는 당신은 그 사람들의 괴로움을 이해할 수 없었다. 이제 당신은 더 깊이 이해할 수 있다.
- 당신 자신뿐만 아니라 비슷한 고통을 가진 다른 모든 사람들에 대해 연민이 일어나도록 허용하라. 이 연민 안에서 안식하라. 괴로움을 완화시키기를 바라는 소망이 일어날 때, 자신에게 말하라. *모든 존재가 괴로움에서 벗어나기를. 모든 존재가 평화를 경험하기를* (혹은 유사한 구절). 이것이 타인과의 더 깊은 연결을 위한 통로가 되게 하라.
- 자신과 고통 받고 있는 다른 존재 사이의 구별이 점차 사라지기 시작하도록 허용할 수 있는지 보라. 하나 됨과 여유로움spaciousness의 상태에 마음을 열고, 어떤 것도 고치려 하지 말고 있는 그대로 두라. 현재 순간에 대한 자각 속에서 휴식하면서, 마치 창공에 떠 있는 구름이 일어났다가 사라지듯이 생각과 느낌이 일어나고 사라지도록 놓아두라.
- 당신이 준비가 되었을 때, 몇 번의 심호흡을 하고, 몸을 뻗고, 손가락과 발가락을 꼼지락거리면서, 감고 있던 눈을 뜬다. 고통의 보편성에 대한 느낌을 다른 사람과의 만남에 가져갈 수 있는지 보라.

임상 사례: 견딜 수 없는 일을 견뎌내기

이리나*Irina*는 외아들의 비극적이고 무의미한 죽음을 겪고 나서 치료를 시작했다. 심신자각을 수련해왔지만, 아들의 갑작스런 사망 이후에 그녀는 명상을 할 수 없었고, 혼자서 먹고 자거나 직장에서도 혼자서 일했다. 그녀는 쉬면서 회복하기 위해 병가를 냈다. 그 상실은 여전히 생생했고 그녀는 충격에 빠져있었다. 그녀는 아들이 정말로 죽었다는 것을 믿기 어려웠다. 아들의 죽음을 이해하려고 했지만 어떤 의미도 찾을 수 없었다. "왜 나에게? 내가 어쨌기에 이런 일을 겪는 것일까? 왜 신은 나에게 벌을 주시는 걸까?"

치료 시작 후 첫 6개월 동안, 이리나는 소리쳐 울었고, 그녀는 그것을 "울부짖기"라고 불렀다. 치료는 그녀가 생동감을 가지고 기능을 최대한 유지하는 것에 초점을 맞추었다. 언젠가 그녀는 더 이상 살 수 없겠다고 생각했다. 그녀는 심신자각에 무관심했고, 너무 마음이 아파 내면을 들여다볼 수 없다고 느꼈지만, 애도하는 동안 누군가가 단지 함께 있어주기를 원했다.

처음에는 이 커다란 상실을 안고서 앉아 있다는 것 자체가 그녀에게 불가능했다. 시간이 흐르면서 그녀는 명상에 대해서 말하기 시작했고, 한 때 명상을 통해서 얻었던 위안과 안정감을 그리워했지만, 집중이나 개방주시보다도 좀 더 따뜻한 뭔가를 원했다. 우리는 *타인의 고통과 연결하기Connecting with the Suffering of Others* 수련을 시작했고, 처음에는 몇 분 동안 했지만 점차 늘려갔다. 그녀가 강한 슬픔에 잠겨 있는 동안, 이 명상은 그녀를 움직였고 자식을 잃은 다른 사람들과 자신을 연결하는 것은 도움이 되는 유일한 수련이었다.

아들이 죽고 난 후 수 년 동안 계속해서 말하고, 애도하고, 명상을 하면서, 이리나는 삶의 새로운 목적을 알게 되었고, 학교로 돌아가 상담 학위 과정을 밟았고, 무자비한 폭행으로 자녀를 잃은 사람들을 위해 일하기 시작했다. 그녀는 지역 신문에 실린 의사이자 작가인 레이첼 나오미Rachel Naomi의 말에서 위안을 얻었다 (Koven, 2012): "우리가 타인의 상처에 연민을 느낄 수 있게 하는 것은 우리 자신의 상처이다" (p.2).

샤론 살츠버그 (Sharon Salzberg, 1997) 는 연민과 고통, 그리고 이리나가 발견했던 연결의 관계를 깔끔하게 요약했다.

연민은 본래 열려 있고, 풍부하며, 포괄하는inclusive 마음의 상태이기 때문에, 그것은 우리로 하여금 고통을 더 직접적으로 만날 수 있게 한다. 고통을 직접 보는 것을 통해, 우리는 고통 속에서 혼자가 아니며 아무도 괴로울 때 혼자라고 느낄 필요가 없다는 것을 알게 된다 (p.32).

내면의 다스 베이더

(다스 베이더는 영화 스타워즈의 악당이다 –역자 주). 사람들이 자애 혹은 연민 수련을 시도할 때, 역설적인 반응이 종종 일어난다고 기술해왔다. 양면성은 인간 본성의 한 부분이며 – 그래서 우리가 어떤 마음을 가지려고 노력하면, 종종 반대현상이 일어난다.

정신과의사 밀턴 에릭슨Milton Erickson에 관한 유명한 이야기가 있다. 그는 한때 말 사육사였다. 누군가 말 한 마리를 우리에 집어넣으려고 애쓰고 있었지만, 말을 강하게 당길수록, 더 저항했다. 에릭슨은 새로운 방법을 생각해냈다. 꼬리를 당기라. 말은 마구간으로 황급히 달아났다.

많은 사람들은 자애와 연민을 수련하려고 시도할 때, 자신과 타인 양자 모두에 대한 부정적인 판단과 무정하고 혹독한 감정이 일어나는 것을 발견한다. 이런 감정이 정상적이라는 것을 치료자 자신과 환자들에게 상기시키는 것이 중요하다. 이 수련의 목적은 단지 사랑과 연민어린 마음을 만들어서 자신과 타인을 더 수용할 수 있기 위한 것은 아니다. 집중 및 다른 심신자각 수련과 마찬가지로, 그것 또한 마음이 어떻게 작동하는지를 조명하고 현재의 경험을 수용과 함께 자각하는 힘을 보다 온전하게 함양하기 위해 고안되었다. 그래서 우리가 내면의 스크루지Scrooge, 다스 베이더Darth Vader, 혹은 인격에서 그렇게 사랑스럽지 못한 부분을 자각하게 될 때, 이런 것들을 부정하지 않는 것이 좋다. 자애와 연민 수련은 우리의 어두운 면 또한 자각하고 받아들이게 해줄 수 있다.

7장

평정 수련

균형 찾기

진정한 평정이란 위축되는 것이 아니라 삶의 모든 측면에 대해 균형 잡힌 열린 상태이다.

– 조셉 골드슈타인과 잭 콘필드 (Josepph Goldsteig and Jack Kornfield, 1987, p. 201)

평정이란 우리의 삶에서 균형을 잡는 것에 대한 것이다. 그것은 끊임없이 변화하고 있는 내면의 풍경과 함께 존재할 수 있도록 해주는 흔들림 없는 마음이며 고요한 이해이다. 그것은 빈번히 명상 센터에서 탐구해온 기능인 반면 심리학인 분야에서는 명시적으로는 거의 논의 되지 않았다. 그렇지만 임상가들에게는 평정이야말로 엄청난 가치를 가질 수 있는데, 이는 진료실에서 무슨 일이 일어나더라도 좀 더 편안하게 대처 할 수 있게 해주기 때문이다. 그것은 어떤 것도 없애버리거나 밀어내는 대신에 우리를 더 깊은 곳으로 연결시켜 준다. 그것은 우리가 보고 듣고 느끼는 고통들에 의해 압도되지 않도록 해줄 수 있다. 실제로 치료자의 공감이 평정이나 자기연민 등으로 유연해지지 않는다면 극도의 피로상태나 "연민피로*compassion fatigue*"를 쉽게 느낄 수 있다 (Siegel & Germer, 2012).

역경의 시간에, 환경이 아무리 혹독하거나 어려울지라도 평정을 통해 올바른 관점을 찾을 수 있다. 우리가 현재에 머물러서 마음을 여는 것을 배움에 따라 평정이 함양된다. 그것은 감정을 조절하는 것만이 아니라 깊은 차원의 수용과 있는 그대로의 지혜*undefended wisdom*에 대한 기능을 포함하고 있다. 상황이 얼마나 고통스럽든지 혹은 유쾌하든지 간에 우리는 균형을 잡고 열린 마음으로 경험을 환영하는 것을 배움으로써 지금 이 순간을 "친구로" 온전히 대면한다 (Boorstein, 2007, p124). 균형을 잃었을 때, 우리는 중심으로 되돌아 와서 삶이 우리에게 제공하는 것을 힘과 유연성, 그리고 유머와 함께 받아들일 수 있다. 실비아 부르슈타인 (Sylvia Boorstein, 2001b) 은 그녀의 차에 장치되어 있는 GPS 시스템에서 평정에 대한 영감을 얻었는데, 그것은 그녀가 실수를 하더라도 결코 화를 내지 않는 것에 주목했다. 그래서 그녀가 대인관계나 임상진료에서 잘못되었다고 깨닫게 되면 화를 내는 것이 아니라 단순히 "재 숙고해본다"라고 말한다.

자애나 연민 같은 수용의 다른 측면들처럼 평정 또한 배양할 수 있다. 그것은 집중과 개방주시를 통해 발달된 통찰력과 명료하게 바라보기에 뿌리를 두고 있다. 때때로 무관심이나 감정의 억제 등으로 잘못 이해되기도 하지만 그것은 실제로는 우리의 감정을 온전히 수용하고, 공포나 혼란이 아닌 지성과 지혜로 반응하는 상태와 관련된다. 우리는 평정을 통해 괴로움에 자신을 개방할 수 있는 용기를 기른다. 그것은 반사적으로 반응하거나 집착하지 않고 안정된 상태를 유지하며 변화에 저항하기 보다는 그것을 포용할 수 있도록 해준다. 평정은 수동적이거나 무감동적이거나 허무주의적인 것이 아니라 보다 넓은 관점으로 삶의 전반적인 그물망을 조망하는 것에 기초한다. 그것은 불교 심리학에서 마음의 무한한 성질이나 브라마비하라 (brahmaviharas, 사무량심, 중생에게 한없는 행복을 주는 네 가지 마음인 자, 비, 희, 사. 신*brahma*과 거주지*vihara*란 두 산스크리스트어가 합해졌다–역자 주) 의 하나로 인식되고 있으며, 명상 교사인 지나 샤르페 (Gina Sharpe, 2001) 가 "우리의 최고의 집"이라고 말한 바와 같이 우리 앞에 펼쳐지는 있는 그대로의 삶과 대면할 수 있는 능력을 가져다준다.

자애와 연민을 발달시키는 데서 보았던 바와 같이 우리는 평정을 배양하기위해, 발판을 잃어버렸을 때 안정감을 유지할 수 있도록 구절들을 사용하여 조용히 반복한다. 우리가 흔히 사용하는 구절들은 다음과 같다.

> 모든 존재들은 그들 자신의 여정 위에 있다.
>
> 나는 당신을 돌보기는 하지만 당신의 행복이나 불행을 조종할 수는 없다.
>
> 나는 일들이 다르게 되길 바란다. 그러나 있는 그대로를 수용할 수 있기를.
>
> 내가 아무리 간절하게 다르게 되길 바란다 하더라도 모든 일들은 있는 그대로이다.

다른 수련들에서와 같이 우리는 어떤 것도 억지로 강제하지 않으며 마음의 어떤 특별한 상태를 경험하려고 애쓰지 않는다. 그 대신 우리의 목적은 경험에 대한 특별한 태도 혹은 의식의 어떤자질을 발전시키려는 의도를 확립함으로써 일어나는 모든 것들과 공존하면서 인내와 이해를 가지고 그것들과 함께 존재하는 것이다.

간혹 평정을 나타내는 심상으로 산이 사용된다. 날씨와 상관없이 산은 변함없이 흔들리지 않고 그대로 있다. 골드슈타인과 콘필드(Goldstein & Kornfield, 1987)은 "평정은 형상이나 느낌, 마음의 영역에서 일어나는 변화를 중심을 잡고 흔들림 없이 경험하게 하는 마음의 힘이다 (p. 93)."라고 썼다.

다음 명상은 존 카밧진 (Jon Kabat-Zinn, 1994) 이 고안한 것으로 특히 평정을 배양하는 데 효과적인 방법이다. 이 연습은 마음을 견고하게 만들고*grounding* 안정시킨다. 우리는 이것이 특히 질병이나 중대한 상실, 혹은 과도기를 겪을 때와 같이 우울이나 불안의 폭풍우 속에 요동할 때 도움이 되는 것을 발견했다. 이 수련은 집중*concentration*이나 개방주시*open monitoring*의 배양에 좌우되지 않으므로 치료 초기든 후기든, 균형이나 전체에 대한 안목*perspective*이 필요할 때는 언제나 사용할 수 있다.

산 명상

- 편안히 앉아 잠시 안정을 찾고 마음의 중심을 잡는 시간을 가지면서 시작한다. 단순히 호흡과 소리, 접촉지점의 감각을 느껴보거나 자애명상의 구절과 함께 하라.
- 당신이 예전에 본 적이 있는 산이든지, 상상속의 산이든지, 장엄한 산을 머릿속에 시각화하라. 하나의 산도 좋고 산맥의 일부분이어도 좋다. 물론 다른 모든 것들과 마찬가지로 이 산은 변하고 있지만 지질학적 시간 속에서 매우 서서히 변화한다.
- 당신의 몸이 이 산과 같이 된다고 상상하라. – 견고하고 단단하며, 고요한 산이다. 두 다리는 산기슭이 되고 팔과 어깨는 능선이며 척추는 중심축이고 머리는 산의 정상이라고 생각하라. 스스로 중심을 잡고, 안정감을 가지고 현존하라.
- 계절에 따라 변화 하는 산을 상상해 보라. (요즈음의 계절에서 시작해서 천천히 다른 계절로 이동한다) 온화한 황금빛과 현란한 색들로 둘러싸인 가을산을 보라. 점점 가을은 겨울로 변화하고 산은 안개와 눈, 그리고 얼음으로 뒤덮이게 되며 격렬하고 사나운 날씨로 바뀌어간다. 이런 눈보라 속에서도 산은 얼마나 고요하고, 조용하며 묵묵히 견디는지 알아차리라.
- 계절이 바뀌어 가는 것을 관찰하라. 봄에는 눈이 녹고 새들이 지저귀며 동물들이 다시 돌아온다. 야생화들은 싹이 나고 꽃이 핀다. 산에는 눈이 녹은 물로 흘러넘친다.
- 강렬한 햇빛 속에서 조용하고, 무성한, 장대한 여름철의 산을 보라. 최정상을 제외하곤 눈이 다 녹아 없어진다. 모든 계절마다 구름은 산을 덮고 있고 바람이 불어 없어지기도 하고 폭풍우가 갑자기 왔다 가기도 한다.
- 동이 틀 무렵엔 장밋빛 색조의 여명으로 하루가 시작되고 맑은 빛으로 아침을 맞이하고 짙은 황금

빛과 오후의 그림자로 물드는 하루 동안의 산의 변화를 보라. 석양이 물들고 마침내 깜깜한 밤하늘에 별들과 은하수로 가득찬 광대하고 명료한, 무한한 공간을 보라.

- 당신이 날씨와 시간과 계절의 변화에 상관없이 고요하고 견고한 상태로 낮과 밤이 오고 가도 그러한 변화를 수용하며 저항하지 않는 산과 같이 앉아 있을 수 있는지 보라.
- 산의 이러한 자질들을 당신의 삶으로 가져와서 인생의 날씨와 계절이 왔다가 가도록 허용하라. 폭풍과 바람, 추위, 비와 더위, 어둠과 빛의 순간들, 기쁨과 슬픔에도 흔들림 없이 현존하고, 뿌리를 내리고, 중심을 잡고, 고요한 당신 자신을 느껴보라. 삶이 당신의 주변에서 계속해서 전개되게 하라.

---

www.sittingtogether.com에서 녹음자료를 들을 수 있다.

카밧진(Kabat-Zinn, 1994)은 다음과 같이 제시했다:

> 명상에서 우리는 산이 됨으로써 그것의 힘과 안정성에 연결되어 그것들을 우리 자신의 것으로 취할 수 있다. 우리는 그것의 에너지를 활용하여 심신자각과 평정, 그리고 명료함으로 매순간과 대면하는 노력을 지원할 수 있다.... 우리의 감정적인 폭풍과 위기, 그리고 우리에게 일어나는 일상적인 일들도 산에서 만나는 날씨와도 같다. 우리는 그것들을 개인적인 것으로 여기는 경향이 있지만, 그것들의 가장 현저한 특성은 비개인적이라는 점이다...... 우리는 바로 그 폭풍우 속에서 우리가 생각했던 것보다 훨씬 심오한 침묵과 고요함, 그리고 지혜를 알게 된다 (p. 139).

산 명상은 많은 경우에, 우리가 마음의 내용물, 즉 만화경과도 같이 끊임없이 달라지는 생각, 감정, 그리고 심상들과 동일시하는 데에서 자각 그 자체와 동일시하는 전환을 촉진한다. 이런 시각을 발전시키는 데 도움이 되는 또 다른 비유는 마음을 광활한 하늘로 상상하는 것이다. 하늘의 내용물은 항상 변화하여, 시간에 따라 구름이 낄 때도 있고 해가 비치고 눈이 오거나 비가 올 때도 있으며 동이 트거나 달과 별이 뜨기도 한다. 하늘의 내용물은 변하지만 하늘 그 자체는 항상 그곳에 있다.

임상 사례: 임상 사례 : 신과의 투쟁

빅토리아Victoria라는 50대 여성이 자신의 삶을 감당할 수 없는 느낌으로 인해 치료 받으러 왔다. 그녀는 아버지의 사망 직후 이전의 암이 다시 재발했다는 것을 알았다. 지난해 그녀의 남편은 조기 알츠하이머병 진단을 받았고 17살 난 아들은 매우 혼란스러운 청소년기를 보내고 있었다. 빅토리아는 어떻게 남편과 아들을 돌보고 암 치료를 견디면서 일을 해나가야 할지 막막했다. 그녀는 "난 단지 모든 것이 정상으로 돌아가기만을 바랄 뿐이어요."라고 말했다.

빅토리아는 심신자각 수련을 시작하면서 그녀의 일상생활에 동반되는 모든 종류의 다양한 감정들을 접하게 되었다. 먼저 그녀는 아버지의 죽음과 그녀의 질병에 대한 진단, 그리고 남편의 발병에 대한 슬픔을 알아차렸다. 그녀는 이것들을 "맥 트럭 (Mack truck, 크고 강력한 트레일러 트럭–역자 주) 이 나에게 덮친 격이나 다름없다고 표현했다. "나는 이런 슬픔들을 어떻게 다루어야 될지 모르겠어요. 이것들은 나에게 너무나 벅차서 견딜 수 있을지 모르겠어요. 나는 치료를 그만 두어야겠다고 생각해요." 빅토리아의 치료자는 그런 감정들에 사로잡히지 않도록 한 번에 한 가지씩 접근하도록 하면서 점차적으로 다룰 수 있게 도움을 주었다. "무거운 것에 깔려버린" 느낌을 느낄 때에는 그녀는 현재 순간에 앉아 있는 감각과 들려오는 소리가 주는 위안으로 돌아오곤 했다.

치료가 계속되면서 빅토리아는 남편의 병으로 인해 그의 지원을 잃어버리고, 자신의 건강과 미래가 불확실한 것에 대해 강렬한 공포감에 사로잡혔다. 수련이 지속되면서 "왜 이런 일들이 나에게 일어나는 것일까요? 나는 선하게 살아왔어요. 나는 규범에 어긋나지 않게 살아왔어요. 이건 정말 말도 안돼요." 라고 하면서 분노를 터뜨렸다. 그녀는 이런 운명에 대항하여 "신에 대한 투쟁"을 시작했다. 그녀는 자신이 결코 분노에 찬 사람이라고 생각해 본적이 없었기 때문에 이런 강도 높은 분노감에 깜짝 놀랐다. 치료자는 그녀가 "내가 이런 분노를 담을 수 있는 공간을 만들 수 있을까?"라고 질문하도록 제안 했다. 그녀가 할 수 없을 때는 "이런 저항을 담을 수 있는 공간을 만들 수 있을까?"라고 질문을 바꾸었다. 자기연민 수련 또한 그녀의 고통을 완화 시키는데 도움이 되었다.

빅토리아는 그녀의 신체질환을 치료하는 과정에서 평온을 유지할 수 있는 수련과 "더 이상은 단지 어떤 것도 받아들일 수 없을" 때 사용할 수 있는 수련을 요청했다. 그녀는 산 명상을 선호했다 – 그것이 삶의 폭풍우를 극복할 수 있다고 느끼도록 도움을 주었기 때문이다. 그녀가 앉아서 명상 할 수 없을 때에는 비 격식적인 수련으로, 스스로에게 "몸은 산*body like mountain*/호흡은 바람*breath like wind*/마음과 가슴은 하늘*mind and heart like* *sky*"이라는 구절을 자신에게 말하는, 인사이트 엘 에이*InsightLA* 의 명상 교사 트루디 굿맨(Trudy Goodman, 1999) 에게 가르침을 받은 수련을 활용하였다. 빅토리아는 자연을 통해 더 넓은 시각으로 세상을 볼 수 있기를 기원하면서 도보여행과 전원을 즐기는 사람이 되었다.

당신은 파도를 멈출 수 없다

1970년대에, 거친 바다 위에서 법복을 휘날리면서 완벽하게 균형을 잡고 서핑보드를 타고 있는 명상 교사 스와미 삿치다난다 (Swami Satchidanada) 의 유명한 포스터가 있었다. 거기에는 "당신은 파도를 멈추게 할 수는 없지만 파도타기를 배울 수는 있다."라는 글이 쓰여 있었다. 다음은 "충동의 파도타기*Urge surfing*"이라는 수련법이다(G. Alan Marlatt 에 의해 만들어진 용어임. [Marlatt & Gordon, 1985; Marlatt, Bowen, & Lustyk, 2012]). 이것은 종종 중독 환자들에게 사용된다. 우리도 또한 환자들이 음식이나 성행위, 폭력적인 행동에 대한 강렬한 충동들뿐만 아니라 분노, 슬픔, 불안 등과 같은 강력한 감정이라는 파도를 탈 수 있도록 도움을 주기 위해 이 수련법을 가르치고 있다. 이 수련법을 사용할 때는 환자가 강렬한 감각과 함께 견딜 수 있을 뿐만 아니라 집중할 수 있는 능력을 가지고 있는 것이 중요하다. 가르치기 전에 서핑이나 배 타기, 수상 스키 등과 관련된 외상적 경험이 있는지도 확인해야 한다. 한번은 집단에서 이 수련법을 가르쳤을 때, 한 참가자가 공황발작을 일으켰던 적이 있다. 결국 그녀는 수십 년 전에 서핑 사고가 있었던 것으로 판명되었는데, 이 수련이 통합되지 않은 그때의 사건에 대한 기억을 재생시켰던 것이다. 만일

파도타기

- 편안히 앉아서 잠시 동안 접촉지점이나, 호흡, 혹은 자애 명상 구절 등에 집중하는 것으로 시작한다.
- 파괴적인 행동이나 물질 남용, 혹은 누군가에게 소리를 질렀다든지 폭음을 했다든지, 어려운 상황이나 대인관계에서 스스로를 외톨이로 만들어 버리는 것과 같이, 바람직하지 않은 행동을 했던 최근의 상황에 대해 생각하는 것으로 시작하라.
- 이런 장면을 묵상하면서 바람직하지 못한 행동의 직전에 일어난 감정을 찾아낼 수 있는지 보라. 이 감정과 함께 머물면서 감정의 파도가 정점에 이르기 바로 직전에서 멈추라. 바로 그 정점에서 균형을 잡고 머물기 위해 노력하라. 그러한 경험과 싸우거나 저항하기보다 그 경험과 함께 숨 쉬면서 그 속으로 이완해 들어가라.

- 이 사건을 관찰하면서 감정과 생각, 그리고 감각이라는 파도의 강도가 어떻게 점점 강해지는지 지켜보라. 파도와 맞서 싸우기보다 그것의 오르내림과 함께 머물 수 있는지 보라. 당신의 경험이라고 하는 파도의 오르내림을 탈 수 있는지 보라.
- 당신의 호흡이나 자애 명상 구절을 자신을 안정적으로 유지할 수 있게 하는 서핑보드로 이용하라. 당신이 균형을 잡으려는 노력을 할 때 흔들거리거나 앞뒤로 움직여도 괜찮다. 실제 서핑보드를 타고 있는 것과 마찬가지로 지속적인 미세한 조정이 필요하다. 정지된 균형이 아니라 역동적인 균형을 찾을 수 있는지 보라.
- 파도가 잠잠해지고 없어질 때 까지 할 수 있는 만큼 계속해서 안정을 유지하라. 명상을 끝내고 일과로 돌아가기 전에 잠시 동안 당신의 호흡이나 접촉지점으로 돌아오라.

그런 연상이 일어날 때는 자전거를 타고 언덕이나 고르지 못한 길을 오른다든지 롤러코스터를 타는 것 같은 다른 비유로 전환하는 것이 도움이 될 수 있다.

임상 사례: 폭풍우속에서의 스노우 타이어

모간*Morgan*은 아프가니스탄에서 복무기간을 다 마쳤으나 내적, 외적 상처는 그대로 지속되었다. 그녀는 평범한 시민 생활로 되돌아오기가 어려웠다. 그녀의 가족 중에 특히 세살 난 딸은 그녀가 돌아와서 무척 기뻐했으나 그녀는 그렇지 않았다. 그녀는 외상후 스트레스 증후군 진단을 받았고 심한 두통과 불안, 불면 등에 시달렸다. 그녀는 고통을 잊기 위해 술을 마시기 시작했다. 술을 점점 더 마시기 시작하면서 음주운전으로 체포될 때까지 알코올중독은 심해져만 갔다. 그녀가 심신자각 수련을 배우기 시작한 곳은 해독 센터였다. 그녀는 반복해서 현재 이 순간으로 되돌아오는 수련을 하면서 회상돌발*flsahback* (갑자기 너무 생생히 떠오르는 회상–역자 주) 현상이 줄어드는 것을 느꼈다. 그녀는 전투 기억으로 부터 치유되고 각성된 상태로 있기를 원했기 때문에 개인치료를 받기 시작했고 알코올 단주모임에도 참석하기 시작했다.

잦은 재발로 인해 회복은 난관에 부딪쳤다. 모간은 스스로 실패자이며 아주 나쁜 엄마이며 참혹한 인간이라고 느꼈다. 그녀는 자신의 인생이 다 망가졌다고 걱정했다. 재발했을 때 치료자는 자해 행동이 아니라 연민을 가지고 자신을 대하라고 가르쳤다. 그녀는 다음과 같은 구절을 사용했다. *지금은 힘들고 고통스런 순간이다. 나는 이 괴로움 속에서 혼자가 아니다. 내가 균형을 잡을 수 있기를. 내가 지혜를 찾을 수 있기를.*

> 그녀의 치료자는 그녀에게 파도타기*Riding the Wave* 수련을 가르쳤다. 처음에는 이것이 어려워서 그녀는 명상하기를 거절했다. 치료자는 강요하지는 않았다. 모간은 연민 명상 구절을 필요할 때마다 사용하였다. 그렇지만 그녀를 통째로 흔들어 놓는 폭음 이후 그녀는 기꺼이 다시 시도 하려 하였다. "나는 파도 꼭대기에 올라타야 해." 그녀는 인정했다. "그렇지 않으면 나는 물에 빠져 죽을 거야." 충동을 따라가는 방법과, 자동적으로 반응*reacting*하는 것이 아니라 깊게 생각하고 대응*responding*하는 방법을 배움으로써 모간은 어려운 순간들에 올라 탈 수 있는 방법을 배우게 되었고 그 순간들이 그저 지나간다는 사실도 알게 되었다. 이것은 그녀가 감정은 영원히 지속되는 것이 아니라는 사실을 깨닫게 해 주는 데 도움이 되었다. 전에 그녀가 힘들었을 당시에는 결코 끝이 없을 것 같은 "살아있는 지옥"에 갇혀 있는 것으로 생각했다. 치료와 단주모임 등에서 그녀는 아무리 고통이 있다 하더라도 그곳에는 항상 내가 할 수 있는 선택이 있다는 사실을 배웠다.

모간이 파도타기를 수련하고 그리하여 현재 순간에 안정하게 됨에 따라, 중독의 손아귀에 붙잡혀 있는 느낌이 점점 줄어들었다. "나는 어느 날 쇼핑몰에 갔었는데 길을 잃었어요. 운 좋게도 '당신이 있는 곳은 여기'라고 씌어있는 작은 화살표로 방향을 안내하는 지도가 있었어요. 그래서 이제는 내가 길을 잃을 때마다 '모건, 네가 있는 곳은 여기'라고 자신에게 말하곤 해요."

그녀는 어머니가 그녀에게 했던 것과 똑같이 딸과 함께 정원에 식물을 심기로 했다. 그녀는 지역사회 정원 가꾸기 프로그램에 등록했고 잘 자라는 토마토, 오이나 꽃들을 심기 시작했다. 하루일과가 끝나면 술을 마시는 것 대신에, 식물을 심고 잡초를 뽑고 수확을 하였다. 정원은 안정을 찾는 방법과 그녀의 인생에 대한 비유, 둘 다 의미하게 되었다. "나는 일어난 모든 일을 다 지워버릴 수 없다는 것을 알지만 나와 내 딸을 위해서 좋은 선택을 할 수는 있어요. 나는 새로운 씨앗을 땅에 심을 수는 있어요."

평온한 장소 찾기

다음 수련법은 2003년 달라이 라마가 하버드 대학교에 방문해서 가르쳤던 명상법을 변형시킨 것이다. 그것은 평정을 배양하기 위해 파도 아래에 있는 고요함의 은유를 사용했다. 이것은 실직이나 질병, 죽음, 외상 같은 힘든 격동의 시기를 위한 수련법이다. 우리는 이것이 우울이나 불안 증상이 있는 환자들에게 효과적이라는 사실을 밝혀냈다. 그것은 산 명상과 같이 비교적 명상에 초보인 환자들에 사용될 수 있다 (달라이 라마는 한 번도 명상을 해보지 않은 사람들을 포함해서 수천 명에게 가르쳤다). 그렇지만 그것은 집중의 기술과 같이 사용될 때 훨씬 더 효과적이다. 이 수련법은 물에 대한 공포를 상기시킬 수 있기 때문에 물속에 잠수하는 상상이 당신의 환자에게 혼란을 일으키지 않는다는 사실을 일차적으로 확인하는 것이 좋다.

폭풍우 치는 바다에 내려진 닻

- 편안히 앉아 소리나 접촉부위, 호흡이나 자애명상 구절 등의 수련을 이용하여 마음을 안정시키고 중심을 잡기 위해 몇 차례 숨 쉬는 것으로 시작한다.
- 깊숙한 항구에 닻을 내리고 있는 배를 시각화하라. 매우 평온하고 맑은 날이고 바다는 고요하다. 그러나 그때 갑자기 바람이 분다. 먹구름이 몰려오면서 강풍과 파도가 배를 덮치기 시작한다.
- 폭풍우가 심해지고 더욱 더 강한 바람이 불고 폭우가 쏟아지고 우박이 떨어지고 엄청난 파도가 치는 것을 지켜보라.
- 지금 당신은 다이빙 벨이나 스쿠버 장비를 이용하여 파도 아래로 잠수하여, 해저에 있는 배의 닻으로 내려간다고 상상하라. 여기서 휴식을 취하면서 한참 높은 바다의 표면에 있는 파도와 바람과 폭풍우를 바라보라.
- 바다의 표면에는 비록 폭풍우가 거세지만 해저에 있는 여유로움과 고요함을 발견할 수 있는지 보라.
- 폭풍우 한 가운데서도 조용하고 고요한 장소를 찾아서 여기서 당신 자신을 쉬게 하라.
- 준비가 되었을 때 몇 번의 심호흡을 하고 몸을 쭉 펴고 천천히 눈을 뜬다. 폭풍우 표면으로 되돌아오면서 당신이 필요하다면 언제든지 고요한 장소로 돌아갈 수 있다는 것을 기억하라.

---

www.sittingtogether.com에서 녹음자료를 들을 수 있다

임상 사례: 치료자가 평정을 필요로 할 때

줄리아*Julia*는 수년간 조지*Gorge*를 담당해 오고 있는 젊은 치료자이다. 조지는 충동적 행동, 자살시도와 수많은 입원 등의 병력이 있는 환자다. 그는 최근 실직한 이후 우울증에 빠졌고 집세와 어떻게 먹고 살아갈지에 대해 걱정하고 있었다. 그는 친구도 별로 없었고 도와줄 가족도 없었다. 줄리아는 그를 걱정하였으나 그는 괜찮고 자해도 하지 않을 것이라고 그녀를 안심

시켰다. 그녀는 그를 믿었다.

그 다음날 쥴리아가 메시지를 재생시켰을 때 한밤중에 조지로 부터 전화 한 통이 왔었다는 것을 알게 되었다. 그는 살 이유가 전혀 없고 술과 함께 모아두었던 수면제를 먹었으며 이 메시지를 들을 때면 자신이 죽어 있을지도 모른다는 내용을 그녀에게 남겼다. 쥴리아는 바로 뛰쳐나가서 조지를 병원에 옮겼다. 조지는 중환자실에서 사경을 헤매고 있었고 그녀가 할 수 있는 것은 아무것도 없었다. 쥴리아는 자책하기 시작했고 그녀의 결정에 뭐가 잘못인지 생각했다. "어떻게 내가 이것을 생각하지 못했을까? 그가 괜찮다고 했을 때 내가 왜 그를 믿었을까? 왜 안전한 계획을 준비해두지 않았지?" 그녀의 마음은 두근거리기 시작했다. "그가 죽으면 어찌하지? 나는 고소당할 수도 있는데, 나는 면허를 잃을지도 몰라. 나는 치욕을 당하고 나의 경력을 다 망쳐버리게 될 거야. 난 앞으로 어떻게 살아가지?"

그녀는 현재 순간에 머물고 자신의 파국적인 생각을 다루는데 도움이 되는 *폭풍우 치는 바다에 내려진 닻* 명상을 처음으로 떠올렸다. 그때 그녀는 명상 수업 때 배웠던 구절들을 시행하였다. *단지 이 순간Just this moment, 더 이상도 없이nothing more, 단지 이 한 호흡just this breath, 바로 여기right here, 바로 지금right now.* 그녀가 제 정신을 차리기 시작하면서 조지가 아직 죽지 않았다는 것을 깨달았다. 그녀는 마음의 균형을 잡기 위해 이전에도 어려운 시기마다 도움을 주었던 평정을 위한 구절들*equanimity phrases*을 떠올렸다. *아무리 간절하게 내가 다르게 되길 바란다 하더라도 모든 일들은 있는 그대로이다.* 그녀는 또한 다음과 같이 자신에게 말하는 또 다른 평정 수련을 이끌어냈다. *조지야, 나는 너를 걱정하고 있단다. 그리고 너는 너 자신의 여정을 가고 있지. 내가 아무리 애를 쓴다 하더라도 나는 고통으로 부터 너를 지켜줄 수는 없단다. 내가 너를 대신해서 결정 할 수는 없는 일이기 때문에.*

조지는 살아났다. 그 역시 자신의 자살 시도에 경악했고 그를 대신해 애를 써준 쥴리아의 노력에 감동했다. 쥴리아는 반면에 그와 그의 고통에 좀 더 연결되는 느낌을 가지게 되었다. 그녀는 자신을 위해 지속적인 자문을 구했고 조지를 매주 정신치료 집단에 연결시켰다. 그래서 그는 좀 더 많은 지지를 받게 될 수 있었고 그녀는 그를 돕는 유일한 치료자로 되지 않게 되었다.

특히 매우 위험성이 높은 환자를 맡았을 때 치료자의 역할은 쉽지 않다. 프로이트(1937)는 이것을 아이를 기르고 나라를 통치하는 것과 유사한 "불가능한 직업"이라고 이야기 했다. 1장에서 서술했듯이 우리는 가능한 가장 훌륭한 임상 훈련 과정으로 시작하는 것이 현명하다. 그런 후 우리는 훌륭한 치료를 위한 설비를 갖추기 위해 노력한다. 세심한 병력 청취, 적절한 치료 계획 수립과 위험성 평가, 필요한 문서 작성과 경험있는 동료들의 자문 등이다. 정신치료자로 일하는 데에는 불가피한 어려움이 있기는 하지만 규칙적인 자문을 의뢰하고 집단치료나 약물투여 등의 보조 요법들을 병행하면서 치료해 나가면 가장 취약한 환자들을 치료할 때 평정한 마음을 좀 더 쉽게 가질 수 있다.

고통으로 향하기

평정을 배양하는데 도움이 되는 다른 방법으로는 다른 사람들에 대해 기쁨을 느껴보는 수련이 있다. 이것은 우리가 질투나 시기에 사로 잡혀 있을 때 특히 유용한 수용 수련*acceptance practice*이다. 우리는 이것을 대인관계의 갈등이 있거나 다른 사람들에 대해 부정적인 비판을 많이 하는 환자들에게 사용해왔다. 그렇지만 이것은 초보자를 위한 수련은 아니다. 이것은 집중, 개방주시, 연민 등을 기본적으로 갖추고 있어야 최상의 효과를 볼 수 있다.

동조하는 기쁨

- 편안하게 앉아 잠시 동안 자신을 안정시키고 닻을 내리는 시간을 가진다. 당신 자신을 안정시키는데 도움이 되도록 소리나 접촉부위, 호흡에 주의를 기울이는 것으로 시작한다.
- 이 수련이 강한 느낌을 불러일으켜 마음이 분산될 때는 *연민 가득한 보디 스캔compassionate body scan*이나 자애명상 구절과 함께 몇 분간 시간을 보내라(6장의 130쪽을 보시오).
- 당신의 인생에서 당신이 비교하는 것에 주의를 가져와서, 자신보다 더 똑똑하고 더욱 매력적이고 더 운이 좋고 더 성공한 누군가를 생각하고 있을 때를 알아차리라. 스스로를 비난하거나 판단하지 말고 단순히 그것을 알아차리라.
- 한 사람을 선택하라. 강한 감정으로 마음을 흔들어놓지 않을 만한 사람으로 시작하고 그 사람의 삶에서 기쁨의 한 가지 원천을 생각해 보라. 당신이 그 사람의 행복을 음미할 수 있는지 보라. 조용히 다음 구절을 반복한다. *당신의 행복과 행운이 떠나지 않기를. 당신의 행복이 줄어들지 않기를. 당신의 행운이 계속되기를.*
- 당신이 준비 되었을 때 중립적 인물에 대한 음미를 시도해 보라. 그 때 동기가 생긴다면 힘들거나 어려운 인물의 행복에 대한 음미로 옮겨간다.
- 만약 이것이 어렵거나 마음의 균형을 잡기 어렵게 느껴진다면 자신을 향한 자애명상 구절로 돌아온다. 이것이 정말 어렵다면 *연민에 찬 존재Compassionate Being* 수련으로 전환한다(6장의 137쪽을 보시오). 그것을 과정으로 생각하라. 그것이 어렵지 않을지 걱정할 필요는 없다. 잠시 동안의 수련이라도 당신이 마음의 균형을 더 잘 잡도록 도움을 줄 수 있을 것이다.
- 당신이 다른 사람들의 행복을 소망하는 것을 이어지는 대인관계에 적용할 수 있는지 보라.

임상 사례 : 다른 방법 찾기

파울레트*Paulette*는 힘든 10년을 버티어 왔다. 수년간 불임으로 고심 끝에 그녀는 임신을 했으나 결국 첫 삼분기 끝 무렵에 유산된 것을 알게 되었다. 불임 치료 기간 중 호르몬으로 인한 기분 변화와 계속되는 심한 우울증세, 그리고 유산 이후 찾아온 비통한 슬픔은 남편의 인내를 뛰어넘었고 그는 마침내 좀 더 편하고 즐거운 사람을 찾아 그녀를 떠나 버렸다. 치료에서는 애도반응과 상실에 대한 수용을 주로 다루게 되었다.

절망의 한가운데 서 있던 그녀는 사촌의 임신 축하 파티*baby shower*에 초대를 받았다. 그들은 가까웠지만 경쟁적인 관계였다. 그녀의 엄마와 아주머니는 그녀가 자신의 문제를 옆으로 젖혀두고 사촌에만 신경 써주기를 바랬다. 파울레트는 가고 싶지 않았지만 그녀가 가지 않으면 사촌이 심하게 상처를 받고 앞으로 그녀와 말도 하지 않을 것이라는 걸 알고 있었다. "난 뭐죠?" "그들은 내가 어떻게 느끼는지에 대해서는 상관도 안한단 말이죠?" 치료 중에 그녀는 이렇게 물었다. 바로 위 세대와 그녀 사이에 불협화음의 가족력이 있었고, 사회사업가인 파울레트는 악감정이나 화나 분개 등의 여러 감정의 악순환이 생기는 것을 원치 않았다.

치료자의 지지를 받으면서 파울레트는 직계 가족의 보이지 않는 고통스러운 감정을 보기 시작 했다. 이런 경험에 대해 좀 더 편안해지기 위해 치료자는 그녀 자신에 대한 연민 수련을 시작해 보기를 제안 했다. 그 결과 그녀는 새로이 자신감과 자기수용이라는 감각을 느끼게 되면서 파티에 참석하기로 했으나 그녀는 여전히 파티 중에 견뎌내지 못할까봐 걱정하였다. 치료에서 그녀는 약간의 안정감을 가지는 데 도움이 되는 *동조하는 기쁨sympathetic Joy* 수련을 하였다. 그녀는 후원자, 좋은 친구들, 중립적인 사람에 대한 수련을 시작하였고 마침내 그녀의 "어려운" 사람인 사촌을 대상으로 하게 되었다. 파티 당일 그녀는 동생과 같이 갔다. 귀여운 아기 옷을 보는 것은 그녀의 인내를 넘어선다는 것을 깨닫고는 사촌이 선물을 꺼내 보기 전에 자리를 떠났다. 그녀는 명상 수업에서 배웠던 구절들의 도움을 받았다. *거기에 있는 것만으로도 충분하다Be there just enough.*

사촌이 행복해하고 임신한 모습을 보는 것이 매우 고통스러웠지만 파울레트는 사촌은 자신의 불임이나 결혼의 실패와 관계가 없다는 것을 볼 수 있었다. 파울레트의 가족들은 이해하기 어려운 구석이 있긴 하지만 그녀에겐 중요한 사람들이었고, 그녀는 대를 이어 내려오는 라이벌 의식과 경쟁심은 후대에 더 이상 계속되길 원치 않았다.

샤론 살츠버그(Sharon salzberg, 2011)는 인생은 당신의 손실이 곧 나의 이득이 되는

테니스 같은 제로 섬 게임일 필요는 없다는 것을 알게 되는 데 어떻게 이 수련이 도움이 되는지에 대해 다음과 같이 기술하고 있다.

> 기쁨에 동조하기를 배양하는 것은 다른 사람들의 행복이 우리에게서 아무것도 빼앗아 가지 않는다는 것을 깨닫게 하는 문을 여는 것과 같다. 실제로, 이 세상에 더 많은 즐거움과 성공이 있을수록 모든 사람들에 대해 더욱 더 좋은 것이다(p. 149).

용서를 다시 생각하기

"용서란 더 나은 과거에 대한 모든 희망을 포기하는 것을 의미한다." (Kornfield, 2008, p. 346). 우리는 가끔씩 용서는 용서 받지 못할, 비난받아 마땅한 행동을 관대하게 눈감아주거나, 정의롭지 못한 것들을 무시해버리는 것에 관한 것이라고 생각한다. 그러나 그것을 좀 다른 관점으로 보면 과거의 상처에서 자유로운 삶을 위한 공간을 창조하는 것으로 볼 수도 있다. 우리는 과거에 상처 받았거나 학대받았던 사실을 스스로 부정하거나 잊으려고 강요하지 않는다. 대신에 우리는 해결되지 않은 분노나 죄책감에 대해 다른 방법으로 관계를 가지려고 노력한다. 매우 실제적인 의미에서 우리는 자신에 대한 연민으로부터 이 수련을 한다. 달라이 라마는 다음과 같이 말했다.

> 만일 당신의 적이 있는데 하루 종일 그들에 대한 생각에 빠져 있다면 – 그들의 잘못과 그들이 행한 것들, 그리고 당신의 불만들 – 그때 당신은 정말로 아무것도 즐기지 못한다. 당신은 먹을 수도 없고, 잠을 편하게 잘 수도 없다. 왜 그들에게 그런 만족을 가져다주는가? (Salzberg, 2011, p. 171에서 인용).

용서를 수련하는 것을 통해 우리는 놓아버리고 다시 시작하는 것을 배운다.

이것은 초보자 수련은 아니다. 섣불리 이 수련을 시도하게 되면 환자는 공감 받지 못하는 느낌을 경험하게 되기도 하고 1장에서 기술되었던 일종의 "영적인 우회*spiritual bypass*"를 초래할 수도 있다. 따라서 만일 환자가 준비 되지 않았다면 그것을 강요할 필요는 없다. 그것이 자연스럽게 오게 하라. 매우 심한 학대를 받은 경우라면 이 수련은 단지 치료의 말기에 가서나 시도해보거나 전혀 하지 않을 수도 있다. 이것은 치료자 보다는 환자가 해 보기를 원해서 시행하는 것이 가장 좋다. 만약 환자가 많은 분노감을 경험 한다면 일반적으로 제일 먼저 분노를 다루는 것이 좋고 향후 다른 계획을 세워 나간다. 강한 자기 혐오감이 있는 사람들의 경우에는 스스로에 대한 용서로 시작하는 것이 좋다. 이 수련은 보통 세 부분으로 시행된다. 첫째는 당신이 해를 입힌 사람들에게 용서를 구하기, 둘째는 당신 스스로에게 해를 입혔던 방식에 대한 용서, 셋째는 당신에게 해를 입힌 사람들에 대한 용서.

용서 : 독을 놓아 버리기

- 현재 속으로 들어오기 위해 몇 번의 호흡을 하면서 편안히 앉아 시작한다. 소리나 호흡, 자애명상 구절 등을 사용하여 안정을 찾고 닻을 내린다.
- 수련 도중 아무 때라도 너무 긴장되면 언제든지 자유롭게 닻으로 돌아오라.
- *내가 알게 모르게 상처를 주었거나 해를 끼쳤던 모든 이들에게, 나는 용서를 구합니다* 라는 구절로 시작한다. 인물이나 사건 등의 이미지가 떠오르면 *나는 당신의 용서를 구합니다* 라고 조용히 말한다.
- 이제 당신 자신에게 해를 입혔거나 무시했던 방식들을 생각해 보라. 그러한 행동이나 행위 때문에 일어나는 당신 자신에 대한 어떠한 분노라도 놓아버릴 수 있는지 보라. *내가 알게 모르게 자신에게 해를 입힌 모든 일들을 용서합니다.*
- 당신이 준비되면 (이것을 급하게 하거나 강요하지 않는다. 당신이 필요한 만큼 이 전 단계에서 머물러 있는 것도 좋다) 당신에게 해를 끼쳤던 사람들에 대해 용서를 한다. 즉각적인 변화나 치유를 기대하지 말라. 이 수련을 나의 뜻을 세우거나 씨앗을 심는 것으로 생각하라. *고의든 아니든 나에게 해를 입히고 상처를 주었던 모든 이들을 용서합니다.* 만약 당신이 용서 할 준비가 안 되었다면 다음과 같이 바꾸어 시도해 본다. *나는 기꺼이 용서하는 과정에 착수한다.* 그리고 만일 분노나 비탄, 혹은 슬픔이 일어나서 그 느낌들에 압도되면 바로 닻으로 돌아간다.
- 몇 번의 심호흡과 스트레치를 하고 눈을 뜬다. 당신이 일상생활을 하는 동안 용서하는 태도를 유지할 수 있는지 보라.

임상 사례: "나는 그녀를 결코 용서 하지 않을 거야"

헤더*Heather*는 남자들과의 관계와 직장 문제, 그리고 그녀가 처한 상황 등의 어려움으로 30대 초반에 처음으로 치료를 받기 시작했다. 그녀의 삶을 되살아나도록 도움을 준 것은 단기 치료였다. 그녀는 이야기하고 싶지 않았던 문제가 있었는데 특히 어머니에 대한 분노가 그랬다. 그녀의 어머니는 많은 남자들과 관계를 가졌었고 헤더는 그중 한 남자로부터 성폭행을 당했지만 어머니는 그녀를 보호하지 않았다. "나는 엄마를 결코 용서 하지 않을 거야, 영원히." 치료자가 용서에 관한 작업을 시도하려 했을 때 헤더는 저항을 보이면서 그녀가 뭐라 말했는지 듣지 않는다고 말하면서, "나는 절대로 안하겠다고 했어요, 알아들었어요?"라고 벌컥 화를 냈다. 헤더는 곧 바로 치료를 끝내 버렸다.

15년이 지난 후 헤더는 다시 치료 받으러 왔다. 그녀의 어머니는 유방암으로 치료 받았고 재발이 되어 호스피스 보살핌을 받고 있었다. 헤더는 최근 암으로 수술을 받았다. "나는 지금도 여전히 엄마를 죽도록 증오해요. 그렇지만 엄마는 오래 살지는 못하겠지요."라고 그녀는 말했다. 헤더는 "예민한 지점*sharp points*"으로 향해 돌아설 준비가 되었다.

그녀는 젊은 시절에 어느 정도는 어머니에게서 달아나기 위해 인도와 태국 등을 여행 하면서 명상을 배웠다. 그녀는 용서가 자신에게는 맞지 않는 수련이라고 비아냥댔다. "아마도 다음 생에서나 가능할지도 모르죠." 그녀는 얼굴을 찌푸리며 말했다. "나는 공정함을 원해요. 엄마는 고통을 받아도 싸요. 엄마는 내 인생을 다 망쳐 놓았어요." 헤더는 그녀의 억압된 분노가 신체적으로는 만성통증을 일으키고 감정적으로는 친구와 동료들 간의 불신을 쌓고 있다는 것을 자각하였다.

헤더가 어머니를 용서할 준비가 되기 전까지 치료자는 자기연민 수련을 시작해 보기를 권하였고 점차적으로 다소 어려운 사람에 대한 연민 수련 과정을 거쳐 마지막에는 어머니를 대상으로 하였다. 몇 주 이후에 헤더는 서서히 부드러워지기 시작했다. 어머니는 교육도 못 받았고 재주도 없었으며 그나마 외모가 유일하게 쓸만한 세상을 헤쳐 나가는 힘의 원천이었다는 것을 인식하게 되었다. 그녀는 어머니의 절망적이고 자기 파괴적인 행동을 이해하기 시작했다.

헤더의 마음이 부드러워지면서 치료자는 그녀가 과거에 상처를 주었던 남자 친구, 자매들, 다른 친구들과 가족들의 용서를 요청하도록 했다. 그녀는 또한 수년간 잘못된 식사습관과 과도한 운동을 하면서 어떻게 자신에게 상처를 주었는지도 보게 되었다. 헤더는 자신의 몸에 대해 얼마나 가혹하게 굴었고, 얼마나 경직된 태도로 친구들을 조종해 왔는지 몰랐다.

헤더로서는 임박한 어머니의 죽음이 결국 그녀가 용서를 시도하는 동기가 되었는데, 그녀는 자신이 평생 끌고 다녔던 지독한 분노로부터 해방되는 데 도움이 되기를 희망했다. 비록 어머니가 방치와 성폭행에 대해 사과하지는 못 하더라도 자신은 할 일을 다 했다고 느꼈으며, 어머니가 무덤에 묻히고 난 후에도 분노를 계속 품고 있는 것을 원치 않는다는 것은 확실했다. "어머니는 항상 나에게는 힘든 사람이지만 더 이상 증오심에 집착하는 것은 무의미해요. 그녀는 수시로 끔찍하긴 했지만 달콤하고 재미있었던 순간도 있었어요. 그리고 그녀는 나에게 생명을 주었잖아요."

아주 강한 것만이 작용할 것 같을 때

다음 수련은 조안나 메이시 (Joanna Macy, 2012)의 가르침에 영감을 받은 것이다. 어떤 이들에 대해서는 그것은 불신을 기꺼이 유보하는 것과 관련이 있다. 그러나 그것을 포용할 수 있는 사람들에 대해서 이 수련은 관점의 강력한 변화를 제시해 줄 수 있다. 우리는 그것을 결혼생활의 종말이나 자녀나 다른 사랑하는 이들의 상실, 실직, 부끄러운 불명예스런 일이 있거나 생명을 위협할 만한 질병이나 사고로 인해 그들의 삶이 찢겨진 환자들에게 사용하였다. 이것은 특히 고통을 통해 자신을 구원할 수 있는 가치를 찾으려고 애쓰는 사람들에게 유용하다. 그것은 극단적인 상황에서도 좋은 수련 방법이지만, 또한 우리는 일상생활의 실망스러운 일에 대해 포괄적인 안목을 제공하는 방법으로도 사용해 왔다. 이 수련을 시도하기 전에 환자는 집중과 개방주시, 자애와 연민 수련에 대한 견고한 토대를 가지고 있는 것이 최선이다.

도전을 수용하기

- 몇 분간 편안히 앉아서 접촉지점이나 소리, 호흡, 혹은 자애명상 구절 등을 사용하여 자기 자신을 안정시키고 닻을 내리는 것으로 시작한다.
- 당신이 경험하고 있는 어려운 환경에 집중하라. 생각이나 감정 그리고 두려움과 접촉을 유지하면서 그것들을 견디라. 몸에는 어떤 느낌이 있는지 알아차리라. 그 모든 것들의 한 가운데에 자신이 앉아있도록 하라.
- 할 수 있다면, 당신이 태어나기도 전에, 배움과 성장을 위해 당신이 이 경험을 만나기로 결정했다고 상상하라.
- 당신을 사랑하고 돌보는 지혜롭고 연민 가득한 연장자들과 함께 앉아 있는 것을 시각화하라. 이러한 어려운 사건들이 어떻게 새로운 기술을 발달시키는 데에 도움을 줄 수 있을지 그들과 상의하라. 당신은 무엇을 배우려고 하는가? 당신은 이러한 사건들에 대해 긍정할 수 있는가? 이러한 희망의 조짐이 당신을 가르칠 수 있는 것이 무엇인지 보라.
- 이 질문들에 대한 당신의 대답과 함께 앉아서 새로운 눈으로 이런 어려움들을 보라. 이 일들이 당신에게 부과된 것이 아니라 당신이 이 상황을 선택했다고 상상한다면 무슨 일이 일어나는지 보라.
- 당신이 새로운 기술과 새로운 힘을 성장시키는 기회로 이 상황을 포용할 수 있다고 상상하라.
- 남은 하루 일상 중에 어려운 일이 일어나면 그것이 어떻게 성장의 기회가 될 수 있는지 숙고하라.

임상 사례: "나는 내가 그것을 전부 잃었다는 것을 믿을 수 없어"

에두아르도*Eduardo*는 60대 초반의 남성으로 성공한 사업가였다. 그는 오래전 젊어서부터 자신의 회사를 운영하기 시작했다. 그는 밤샘하면서 일했고 주말, 휴일에도 일을 했으며 휴가 기간에도 사업의 성장과 번영에만 몰두했다. 그러나 경기 침체가 모든 것을 바꾸어버렸다. 그는 파산지경에 이르렀다. 수입도 없이 그는 집도 담보로 압류 당했다. 그는 심한 우울증에 빠지게 되었다. 그가 바닥을 쳤다고 생각했을 때 그의 두 번째 부인은 그는 모든 사랑을 회사에 쏟아 부었고, 결혼마저 파산 상태에 이르렀다고 말하면서 이혼을 요구 했다. 사업은 그의 생활의 전부였기 때문에 친구나 취미도 없었다. 마치 물에 빠져 죽어 가는 느낌이었다. 그의 가장 커다란 지지자이며 협력자인 어머니가 췌장암 진단을 받았을 때 마지막 지푸라기마저도 사라지는 것 같은 지경이었다. "이 모든 일, 모든 싸움에서 남은 것은 무엇인가? 다 사라졌다. 모두 사라졌다."라고 에두아르도는 탄식했다.

에두아르도의 담당의사는 항우울제를 처방했고 기능 회복에 다소 도움이 되었다. 그는 포기하지 않는 사람이었고 재기하기를 원했으며 아직 인생이 많이 남아 있다고 느꼈다. "힘든 시기에 불확실성과 함께 살아가기"라는 지역 명상센터에 등록을 해서 도움을 받았다. 그때 그는 불안이 심해서 좀 더 많은 수업에 등록했다. 무엇이 잘못되었는지 앞으로 어떻게 해야 할지 해결하기 위해 치료받기 시작했다. 그는 이 커다란 전환기를 극복하는데 도움이 되는 "아주 강력한" 수련을 요청했다.

치료자는 그가 쾌유되는데 도움이 되는 산 명상을 처음으로 소개했다. 그러나 그는 더 많은 것을 원했다. "나는 이것을 좀 다르게 볼 필요가 있어요." "나는 위아래를 뒤집고 안과 밖을 뒤집기를 원해요."라고 말했다. 그래서 치료자는 *"도전을 수용하기"* 수련을 가르쳤다. 그는 그의 인생을 재구성하는데 도움을 줄 수 있는 전문가들을 고용해서 그들의 앞에 자신이 있다는 상상을 했다. 이 수련을 시행하면서 그는 그의 사업이 한 쌍의 수갑이었다는 사실을 깨닫게 되었다. "그것은 나에게 돈을 가져다주었으나 어느 누구도 돕지 않았고, 지금은 그것이 다 없어졌어요. 이것은 내가 새로운 인생을 살 수 있는 기회이며 아마도 어떤 좋은 일을 할 수 있는 삶이 될지 몰라요."라고 그는 말했다.

가장 놀라운 일

인도의 위대한 서사시 마하브하라타에서 한 현명한 왕이 이 세상에서 가장 놀라운 것의 이름을 알려달라는 요청을 받는 장면이 나온다. 그는 "온 우주를 통틀어 가장 놀라운 것은 우리의 주위에서 모든 사람이 죽어가고 있지만 그것이 우리에게 일어날 것이라는 것을 믿지 않는다는 사실이다."라고 대답했다 (Salzberg, 2011, p. 23). 우리가 아무리 노력하더라도 우리의 몸은 노화와 죽음으로 부터 벗어날 수는 없다. 그것은 자연의 법칙을 따를 것이다. 이번 연습은 우리가 실존적인 진실을 이해하는 데 도움을 줄 수 있다. 우리는 이 수련을 결혼생활이나, 아이들, 부모, 배우자, 친구 또는 심지어 자신의 불치병과 같은 상실에 직면하고 있는 환자들에게 활용한다. 이 수련은 시각화와 함께 시행할 수 있는 반면에, 밖에서 걸으면서 시행할 수도 있다.

모든 것은 지나간다

- 편안하게 앉아서, 눈은 감거나 떠도 되고, 존엄한 자세를 취한다. 몇 분간 접촉지점이나, 호흡, 자애명상 구절 등을 사용하여 마음을 가라앉히고 중심을 잡는다.
- 갖가지 모양들, 색깔들과 다양한 크기들로 구성된 당신이 가장 좋아하는 꽃들이 가득한 아름다운 정원을 상상하라. 정원은 당신의 기억 속에 있는 것이어도 좋고 상상한 것이거나 현재 알고 있는 것이어도 좋다.
- 꽃들 사이를 걸으면서 색깔과 빛과 향기 등을 알아차린다. 모든 꽃들이 다른 삶의 과정에 있다는 것을 알아차리라. 어떤 것들은 봉오리를 맺고, 어떤 것들은 만개하고, 어떤 것들은 지고 있고 어떤 것들은 죽어가고 있다. 아름답게 만개한 꽃들과 마찬가지로 죽은 꽃들과 잎사귀에도 동일한 주의를 가져오라. 심지어는 벌레 먹고 뼈대만 앙상하게 남은 것들에 조차도.
- 어떻게 모든 것들이, 정원조차도, 시작과 중간과 끝이라는 과정을 거치고 있는 것인지를 알아차리라. 이런 사실을 당신의 삶에 반영해 보라. 모든 활동들, 모든 관계들, 모든 노력들이 일어났다가 사라져 간다.
- 당신이 원한다면 하나의 특별한 꽃에 초점을 맞춘다. 꽃잎에 비친 빛, 질감, 향기 등을 알아차리라. 꿀벌이나 나비가 꽃 속에 든 꿀을 빨아먹으러 온 것처럼 주시하라. 내일 혹은 그 다음날이면 이 꽃은 시들고 사라져 버릴 것이라는 것을 알라.
- 몇 번의 호흡을 하고 몸을 뻗은 후에 일상으로 돌아오라. 당신의 다음 활동에 무상에 대한 자각을 가져올 수 있는지 보라.

임상 사례: 놓아버리기

릴리는 70대에 치료를 받으러 왔다. 그녀는 30대에 암으로 진단 받았고 그 후 수십 년에 걸쳐 재발해왔다. 담당의사는 그녀가 아직도 살아 있다는 것을 믿을 수 없었다. 그녀는 건강이 부실함에도 불구하고 아직도 아름다웠고 한가로우면서도 에너지 넘치는 생활의 즐거움을 유지하고 있었다. 젊은 시절에는 배우 생활을 했으며 지금도 영화, 여행, 연인들과 "거칠고 미친 듯한" 모험에 대한 이야기들로 가득한 삶을 살고 있었다. 아이들과 암이라는 질병으로 인해 그녀의 화려한 경력은 종말을 고했지만 중년에 창조적인 탈출구를 찾아 정원 가꾸기와 그림 그리는 활동으로 다시 복귀했다. 그녀는 어느 정도 예술적 인정을 받았으며 지역 전시회에서도 자신 있게 수채화에 대하여 떠들었다.

릴리는 죽을 준비가 안 되어 있었다. 최근에 심장발작이 생긴 남편 곁을 떠나기를 원치 않았고 기분장애로 고생하는 딸을 걱정하고 있었다. 그녀는 딸의 병이 악화되어 부모역할을 못하게 될 때 가끔씩 7살 난 손녀를 돌봐주고 있었다. "난 그들을 떠날 수가 없어요, 그런데 난 너무 지쳤어요. 어느 날 나는 항암치료 받고, 겨우 침대에서 일어날 정도였어요."라고 말했다.

그녀는 명상이 생소했지만 쓸모가 있다는 것을 알았다. 집중 수련은 의학적 치료과정의 불편한 점들에 도움이 되었다. 통증이 있을 때 *감정에 이름붙이기Labelling Emotions*를 수련했고 (5장의 118페이지를 보시오) 걱정거리로 잠 못 이룰 때는 자기 연민을 수련했다. "*나의 사랑스런 몸이여, 너는 네가 할 수 있는 최선을 다하고 있구나My sweet body, you are doing the best you can.*"라는 구절은 그녀의 좋지 않은 신체기능을 수용하는 데 도움이 되었다. 그녀가 항암치료로 인한 인지기능의 저하로 고통을 받을 때에는 심리학자인 잰 써레이 *Jan Surrey*가 가르쳤던 비 격식적 수련에 의지했는데 호흡 조절에 관한 간단한 구절을 포함한다. "들이쉬고*Breathing in*, 들어오게 하고*letting in* / 내쉬고*Breathing out*, 나가게 한다 *letting out*" (2012년 7월 29일, 개인 서신). 그녀는 마침내 그냥 놓아버리기 시작할 수 있었고 그때서야 비로소 그녀의 딸이 적당한 지지치료를 받게 할 수 있었다. "나는 놓고 싶지 않아요. 그래서 내가 그것을 그렇게 꽉 쥐고 있지 않는 것으로 간주하지요" 라며 그녀는 윙크했다. 이 단계에서 그녀에게 가장 큰 평화를 가져다 준 명상 수련은 고대 수련법에서 유래한 것으로 요가 수행자들이 부패한 시체 위에서 하는 것인데 가끔 묘지 안에 안치되어 있는 시체 옆에서 시행한다 (R. D. Siegel, 2010, p. 304). 이 관상 수련의 한 부분은 죽은 뒤 100년 후에 무엇이 남아 있을지를 숙고한다. 물론 이것은 불안감을 조성하는 이미지이지만 우리의 생명을 긴 안목으로 바라볼 수 있는 "특효약으로 생각해 볼 수도 있다.

마침내 릴리는 그녀가 풍족하고 충만한 삶을 살아왔음을 깨달았으며 이제는 지쳤기 때문에 일주일에 한 번씩 받던 항암치료를 중단하기로 결정했다. 그녀의 가족은 그녀 없이도 잘 지낼 수 있으리라. 릴리는 "나는 자연의 순환과정에 따를 수 있어요. 그것이 순리지요. 어느 누구도 영원히 살지는 못해요"라고 말했다.

살츠버그 (Salzberg, 1995)는 다음과 같이 기술했다.

> 우리가 마음의 따스하게 빛나는 안정감과 흔들리지 않는 균형감 즉, 평정이라 일컫는 상태는 마치 대지와도 같다. 모든 것들은 대지 위에 던져진다. 아름다운 것들과 못생긴 것들, 끔찍한 것들과 사랑스러운 것들, 평범한 것들과 특별한 것들 등이다. 대지는 이 모든 것들을 받아들이고 조용하게 자신의 온전한 상태를 유지한다(p. 193).

평정 수련은 대지만큼 심오하고, 하늘만큼 광활하게 우리의 시야를 배양할 수 있게 한다. 그것은 삶의 소중함과 복합성을 음미하고 그것들에 대한 안목을 제공한다. 또한 우리가 우주 안에서 현명하게 살아가도록 하며 "우리의 가장 좋은 고향"으로 돌아오게 한다.

8장

심신자각에 쉽게 접근하기

명상은 어떤 재능이 있거나 이미 평온한 사람들을 위해서만 존재하지 않는다. 당신은 고요히 앉아있는 데 전문가일 필요가 없다. 즉 당신은 화가 풀릴 때까지 그리고 카페인이 제거될 때까지 기다릴 필요가 없다... 당신은 지금 바로 시작할 수 있다. 당신이 호흡을 할 수 있다면, 당신은 명상을 할 수 있다.

– 샤론 살츠버그 (Sharon Salzberg, 2011, p. 14)

우리는 교회 지하실의 비좁은 방에 있는 형광불빛 아래의 테이블에 둘러앉는다. 귀걸이와 문신을 한 남녀가 관심을 기울이면서 희망에 차 있다. 그들 모두는 행려, 그리고 중독과 싸워왔다. 그들은 약물이나 알코올 없는 생산적인 삶을 살기 위해 보호시설에서 생활하고 있다. 그들은 회복에 전념하고, 재발을 예방하는 도구를 찾기 위해 심신자각 명상 수업을 편성해 줄 것을 사례 관리자에게 요청했다.

우리는 어떻게 하면 최대한 많은 환자들에게 심신자각을 소개할 수 있을까? 어떤 어려움들이 일어나고 또 어떻게 그것들에 대해 숙련된 반응을 할 수 있을까? 주의를 기울이는 데 문제가 있는 사람들이나 또는 혼란에 빠진 생활을 하는 사람들에게 어떻게 명상을 가르칠 것인가? 앞에서 논의했듯이, 심신자각을 소개하는 데는 많은 방법들이 있고 이것은 환자들의 필요와 능력에 달려있을 것이다. 이 장에서 우리는 입원 그리고 외래의 상황에서 겉보기에 심신자각 명상으로부터 유익을 얻기 어려워 보이는 대상자들과 집단에게 어떻게 수련을 소개할지 살펴볼 것이다. 우리는 모든 환자들이 헌신적인 명상가가 될 필요가 없지만 거의 대부분의 사람들이 자신들의 생활에서 균형과, 친절, 그리고 만족을 얻을 수 있도록 수련을 변경할 수 있음을 알게 될 것이다.

어떻게 시작하는가?

사람들은 여러 이유로 심신자각을 찾는다. 보호시설에 있는 남녀들은 자신을 소개하면서 혼란과 상실, 그리고 걱정스러운 느낌들에 대해 이야기한다. 많은 사람들이 행려와 중독뿐 아니라 우울증과 불안을 상대로 싸우고 있었다. 어떤 사람들은 신체적 그리고 성적인 학대에서 살아남았다. 집단의 그 누구도 명상을 해 본 경험이 없었고, 몇몇은 예상했듯이 냉소적이었다.

현재에 존재하기

치료자: 오늘 밤 여러분을 만나서 기쁘다. 나에게 여러분 자신에 대해 말씀해주신 것에 대해 감사드린다. 이것은 여러분에게 생소하기 때문에, 이 연습들을 짧고 간단하게, 각각 3분에서 5분 정도 시행하고자 한다. 연습을 마친 후에 여러분이 경험한 것에 대해 대화하는 시간을 가질 것이다. 이 명상들이 만병통치약은 아니며 여러분에게 잘 맞도록 조절할 수 있다. 우리가 할 첫 번째 작업은 '현재에 존재하기'라고 부르는 간단한 연습이다.

- 가능한 편안히 앉는 것으로 시작하라. 눈을 감아도 되고 바닥의 한 점을 부드럽게 응시해도 된다.
- 오늘 하루에 있었던 모든 일들을 놓아버리고, 잠시 멈추라.
- 준비가 되었으면, 자신이 존엄한 자세를 취할 수 있는지 보라. 좀 더 똑바로 앉아서, 그러나 긴장을 풀고 이완된 자세를 취하라. 어려운 일이 있을 때 우리는 종종 본래적인 존엄과 탁월함, 그리고 지성을 잊을 수도 있다. 이것들을 당신의 내면에서 느낄 수 있는지 보라.
- 이제 단순히 당신이 앉아있다고 하는 것을 알아차리라. 당신이 여기 이 방에 존재하고 있다는 것을. 이 방에서 들려오는 소리들에 귀 기울이기 시작하라. 이것은 현재 순간으로 들어오는 쉬우면서도 직접적인 방법이다. 단지 귀 기울이라. 당신의 전 존재로 귀 기울일 수 있는지 보라.
- 당신은 어떤 특별한 일을 하거나 어떠한 것도 강요할 필요가 없다. 단지 마음을 가라앉히라. 단순히 방안에서 들려오는 소리들을 알아차리라. 시계가 째각거리는 소리, 히터가 윙윙 돌아가는 소리. 이러한 소리들에 주의의 초점을 맞추라. 이것을 우리는 닻이라고 부른다.
- 당신의 마음이 과거에 대한 후회나 미래에 대한 걱정들로 방황해도 괜찮다. 그것은 우리의 마음이 하는 작용이다. 단순히 이 방에서 들려오는 소리로, 현재로 돌아오라.
- 자신을 비난하거나 상처주지 말라. 그렇게 했다면 단지 다시 시작하라. 단지 귀 기울이라.
- 우리의 마음은 마치 새로운 애완견과도 같이 이리저리 돌아다니기도 하고 껑충껑충 뛰어다니기도

한다. 단지 부드럽게 자신을 방으로 되돌아오게 하고 소리에 귀 기울이는 일로 돌아오게 하라.

- 산만해져도 괜찮다... 단지 다시 시작하라. 당신은 아무 것도 잘못하지 않았다... 당신은 망치지 않았다... 부드럽게, 친절하게 자신을 방으로 되돌아오게 하라.
- 준비가 되면, 손가락과 발가락을 꼼지락거리고, 몸을 뻗는다. 그리고 눈을 뜬다.

"어땠어요?"

피드백을 요청받았을 때, 집단의 몇몇 구성원들은 심신자각에 대한 최초 경험이 그들에게 어땠는지 열렬히 나누고 싶어 했고 매우 분명하게 그것에 대해 표현했다.

레이먼: 내 생각에 당신은 명상을 할 때 마음을 비우려한 것 같았어요. 그러나 나의 마음은 그렇게 멈추지를 못했어요. 그래도 괜찮은가요?

치료자: 절대적으로 괜찮아요. 실은 마음이 어떻게 방황하고 또 그것을 어떻게 생각하는지를 알아차리는 것이 중요한 단계입니다. 당신은 소리로 되돌아 올 수 있었나요?

라 몬: 예...

치료자: 그렇다면 훌륭한 수련이었어요!

크리스탈: 시계의 째깍거리는 소리는 해야 하는 모든 일들을 생각나게 했지요. 그러나 소리와 함께 머물면서 현재를 좀 더 편안하게 느꼈고, 덜 괴로워졌어요.

샤키라: 나는 계속 의아했어요. "왜 이런 것을 하고 있지? 시간을 낭비하고 있지 않은가?" 그러나 잠시 일분 또는 이분이라도 멈추고 나니 좋았고, 지금은 좀 더 평화로움을 느껴요.

카이라: 내가 얼마나 긴장하고 있는지에 놀랐어요. 주먹을 쥐고 턱을 악물고 있는 것을 깨달았지요. 와, 나는 아무 생각도 없었어요.

놀라울 것도 없이, 집단의 몇몇 사람들은 조용했고 별로 감동을 받은 것 같지 않았다. 아니타는 벽에 붙은 포스터를 보고 있었으며 아무 말도 하지 않았고, 찰스는 잠시 졸다가 깨어났다. 모든 사람이 심신자각 수련을 좋아하지는 않았다.

당신은 앉아있을 필요가 없다

사람들은 종종 오랫동안 조용히 앉아 있는 데에 어려움이 있기 때문에, 특히 심신자각 수련을 처음으로 시작한다면, 보통 어떤 특별한 자세로 명상을 해야만 한다는 생각을 버리는 것이 좋다.

기립 명상

치료자: 일반적인 믿음과 달리, 당신은 심신자각을 어떤 자세에서도 수련할 수 있다. 앉은 상태, 서 있는 상태, 걷는 상태 또는 누운 상태에서도 할 수 있다. 심신자각은 별나거나 이국적인 것이 아니라, 단지 친절하게 현재 순간을 단순히 자각하는 것이다. 당신이 무엇을 하고 있는 동안 그것을 하고 있다는 것을 아는 것이다. 함께 해보자. 모두들 한 손을 들고 손가락들을 움직여보라. 여러분의 손가락들이 움직이는 것을 알라. 이렇게 간단하다. (집단 구성원들은 웃으며 서로에게 손을 흔든다.) 심신자각은 당신이 무엇인가를 경험하고 있는 동안 그것을 경험하고 있다는 것을 아는 것이다.

여러분들이 자신을 소개할 때, 많은 분들이 혼란스러운 느낌을 경험하고 있고, 삶에서 좀 더 집중하고 안정할 수 있기를 원했다. 여러분은 폭풍우 속에서 스노우 타이어처럼 삶을 좀 더 잘 이끌어갈 수 있기를 원했다. 다음 수련은 당신이 좀 더 안정적으로 닻을 내리고 있는 느낌을 가질 수 있도록 도와준다. 모두들 일어나서 함께 해보자.

- 잠시 몸을 쭉 뻗고 자신의 발바닥을 느껴본다. 단지 바닥에 닿아있는 발의 감각을 알아차려라.
- 원한다면, 발을 쿵쿵거리며 약간의 소리를 내어도 된다.
- 몸을 앞뒤로, 그리고 좌우로 움직여 본다. 받쳐주는 느낌과 단단함, 그리고 대지와 연결된 느낌을 느껴보라.
- 균형을 잡을 수 있는지 보고, 자신의 중심으로 들어오라. 계속해서 발에 주의를 머물게 하기 위해 노력하라.
- 이제 호흡을 몇 번하고, 당신이 서 있다고 하는 것을 알라. 그것을 실험하고 그것과 함께 놀이를 한다. 발바닥의 감각을 느끼라.
- 특별히 무엇을 할 필요가 없다. 단지 바닥에 닿은 발바닥의 감각에 주의를 되돌리면 된다. 안정감을 느끼라.
- 당신의 마음이 방황을 하고 주의가 분산되어도 괜찮다. 단지 자신의 주의를 되돌리라.
- 어떤 사람들은 자신을 받치고 접촉하고 있는 발아래의 바닥을 느끼는 것을 좋아한다. 당신이 좋아한다면 자유롭게 느껴보라. 강력한 닻을 자신으로부터 내리라.
- 당신이 다른 것들을 생각하기 시작한다면, 당신은 틀리게 한 것이 아니고, 실패한 것도 아니며, 단지 마음이 방황한 것이다. 문제가 되지 않는다.
- 만약 당신이 편안함을 느낀다면, 주의를 몸 전체로 가져온다. 어떠한 긴장이나 불편한 곳이라도

있다면 알아차리고, 그 부위를 부드럽게 하라. 이완되어 있는 곳을 알아차리라. 그 어떤 것도 강요할 필요가 없고, 판단하지 말고, 온화하게 주의를 기울이면서 단지 그것을 인정하라. 잠시 동안 당신 자신이 몸 안에 존재하게 하라.

- 준비가 되었을 때, 손가락과 발가락을 움직이고, 몸을 뻗고, 그리고 자리로 돌아온다.

"어떻게 한번도 가져본 적이 없는 중심을 발견할 수 있는가?"

치료자는 다시 한번 코멘트를 요청한다. 피드백을 자주 받고 요구하는 것이, 특히 초보자들과 함께하는 경우에 중요하다. 집단은 심신자각이 항상 조용히 앉아 있는 것만이 아니라는 사실을 반가워하는 듯하다.

토마스: 나는 발을 쿵쿵 거리는 것이 좋았어요. 우리는 침묵으로 일관할 것이라고 생각했었지요. 그것은 긴장을 어느 정도 풀고 약간 각성시키는 데에 도움이 되었어요.

크리스탈: 나는 단지 바닥에 닿은 발의 느낌이 좋았어요.

치료자: 훌륭합니다! 이것을 낮 시간에 활용할 수 있는 방법에 대해 생각할 수 있는 분 있나요?

크리스탈: 글쎄요. 나는 막 웨이트리스로 새로운 일을 시작했는데, 손님들이 무례하게 굴 때면 심한 스트레스를 느꼈어요. 내가 기진맥진 할 때 발바닥을 느끼려고 노력할 수 있을 것 같아요.

치료자: 갑자기 녹초가 되거나 힘든 시간을 경험하지 않을 수는 없지요. 그러나 이 도구를 사용하면 당신이 중심으로 돌아오는 데에 도움이 될 수 있어요.

샤키라: 버스를 기다리며, 지각을 할 것 같은 걱정이 들 때 이것을 사용할 수 있겠어요.

치료자: 이 수련의 가장 좋은 점 중의 하나는 완전히 휴대할 수 있다는 것이지요. 당신은 어디를 가든 이용할 수 있어요.

찰 스: 이것은 엉터리입니다. 어떻게 한 번도 가져본 적이 없는 중심을 찾을 수 있다는 것이죠?

크리스탈: 어이, 찰스. 이것은 12-단계 프로그램에서 말해주는 것과 같은 것이야. 모든 사람들 안에 있어.

치료자: 찰스, 그건 정말 중요한 질문이네요. 훌륭한 질문입니다. 꼭 기억하세요. 우리 모두는 이 기술을 배울 수 있어요. 야구시합이나 자전거 타는 것과 같아요. 수련을 하면 누구나 배울 수 있어요. 어린 시절에 해보지 않았어도 배울 수 있어요. 우리들 대부분은 배우지 않았지요.

찰　스: *(어깨를 으쓱하면서 확신하지 못해 보인다).*

호흡의 발견

1장에서 논의했듯이, 복부, 가슴 그리고 목에 주의를 두는 것은, 호흡을 주의의 대상으로 사용하는 전통적인 명상에서와 같이, 많은 환자들에서 문제가 될 수 있다. 그러나 호흡은 항상 존재하기 때문에 주의의 대상으로 특히 편리하다. 위협적인 생각 또는 감정을 불러일으킬 가능성이 낮으면서 호흡에 초점을 두는 비 위협적인 수련을 여기에 소개한다.

세 번의 호흡을 느끼기

치료자: 많은 명상 수업에서 호흡에 초점을 두는 방법을 가르치는 것으로 시작한다. 어떤 사람들은 이것이 매우 유용한 도구임을 발견한다. 그러나 당신이 천식이나 다른 호흡의 문제가 있다면, 맞지 않을 수도 있다. 종종 불안하거나 외상을 겪은 사람들 또한 이 방법이 편안하지 않을 수 있다. 그러나 이 수련은 단지 세 번의 호흡으로 이루어졌기 때문에 매우 안전한 실험이다. 만일 그것이 여러분에게 효과가 없다면, 단지 소리에 귀를 기울이거나 발바닥을 느껴보라.

여러분이 어디에 있든, 무슨 일이 일어나건 항상 호흡을 느낄 수 있다는 점을 기억하라. 나의 명상 스승 중에 한 분인 트루디 골만Trudy Goleman은 단지 세 번의 호흡으로 우리의 마음 상태를 바꿀 수 있다고 가르쳤다. 따라서 이것을 시도해보고 여러분이 무엇을 알아차리는지 보라.

- 편안하게 앉아서, 존엄한 자세를 취한다. 단지 당신의 주의를 모으라. 당신이 여기에 있고, 여기에 앉아있다는 것을 알라.
- 준비가 되었으면, 주의를 호흡으로 가져온다. 스스로 호기심을 가져 보라. 당신이 숨 쉬고 있다는 것을 알게 하는 것은 무엇인가? 때때로 그것은 가슴의 오르내림이나 복부의 팽창, 혹은 콧구멍을 드나드는 공기의 느낌이다. 어디서 호흡을 가장 강하게 알아차리는지 보라.
- 주의를 들숨으로 가져와서 공기가 몸에 가득 차오르는 것을 느끼고, 그런 다음 날숨을 느끼라.
- 호흡을 강제하거나 통제를 할 필요가 없다. 잘못된 방법은 없다. 단지 자연스러운 호흡을 찾으라.
- 다음에 들어오는 들숨을 알아차리면서, 모든 감각에 주의를 기울이고, 그리고 날숨을 느끼라. 호흡을 느끼기 위해 배 위에 손을 올려놓을 수 있다.
- 호흡은 당신의 동반자다. 태어난 이후 함께 있어 왔고 죽을 때까지 함께 있을 것이다. 호흡 안에서 편안함을 느낄 수 있는지 보라.

- 당신의 모든 주의와 자각을 세 번째의 들숨과 날숨으로 가져오라. 호흡이 당신의 친구가 되게 하라.
- 호흡과 함께 현재에 존재하면서 잠시 휴식을 취하라. 당신이 필요할 때 마다 돌아갈 수 있는 자원과, 피난처가 되게 하라.
- 준비가 되면 손가락과 발가락을 꼼지락거리고, 몸을 뻗고, 눈이 감겨져 있었으면 뜬다.

"무엇을 알아차렸나요?"

거의 모든 수련에 대해 다양한 반응들이 생겨나는데, 어떤 수련이라도 모든 사람에게 효과가 있는 것은 없다.

크리스탈: 나는 천식을 일생동안 앓아왔어요. 호흡에 대해서는 생각도 하기 싫군요.
라 몬: 나는 이 수련이 좋아요. 좀 더 평화롭게 느끼며 산만한 것이 조금 줄어들었어요.
샤키라: 언제 어디서든 호흡을 발견할 수 있다는 것이 좋아요.
토마스: 이것은 너무도 간단해서 어느 누구도 내가 심신자각 수련을 하는지를 알 필요가 없다는 사실이 좋은 것 같아요.

치료자는 또한 틱낫한 선사가 일상생활에서 활용할 수 있도록 호흡 수련을 변형시킨 것을 가르쳤다. "들이쉬고, 나는 숨을 들이쉬고 있음을 안다. 내쉬고, 나는 숨을 내쉬고 있음을 안다." 집단은 잠시 이것을 시도하고, 다음과 같은 반응을 보인다.

카일라: 나는 서 있는 게 더 좋아요.
찰 스: 나는 호흡이 괜찮은 것 같아요.
아니타: 나는 누워서 이완하는 게 더 좋아요.

이런 모든 반응들은 다 좋다. 수련하는 데에 올바른 방법은 없다. 치료자로서 우리의 목표는 사람들이 좀 더 생동감을 느끼고, 좀 더 현재에 존재하도록 하며, 가능하면, 그들과 공명하는 수련을 발견하도록 돕는 것이다. 이것은 종종 상당한 실험을 필요로 한다.

얼마간의 친절을 추가하기

명상수련을 꺼려하는 많은 사람들은 자신과 다른 사람들, 그리고 명상 수련에 대해 부정적인 판단을 하는 마음을 많이 가지고 있다. 어떤 사람들은 이런 비판적인 성향을 누그러뜨리는 단순한 수련에 잘 반응할 수 있다.

친절에 마음을 열기

치료자: 오늘 밤 여러분과 탐구하고 싶은 마지막 수련은 자애 수련이다. 우리자신보다 더 많은 사랑과 연민을 받을 가치가 있는 것은 없다고 하는 이야기가 전 세계에 걸쳐 고대로부터 전해져 왔다. 때때로 우리는 자신이 친절과 보살핌을 받을 가치가 있다는 것을 느끼지 못한다. 종종 일이 어려워질 때 우리는 변화를 일으키고 동기를 부여하기 위해 자신에게 비판적이어야 한다고 생각하지만 사실은 정반대가 진실이다. 우리는 비판보다는 친절에 더 잘 반응한다. 이것은 믿기 어려워 보일 수도 있고 여러분이 양육 받은 경험과는 확실히 다를 수도 있다. 우리는 종종 자신에게 친절한 것을 자기방종이라고 생각한다. 그러나 그렇지 않다. 자신에 대한 연민은 어려운 시기에 살아남을 수 있도록 도와준다.

- 편안히 앉아서 눈은 뜨거나 혹은 감고, 존엄한 자세를 취하면서 시작하라. 자신이 안정할 수 있는 시간을 몇 분간 가진다.
- 소리나 발바닥의 감각, 혹은 호흡을 이용해서 자신을 안정시키고 마음의 중심을 찾으라.
- 당신에게 친절했던 사람에 대해 생각한다. 할머니와 할아버지, 선생님, 부모님, 형제 또는 친구일 수 있다. 또는 사랑스런 애완견이나 고양이일 수도 있다.
- 자신이 이 친절과 따뜻함을 느끼도록 하라. 당신이 그것을 수용할 수 있는지 보라. 이 사람 혹은 이 존재가 온화함과 이해, 친절과 연민을 가지고 당신을 바라보고 있다고 상상하라.
- 당신의 행복을 소망하면서, 이 사람이 당신을 축복하는 말을 아마도 다음과 같이 건넨다고 상상하라. *당신이 안전하고 보호받기를. 당신이 건강하기를. 당신이 친절과 연민으로 가득하기를.*
- 당신이 이런 보살핌과 친절을 받을 수 있는지 보고, 이 사람이 당신을 보살피는 것을 받아들이라.
- 잠시 시간을 내서 당신이 들을 필요가 있는 다른 말들이 있는지 보라. 때때로 회복 중에 있는 사람들은 이런 문구들을 좋아한다. *당신의 몸을 친절하게 대하기를. 당신이 자신을 사랑하고 수용하는 것을 배우기를. 당신이 자신을 용서하기를.*
- 당신이 좋아한다면, 이런 문구들을 간략하게 만들어 당신이 꾸준히 하도록 도울 수 있는 방편으로 사용하라. 당신은 다음과 같이 간단히 말할 수도 있다. *안전, 보호, 건강, 친절, 연민, 용서.*
- 준비가 되었으면 호흡을 몇 번 한다. 손가락과 발가락을 움직이고, 몸을 뻗고, 눈을 뜬다.

"당신에게 무엇이 떠올랐나요?"

자애 수련은 종종 강한 반응을 일으키는데, 이 집단도 예외는 아니었다.

크리스탈: 나는 자신의 실수를 미워하지 않도록 하는 것을 배우려 하고 있었어요. 그런데, 맙소사. 엉망이 되었네요!

라 몬: 자신을 용서하고 다시 시작한다는 발상이 좋아요. 그것이 괜찮았어요.

샤키라: 많은 사람들이 나에게 친절하지 않았지만 친절했던 몇 사람들을 생각하는 것이 좋았어요.

찰 스: 나에게는 크게 도움이 되지 않았어요.

치료자: 때때로 우리는 이 수련을 할 때 자애를 많이 느끼지 못하기도 해요. 심지어 슬프거나 화가 나기도 하지요. 그래도 괜찮아요. 우리가 자애를 수련하는 것은 씨를 뿌리는 작업과 같아요. 지금 바로 느끼지는 못해도 우리는 자신에게 친절하고자 하는 의도를 표현하고 있는 것이지요.

카이라: 나는 몇몇 구절이 좋아요. 그러나 내가 필요할 때 어떻게 기억할 수 있어요?

치료자: 모임이 끝날 때 여러분 모두에게 문구가 적힌 유인물들을 나누어 드리겠어요. 실제로 그것을 작은 기억카드에 적어서 들고 다니며 회상할 수 있어요. 다른 수련들과 같이 오늘의 친절 수련도 휴대할 수 있어요. 일어나서 걷거나 운전하거나 버스 안에서 시행할 수 있고 심지어 어려운 사람과 만나는 직장에서도 할 수 있지요. 그리고 힘든 시기에 그것을 활용하세요. 종종 그때가 가장 필요한 경우일 수 있어요. 나는 동료와 함께 집단에서 자기연민 명상을 가르쳐요. "다른 사람들, 심지어 당신을 사랑하는 사람에게서 조차 받기 어렵지만 당신이 받을 자격이 있는 친절과 사랑을 스스로에게 주는 것이 어떨까?" 이것은 여기서 우리가 나누는 이야기 중 하나이지요. 이런 연습 모두는 우리가 배울 수 있는 기술입니다. 그것은 당신의 삶을 크게 바꿀 수 있어요. 시간이 다 되었네요. 여기에 유인물들이 있어요. 여러분들과 대화할 수 있게 초청해주어서 다시 한 번 감사드려요. 즐거웠어요. [유인물을 복사하기 위해서는 www. sittingtogether.com을 보라. 부록에 있는 기억카드의 예를 보라.]

"내 안에 토네이도가 있어요."

1장에서 논의했듯이, 특히 부서지기 쉬운 취약한 환자들에게는 심신자각 수련을 조심스럽게 소개하는 것이 현명하다. 그러나 기능장애가 심각한 심한 정신과적 장애가 있는 사람들에게도 적절한 수련을 사려 깊게 소개하면 유익할 수 있다. 예를 들어 주요 정신질환으로 입원을 했던 지메나Ximena에게 심신자각 수련을 소개한 우리의 경험을 고려해보라.

> 지메나의 아들은 60세의 어머니가 식탁에서 흐느끼며 겁을 먹고 위축되어 있는 것을 발견했다. 그녀는 식사를 하지 않았고 자기를 돌보지도 않았다. 그녀에게는 입원병실이 낯설지 않았다. 오랜 정신질환으로 자주 입원을 했기 때문이다. 지난해는 특별히 더 어려웠다. 임신한 막내 딸이 강도들의 총에 맞아 살해됐다. 딸이 죽고 나서 지메나는 일을 할 수 없었다. 대부분의 날들을 침대에서 보내며, 흐느끼며 울고 있었다. "그들이 내 아이를 죽였어요. 그들이 내 아이를 죽였어요." 그녀는 독이 들어있다며 약의 복용을 거부하였다. 입원할 즈음 그녀는 환청과 환시를 경험하는 심한 정신병적인 상태였다.
>
> 정신병 증상이나 해리 증상이 있는 환자들에게 심신자각을 소개할 때는 항상 조심스러워야 한다. 저자들 중 한 명이 한번은 기능이 좋고 안정적인 환자에게 손을 자각하는 단순하고 기초적인 수련을 시도했다. 30초 후에 그녀는 기묘하게 쳐다보며 물었다. "만약 이것들이 나의 손이거나 나의 어머니의 손이라면 내가 어떻게 말해야 하나요?" 때때로 일은 그렇게 간단하지 않다.
>
> 수련을 소개하기 전에 우리는 보통 환자들이 불편하게 느끼면 그만둘 수 있는 하나의 실험으로 도입한다. 그 이후 수련이 부드럽게 진행되지 않으면, 환자가 "실패했다"고 느낄 수 있는 어떠한 비난 또는 수치심이라도 최소화시키기 위해 노력한다. 이것은 단순히 이 특별한 수련이 이 시점에서 적합하지 않다는 것을 의미 할 뿐이다.
>
> 입원환자인 지메나는 매일 개인 치료를 받았다. 어느 날 아침 그녀는 헝클어진 놀란 모습으로 사무실에 들어왔다. 그녀는 공황에 빠진 목소리로 "여기에 토네이도가 있어요."라고 말했다. 치료자는 차분히 그녀의 현실 검증력을 보강하기 위해 "아니예요, 지메나."라고 말했다. "여기는 토네이도가 없어요. 당신은 병원에 있어요."
>
> 그녀는 치료자를 보며 "이 지역에 토네이도가 있었어요. 내 몸에 들어왔어요."라고 말했다. 치료자는 재빨리 자신의 실수를 알아차렸다. 치료자는 지메나의 잠재적인 의미를 놓쳤던 것이다. 치료자는 잠시 멈추고 몇 번의 호흡을 하였다. 치료자는 그녀가 불안하고 혼란에 빠진 것을

깨달았지만, 어떻게 도와줄지 몰랐다. 치료자는 이 곤경을 벗어나고 싶었다.

"예,"치료자가 말했다. "최근에 강력하고 맹렬한 바람이 몰아쳤지요. 그리고 지독한 폭풍우도 있었어요. 당신은 토네이도의 한가운데 있다고 느꼈음에 틀림없어요."

지메나는 이해받는다고 느꼈으며 처음에는 조용히 눈물이 고이다가 나중에는 흐느끼며 울었다. 치료자는 조용히 옆에 앉아 아무 말도 하지 않았고, 분위기를 바꾸려고 노력하지도 않았다. 치료자는 그 순간에 지메나에게 제공해 줄 수 있는 것은 슬퍼하는 지메나 옆에서 현존하며 기꺼이 그녀와 함께 앉아 있는 것이라는 것을 알았다. 치료자 자신의 심신자각 수련이 현재에 머물도록 도와주었다.

병원에 머무는 동안 지메나는 정신증 상태를 들락거렸다. 어느 날 아침에는 스트레스를 받고 늑대들이 내부에서부터 그녀를 찢어발기며 공격한다고 소동을 부렸다. 치료자는 그녀가 정말 놀랐겠다고, 그리고 그녀에게 일어난 일 때문에 안전하다고 느끼기가 어렵겠다고 말했다. 다시 한 번 지메나는 울기 시작하면서 "나는 산채로 잡아먹히는 것처럼 느껴요."라고 말했다. 치료자는 그저 현재 속에 존재하면서 그녀의 슬픔과 함께 그녀 옆에 조용히 앉아 있었다.

몸 자각을 소개하다

병원의 약물치료와 안정 가료를 통해 지메나는 환각이 줄어들고 식사를 다시 시작하였다. 마음이 안정되고 치료적 동맹이 향상됨에 따라 치료자는 지메나에게 안전하고 편안하게 함께 연습할 수 있겠는지를 물어보았다. 그녀가 원하지 않는다면 언제든 그만둘 수 있다고 했다. 그녀가 동의를 했다.

그들은 함께 일어났고 치료자는 지메나에게 단지 발바닥을 느껴보라고 요청했다. 그녀는 아래에서 자신을 지탱하는 바닥을 느낄 수 있을까? 그녀는 느낄 수 있었다.

"잠시라도 현존하는 느낌을 몸으로 느끼나요?"라고 치료자는 물었다. 지메나는 "모르겠는데요. 그것이 무엇을 의미하나요?"라고 말했다. "훌륭한 질문입니다. 그것을 말로 표현하기는 어렵습니다. 팔을 앞뒤로, 위아래로 흔들어 보세요. 조금씩 해보세요. 당신이 감각을 느끼는지 보세요. 단지 팔을 느껴보세요. 이제 잠시 멈추세요. 당신의 몸 어디에서 바닥에 닿은 느낌과 안전감을 느낄 수 있나요?" 지메나는 끄덕이며 "발이요."라고 했다. 지메나는 어렸을 때 운동선수로 형제들과 축구하는 것을 좋아했다는 것이 드러났다.

"좋아요. 함께 해 봅시다. 마치 공을 차듯이 발로 차보세요." 그녀는 "이제 느낄 수 있어요."라고 밝게 말했다.

그것은 치료자가 지메나의 미소를 본 처음 순간이었다. "그것과 함께 잠시 머물면서 단지 발을 느껴보세요."라고 제안했다.

이어지는 회기에서 지메나와 치료자는 딸의 사망과 관련된 이야기를 계속 나누었고, 마지막 10분은 잠시 심신자각 연습을 하기 위해 남겨두었다. 특히 감정이 유발되는 상황에서 지메나가 현재 순간으로 돌아오는 데 도움을 주기 위해 그들은 신체 감각을 자각하는 것을 수련했다. 팔과 다리를 자각하는 수련에 부가하여 그들은 긴 복도를 걷는 실험을 하였다. "걸으면서 단지 발을 느껴 보세요. 감각을 느껴 보세요. 한 번에 조금씩 느껴보세요. 이 감각들과 가볍게 접촉해 보세요. 당신이 원하면 팔을 흔들 수도 있어요."

지메나는 정좌명상이나 눈을 감고 내부로 들어가는 명상에 적합한 대상자가 아니었던 반면에 변형된 걷기 명상을 즐길 수 있었다. 한 번에 조금씩 알아차리게 되자 그녀는 인내하면서 이런 경험들을 즐기기까지 하였다. 이 수련으로 그녀는 몸에 머물면서 댄 시걸 (Dan Segiel, 2010)이 말하는 "내인 지역zone of tolerance"이 늘어났고, 더 오랫동안 현재에 머물 수 있었다. 그리고 늑대들 또는 토네이도가 다시 온다고 느꼈을 때도 자신에게 "너의 발바닥을 느껴라. 단지 걸으라. 너의 팔을 느껴라. 너의 다리를 느껴라." 라고 자신을 일깨우곤 했다. 이 연습을 매일 함께 하면서 지메나는 안정감과 회복력이 어느 정도 증가 되었고, 자신을 위로하는 능력이 증진되었으며, 과거 외상의 기억에 사로잡힐 때 (상태가 좋은 날에는) 현재 순간으로 되돌아올 수 있었다. 그녀는 자신이 "먼 곳으로 미끄러지는" 것을 발견할 때 "여기 있을거야let me be here" 라고 말하며 자신을 돌이키는 법을 배웠다. 심신자각의 두 문구가 외상의 기억보다는 현재에 머물도록 도와주었다. "현재 일어나고 있지 않다면, 그건 일어나고 있는 게 아냐. If it isn't happening now, it isn't happening." "그건 그때였고, 이것은 현재야. That was then, this is now."

"우리는 혼자가 아니다"

지메나가 반향을 보였던 또 다른 비 격식적인 수련은 통렌 (tonglen, 6장의 116페이지와 부록을 보시오) 을 단순하게 변형시킨 것이었다. 여기서 그녀는 폭력으로 아이들이나 사랑하는 사람을 잃어버린 지역사회의 모든 어머니들과 가족들을 생각하려고 했다. 그들의 상실감을 인식하면서, 잠깐 멈추고, 호흡을 하였다. 숨을 내쉬면서 끔찍한 상실로 고통을 받는 세상의 가족들과 사람들에게 친절과 이해를 보내려고 했다. 그 후 자신에게 "우리는 혼자가 아니야."라며 속삭이곤 했다.

몇 주 후 퇴원할 준비를 하면서, 지메나는 그녀가 배웠던 바를 정리할 수 있었다. "당신이 아이를 잃을 때, 그것은 극복하지 못할 어떤 것이 아니다. 딸은 내 몸, 내 피, 내 뼈의 일부분이었다. 당신의 미래 또한 사라졌다. 나는 매일 매일 딸을 생각한다. 그러나 나는 다른 아이들이 있다. 그리고 그들은 나를 필요로 한다. 삶은 계속된다. 나는 단지 침대에 누워있을 수만은 없다."

기이한 건 아무 것도 없다

여러 예들에서 보았듯이, 명상 수련을 원하지 않거나 처음에는 적응 대상이 아닌 것으로 보였던 사람들에게도 적용할 수 있는 많은 격식적인 수련들이 있다. 우리는 수련을 계속적인 상호작용의 일부가 되도록 치료라는 직물에 짜 넣을 수 있다. 다음 예는, 조안 할리팍스(Joan Halifax, 2008, pp. 14–17) 의 가르침에 따라 명상을 단순하게 만들어 환자가 눈을 뜨고 탐구할 수 있도록 대화 형태로 바꾸어 보았다.

"말할 게 있어요." 로레타*Loretta*는 첫 예약 시간에 내원하여 앉자마자 경고했다. "나에게 약속해줘요. 이상한 건 없다고. 나는 눈을 감지 않을 거예요."

치료자는 웃으면서 "문제될 게 없어요. 눈을 뜨고서 치료할 수 있어요." 라고 반응했다.

"좋아요."라고 그녀는 약간 긴장을 풀면서 반응했다. "나는 독실한 크리스천으로 자랐고, 신세대의 쓰레기는 하나도 따라하지 않을 거예요."

직설적으로 말하는 예의바른 50대의 이혼녀 로레타는 명상이 스트레스를 관리하는 데 도움을 준다는 내과의사의 권유로 찾아왔다. 그녀는 제약 회사의 영업 대표로 일하면서, 여러 곳을 여행하였다. 로레타는 심장의 두근거림을 경험했고, 잠들기 위해 일반의약품을 복용하고 있었다. 그녀는 또한 비만과 전쟁을 벌이고 있었는데, 그것은 지는 전쟁이라고 주장했다. "나는 술, 설탕 그리고 기분을 좋게 해주는 음식들을 원해요." 그녀는 또한 차를 오랫동안 탔기 때문이라며 만성적인 두통과 요통을 호소했다. "의사는 내가 요가를 하기 바라지만, 몸에 꽉 끼는 스판덱스 옷을 입을 수가 없어요."라고 허벅지를 찰싹 때리며 웃으며 말했다. "당신은 상상할 수 있겠어요?"

외향적으로, 사교적이고, 항상 미소를 짓는 로레타는 말하기를 좋아했다. 선천적인 이야기꾼으로 놀라운 유머를 갖고 있었다. 그녀는 군인의 자녀로 자라면서 친구들을 쉽게 사귀는 법을 배웠다. "나는 사람들이 나를 좋아하게 만드는 재주가 있어요."라고 환한 미소를 지으며 말했다.

치료의 첫 몇 달 동안 로레타는 자신의 인생과 여행에 대해 이야기하는 것을 행복해 했다.

그녀는 구조화된 인지행동치료에 잘 반응했다. 그녀는 고혈압과 콜레스테롤을 낮추기 위한 연습 프로그램을 시작하였고, 온라인 체중감량 프로그램의 도움을 받아 보다 현명한 음식을 선택했다.

그러나 어느 날 떨쳐낼 수 없는 고통스러운 꿈을 들고 찾아왔다. 그것은 그녀가 미소 짓지 않은 첫 번째 시간이었다. 꿈에서 누군가 베개로 그녀를 질식시키려하였고 그녀는 그를 상대로 싸우려 하였다. 도움을 구하기 위해 소리를 지르려 하였지만 아무도 오지 않았다.

"내가 왜 그것을 놓아버릴 수 없는지 모르겠어요."라고 말했다. "그것은 단지 어리석은 오래된 꿈이어요. 보통은 나의 꿈들에 어떤 관심도 두지 않아요." "오래된 꿈?" 그녀의 치료자가 따라했다. "이전에도 그 같은 꿈을 꾸었나요?" "예, 몇 년간이요. 그러나 보통은 떨쳐버릴 수 있었어요. 왜 이번에는 그것이 나에게 달라붙어 있는지 모르겠어요." 로레타의 치료자는 그녀에게 이 문제에 대해 새로운 작업을 해보기를 원하는지 물었고 그녀는 약간은 마지못해 동의했다.

자각을 신체에 가져오기

로레타의 치료자는 그녀에게 몇 번 호흡을 한 후 몸을 자각하도록 요청했다. "눈을 뜨고 해도 괜찮아요. 단지 당신이 알아차리는 것을 보세요. 몸에서 느껴지는 것에 호기심을 가져보세요."

로레타는 회의적으로 느끼는 듯이 보였지만 다시 주의를 두기 시작했다. 몇 분 후 "나의 목과 목구멍에서 어떤 압력을 느껴요."라고 말했다.

"그것과 함께 머물 수 있겠어요?"라고 치료자가 요청했다.

로레타가 끄덕이자 치료자는 계속해서 말했다. "만일 그것이 견디기 어렵게 느껴지면 내게 알려주세요. 당신이 자각하는 것을 내게 말해줘요."

몇 분 후 로레타의 목소리 톤이 바뀌었다. "나는 이것에 대해 생각하고 싶지 않았어요. 나는 너무나 빨리 달려왔고 너무 열심히 일을 해서 생각할 필요가 없었어요. 이것이 내가 잠들기 싫어하는 이유예요. 나는 떨쳐낼 수가 없어요."

그런 후 그녀는 깊은 숨을 쉬고 울기 시작했다. "10살 무렵에, 사바나에 있는 새로운 집에 이사를 갔어요. 14살 정도 된 나보다 나이 많은 소년이 옆집에 살았어요. 이상한 집안이었지만 그는 멋있게 생겼고 나에게 다가왔어요. 우리는 단지 많은 시간을 함께 보냈어요. 어머니는 이사와 어린 아이들 때문에 분주했어요. 내가 그렇게 빨리 새로운 친구를 사귄 것을 기뻐했어요. 그 모든 것은 순수하게 시작되었지요. 단지 대화를 하며 함께 많은 시간을 보냈어요. 그러나 어느 비오는 날 성적인 일이 일어났어요. 나는 그를 기쁘게 해주고 싶었고, 그래서 순순히 따랐어요. 나는 저항하지 않았어요. 몇 달이 지나갔어요. 나는 그를 놓치고 싶지 않았고 또한 화나게 만들고 싶지 않았어요. 그는 내 친구라고 생각했어요. 그는 나에게 내가 누군가에게 말한다면 목을 졸라 죽이겠다고 했어요. 그래서 나는 말을 안했어요. 나는 단지 먹기 시작했어요. 근처에 도너츠 가게가 있었어요. 그곳에는 세상에서 가장 훌륭한 꿀발린 도너츠가 있었어요. 나는 지금도 그 냄새를 맡을 수 있어요. 그것은 나를 위로하는 음식이었어요. 나는 누구에게도 말하지 않았고, 심지어 어머니에게도 말하지 않았어요. 그녀는 내가 왜 30파운드나 체중이 증가했는지 물어보지 않았어요. 어머니는 단지 청소년 시기 때문이라고 생각했지요. 이후 우리는 다시 이사를 갔어요. 나는 이 비밀을 몇 년 동안 지켜 왔어요."

로레타는 계속 울었다. "나는 그 이후 항상 섹스를 무서워했어요. 결코 좋아하지 않게 되었어요. 더럽다고 느끼게 되었기 때문이지요. 그것은 나의 결혼생활을 망쳐놨어요. 나의 전 남편은 그를 만족시킬 수 있었던 다른 사람을 찾았어요. 나는 좀 더 많이 먹기 시작했어요."

그 이후의 회기들에서, 로레타는 미소를 많이 짓지 않았다. 성적 학대의 기억에 대해 한 달 동안 작업을 한 후에 그녀의 두통 횟수는 줄어들었다. 그러나 여전히 불면증이 있고 더 나쁜 꿈을 꾸게 될 것을 걱정하였다.

눈을 뜬 명상

이 시점에서, 치료자는 로레타에게 잠들고 싶을 때 수련할 수 있는 연습을 배우고 싶은지 물어보았다. "그럼요."라며 그녀가 말했다. "그러나 아시겠지만, 기이한 건 안돼요." "걱정 마세요." 로레타의 치료자가 웃었다. "우리는 이것을 대화로 할 수 있어요." 여기 대화의 나머지가 어떻게 진행되었는지를 보여준다.

대화 명상

치료자: 편안하게 앉아서 의자에 닿아 있는 몸을 느껴 보고, 바닥에 닿아있는 발을 느끼면서 시작합니다. 눈을 계속 뜨고 있어도 괜찮습니다. 척추의 힘을 느낄 수 있는지 보세요. 당신이 원하면 좌우로 그리고 앞뒤로 움직여 보세요. 등이 얼마나 강하고 유연한지 느껴보세요. 어쩌면 척추 뼈가 하나 위에 또 하나가 올려져있는 것을 느끼고 싶을 수도 있어요. 당신의 등이 어떻게 당신을 똑바로 세우는지 알아차려 보세요. 그것이 어떻게 지속적으로 견디는지 느껴 보세요. 당신은 자신에게 "강한 등"이라고 이름붙일 수도 있을 것입니다.

로레타: 좋은데요. 오랫동안 나는 약하다고, 충분히 좋지는 않다고 느꼈어요. 변화를 위해 이렇게 강하게 느끼는 게 멋져요.

치료자: 단지 그것에 머무르세요. 진실로 당신의 힘을 경험해보세요.

로레타: 사람들은 항상 나를 바보로 만들었어요. 아버지, 남편. 항상 내가 한 행동, 내가 한 말, 그리고 어떻게 옷을 입었는지에 대해 잘못을 찾아냈어요. 심지어 나의 요리에 대해서도요. 나는 이길 수가 없었어요.

치료자: 몸에서 느껴지는 것으로 계속해서 돌아옵니다.

로레타: 이것은 에어로빅 수업 후에 내가 어떻게 느꼈는지를 생각나게 하네요. 어떤 사람은 내가 관계를 맺지 못한다고, 어떤 사람은 내가 사람을 다루지 못한다고.

치료사: 네. 지금은 그것에 머물러서, 그렇게 강한 등을 느끼도록 하세요.

로레타: 나는 느끼고 있어요!

치료자: 준비가 되었으면, 특히 당신이 긴장하거나 걱정스러운 시간들을 위해 그것을 약간의 부드러움과 균형을 맞추도록 노력해 봅시다. 원한다면, 한 손은 배위에 다른 한손은 가슴에 올려 놓으세요. 단순히 이 근육들을 부드럽게 하세요. 애써서 무엇을 할 필요가 없어요. 단지 무엇을 느끼는지 알아차리면 됩니다.

로레타: 위장이 항상 꼬여있어요. 정말로 조여요. 나는 언제나 지각하는 일이 많은데, 이것 때문에 더 악화돼요.

치료자: 네, 좋습니다. 당신이 알아차리는 것에 흥미를 느낄 수 있는지 보세요. 원한다면 계속해서 복부의 부드러움을 느껴보세요. 잠시 멈추어서 약간의 시간을 가지세요. 준비되었으면 가슴, 어깨, 목과 목구멍으로 이동합니다. 재촉하지 말고. 신체를 약간 풀어지게 하면 되요. 천천히, 단지 주의를 몸의 이 부위들로 가져 옵니다. 준비가 되었으면, 턱을 알아차려 보세요. 그것을 부드럽게 하

세요. 거기서 잠시 몇 분간을 보냅니다.

로레타: 이크! 너무 조여요. 치과의사는 나에게 스트레스를 줄이라고 했어요. 내가 턱을 조이고 이가 부러질 정도로 악물었네요!

치료자: 예, 우리는 가끔 턱에 긴장을 모아둡니다. 이제 주의를 눈에 가져와서 부드럽게 풀어주세요. 무엇이든 부드럽게 바라봅니다. 사물에 레이저같이 초점을 두고 응시하는 대신에 모든 것을 받아들일 수 있도록 안구를 부드럽게 하고 시각을 희미하게 합니다. 어떤 사물에 조리개로 초점을 맞추는 대신 넓은 앵글의 렌즈를 사용하는 것과 같습니다. 괜찮다면 자신에게, "부드러운 정면Soft front."이라고 말을 할 수도 있습니다.

로레타: 나는 이것이 좋아요. 두통이 종종 눈에서 시작되기 때문이지요.

치료자: 잠시 여기에 머물수 있는지 보세요. 몸의 정면은 부드럽게 하고 개방하면서 여전히 당신의 강인함 또는 척추를 느껴보세요. 그 둘을 함께 느껴보세요. 만약 당신이 원한다면, 앞뒤로 번갈아가면서, 강함과 열림을 느껴봅니다. 둘을 함께 포용하고 어느 정도의 균형을 맞춰 보세요. 준비가 되었으면 손가락과 발가락을 움직이며 펴세요. 그리고 그것이 당신에 대해 어떠했는지 제가 알게 해 주세요.

로레타: 좋았어요. 그리고 그렇게 기이한 것은 아니었어요! 당신이 알다시피, 나는 고객들, 친구들 그리고 가족들에게 강할 필요가 있지만 또한 열릴 필요도 있어요.

로레타에게 대화 형태로 간단한 심신자각 연습을 소개하면서, 그녀는 아동기 시절의 아픈 기억을 직면하였을 뿐 아니라 또한 자신의 몸에 지니고 있던 긴장을 알아차리고 그 관계를 변화시킬 수 있었다.

이 장에서 소개한 수련들은 어떠한 환자에게든지 치료의 어떤 시점에서든지 사용할 수 있는 "도입 수준"의 연습이다. 우리는 또한 임상가로서 막 심신자각 수련을 시작하려고 할 때나, 특별한 취약함이나 주눅이 드는 느낌이 들 때 이것들을 스스로에게 사용할 수 있다. 앞에서 논의하였듯이, 언제, 그리고 어떻게 보다 집중적인 수련으로 이동할지를 결정하는 것은, 그 중에서 어떤 수련은 치료의 특별한 단계에서 특별한 환자에게만 적절한 것이지만, 임상적 판단으로 환자들을 깊이 알고, 이 수련에 직접적인 경험이 있어야 한다. 한 가지 형태의 수련으로 시작하여 다른 형태로 이동하는 최고의 시기는 치료자나 환자들이 필수적인 기술을 익혔거나 또는 심리적인 상태의 변화가 나타나는 경우이다. 다음 장에서 우리는 여러 종류의 장애에 대한 치료의 과정을 통해 어떻게 수련의 순서를 정할 것인지 예들을 보여줄 것이다.

9장

배열하기의 기술

고통은 존재한다. 고통에는 이유가 있다. 그리고 고통에는 끝이 있다. 당신이 어디에 있든지, 거기가 이러한 진실을 깨닫는 장소이다.

– 아잔 차 (Ajahn Chah, in Kornfield, 2011, p. 250)

치료 과정의 여러 다른 지점에서 개별 환자의 임상적인 필요에 부합하기 위해 최적의 심신자각 수련의 조합을 찾는 것은 과학이라기보다는 예술이다. 명백하게 만병통치약은 없다. 게다가 기법을 선택하기 위한 간단한 처방이나 공식은 없다는 것이다. 우리는 이러한 수련이 마음*mind*과 가슴*heart*에 어떻게 영향을 미치는지에 대한 이해와 아울러 우리의 임상적 판단에 의지해야 한다. 치료자들은 종종 그 순간에 어떤 수련이 최선일지 몰라서 걱정하지만, 우리가 제공할 수 있는 가장 소중한 것은 기법에 대한 선택 너머에 있다. 그것은 우리의 현존과 지성, 그리고 환자들의 고통을 보살피고자 하는 마음을 진료실로 가져 오는 것이다. 린차이Rinzai 선사는 "온전히, 여기에서 그리고 지금, 당신이 하는 것에 집중하세요, 당신은 매우 자연스럽게 길을 찾을 것입니다"(Cambridge Insight Meditation Center, 2012)라고 제안하였다. 그럼에도 불구하고 지침은 도움이 될 수 있고, 이 장은 정신치료에서 어떻게 심신자각 수련들을 배열할 것인지에 대한 예를 제공한다.

많은 명상 교사들은 전통적인 순서에 따라 수련을 제시한다. 집중에서 시작해서 개방주시, 자애와 연민, 그리고 마지막으로 평정의 순서이다. 아직까지 이 접근이나 또 다른 어떠한 접근에 대해서도 지지하거나 반대하는 실증적인 연구는 없다. 우리를 안내해주는 일화적인 데이터만 가지고 있을 뿐이다. 따라서 다음은 임상적인 경험에서 나오는 제안들이다. 당신과 당신의 특별한 환자에게 잘 맞는 것을 구별해내려는 노력과 함께 우리는 당신이 실험하기를 권유한다.

다양한 심신자각 수련들의 상호관계를 개념화하는 한 가지 방법은 집에 비유하는 것이다. 집중은 기초이다. 이러한 기본 기술 없이는 통찰을 얻거나, 고통스러운 생각들과 심상들, 그리고 감정들과 함께 현재에 머물기는 어렵다. 개방주시는 골격을 제공하는 집의 구조로 생각할 수 있다. 폭풍이 일어날 때, 우리가 더 넓고 넓은 다양한 경험과 함께 머무르게 하는 태도를 취함에 따라 그것은 피난처와 보호를 제공한다. 자애와 연민은 따뜻함과 편안함을 제공하고 거주자들 간의 선의를 촉진하는 화로다. 평정은 창문과도 같이 빛을 비추고 더 넓은 안목을 가질 수 있게 하며, 안과 밖을 더 뚜렷이 볼 수 있게 한다.

우리가 아무리 환자들에게 심신자각 수련을 소개하고 싶은 마음이 열렬하더라도, 그들의 욕구를 먼저 평가하는 것이 중요하다. 주의 깊게 병력을 청취하고, 그들의 강점과 취약점을 고려하여 주어진 수련이 그들에게 잘 맞는지를 구별해야 한다. 우리가 심신자각의 유익을 확신할 때조차도 도움을 주려고 서두르기 전에, 우리가 원하는 장소가 아니고, 환자가 있는 바로 거기에서 그들을 만나야 한다. 어떤 열정을 가진 임상가가 주말에 심신자각 워크숍에 참가하고 월요일 아침에 흥분되어 배운 모든 것을 새로운 환자와 공유하려고 했다. 그러나 환자는 흥미가 없었다. 부분적인 이유는 어머니가 인도의 아쉬람에서 "자기 자신을 찾기 위해서" 가족을 버렸기 때문이었다. 환자는 자신의 치료자가 심신자각을 흥미롭게 느끼는 것에 대해 "적절한 사람"이 아니라는 징표로서 느끼게 되었다. 이 첫 회기는 또한 마지막이었다.

부동산 중개인이 도심의 고층건물을 원하는 고객에게 빅토리아풍의 전원주택을 강요하지 않는 것처럼, 우리는 환자의 병력과 욕구에 주의할 필요가 있다. 책임의 압박이 있더라도, 처음에는 듣는 데 시간을 쓰고 치료동맹을 형성하는 것이 중요하다. 많은 환자들이 치료의 중간이나 종결 시기까지 초보 수준의 수련을 넘어설 준비가 되지 않을 것이다 (8장을 보라). 다른 치료관계에서처럼 심신자각 지향의 정신치료에서도 취약성, 성격 문제, 전이, 역전이가 작용한다. 단지 우리가 심신자각 기법을 우리의 치료에 접목했다고 해서 증상의 재발과 자살 충동이 저절로 멈추지 않는다. 투사와 이상화, 그리고 다른 방어 또는 대처 전략도 마찬가지로 사라지지 않을 것이다.

있는 그대로의 것과 작업하기

우리의 환자들을 "고치거나" 그들이 심신자각을 받아들이도록 지나치게 노력하는 데 대한 대안을 암시하는 이야기가 있다. 알다시피 영국이 인도를 식민지화했을 때 그들은 골프를 치고 싶어 했다. 그래서 그들은 골프 코스 건설에 착수했다. 그러나 문제가 생겼다. 근처의 원숭이들이 게임에 끼어들었다. 그들은 좋아하는 곳으로 작은 흰 공들을 던지면서 대혼란을 일으켰다. 화가 난 골퍼들은 원숭이 문제를 다룰 위원회를 만들었다. 처음에는 골프 코스 주위에 높은 울타리를 만들기로 했다. 그러나 원숭이들은 즐거워하면서 그것을 기어 올라갔다. 그러자 위원회는 원숭이들을 몰아서 다른 곳으로 실어 보내기로 했다. 그러나 원숭이들은 돌아왔다. 열띤 토론 후에 골퍼 한 사람이 묘안을 냈다. "원숭이가 공을 떨어뜨리는 장소에서 경기를 합시다."

이 이야기는 있는 그대로가 아니라 달라지기를 원하고 있다는 것을 발견할 때 기억하면 유용하다. 그것은 학대받는 관계를 청산하든지, 중독 행동을 중단하든지, 보다 덜 자기애적이거나 자기 파괴적으로 되든지, 또는 심신자각 수련의 특정 순서를 받아들이는 것이든지, 환자가 우리 방식으로 따르기를 바라는 것을 포함 한다. 우리는 지나친 열정을 누그러뜨리고 환자들을 이해하는 쪽으로 채널을 맞추어야 한다. 그리함으로써 환자들은 준비가 되고 우리는 효과를 얻어낼 수 있는 개입과 기술, 통찰, 그리고 수련을 제공할 수 있다.

임상 사례: 이미 부서진

할리*Holly*는 잠재력이 풍부한 조리 있고, 총명하며, 매력적인 젊은 여성이었다. 불행하게도 만성적이고 심한 우울증으로 인해 직업이나 친밀한 관계를 유지하는 것이 어려웠다. 그녀는 주기적으로 친구를 만들었지만, 그들은 그녀의 요구 때문에 금방 지쳤고 그녀는 외롭고 상실감에 빠진 자신을 발견했다.

그녀의 젊고 열정적인 치료자는 할리의 우울을 "낫게"할 수 있는 모든 기법을 시도했다. 할리는 정신역동치료, 인지행동치료, 안구운동 민감소실 및 재처리 요법(eye movement desensitization: EMDR), 감각운동 정신치료(sensorimotor psychotherapy, 외상 또는 애착의 실패로 몸과 마음이 괴리될 때 신체에 근거하여 대화를 나누는 정신치료 - 역자 주), 내면가족체계(internal family systems, 상대적으로 별개로 있는 하위 인격들을 통합시키려는 개인 정신치료 -역자 주), 끝으로 심신자각에 이르기까지 길고 복잡한 치료 과정을 시도했다. 이러한 접근 중 어느 것도 그 효과가 오래 가지 않았다. 할리의 정신약물 치료자는 비슷하게 젊고 헌신적이었고 실제로 그가 알고 있던 모든 항우울제를 할리에게 시도했다. 수년간 협력하며 노력한 후에 할리가 더 나은 인생을 갖도록 도와주는 노력에서 치료자들은 그들이 치어리더와 사무라이 무사 사이의 잡종이 되어버렸다고 느꼈다. 그러나 그녀의 "치료저항성" 우울은 정말로 치료에 저항적이었다. "나는 구제불능 같아요." 할리가 말했다. "나는 너무 망가져서 고칠 수 없어요."

한 번 더 입원한 후에 할리는 자기가 얼마나 망가졌는지를 다시 말했다. 지친 치료자는 명상 스승인 아잔 차에 대하여 읽은 이야기를 공유했다. 대화 중에 그는 그가 마시고 있던 아름다운 크리스탈 잔을 들어올렸다.

> 이 잔이 보입니까? 나에게 이 유리잔은 이미 부서졌어요. 나는 이 잔을 좋아해요. 나는 이 잔으로 마셔요. 이것은 물을 기막히게 잘 담고 있어요. 가끔 아름다운 패턴으로 햇빛을 반사하기도 해요. 만일 내가 이것을 두드리면, 예쁜 울림이 있어요. 그러나 내가 이 유리잔을 선반에 놓을 때 바람이 불어서 떨어뜨리거나 아니면 내 팔꿈치로 쳐서 테이블 아래 바닥에 떨어뜨려 산산이 부서질 때, 나는 '당연하지' 라고 말해요.

정신과 의사인 마크 엡슈타인Mark Epstein이 설명하듯이, 그는 단지 유리잔에 대해 말하고 있지 않았다. "몸, 또는 죽음의 불가피함. 그는 또한 자아에 대해 우리 각자에게 말하고 있다. 당신이 그렇게 실제인 것처럼 생각하는 이 자아는 이미 부서졌다고 그는 말하고 있다"(Epstein, 1995, p. 81).

이 이야기는 일반적으로 모든 사물의 무상함과 자아의 구성적 본성에 대한 은유로 이해되지만, 할리는 그것을 다르게 들었다. 그녀는 공감 받은 공명을 경험했고 눈에는 눈물이 가득 찼다 "마침내 이렇게 오랜 세월 후에 당신은 이제야 알게 되었군요. 이것이 내가 반복해서 당신에게 말하려던 것이에요. 당신은 나를 믿지 않았어요. 나는 부서졌어요." 할리와 치료자 둘 다 잠시 동안 고요하게 앉아 있었다. 치료자는 그 순간에 그의 가장 중요한 일은 할리의 경험을 계속 듣는 것이라는 것을 깨달았다. "당신이 옳아요." 치료자는 긴 침묵 끝에 대답했다. "아마도 나는 당신이 어떻게 부서졌는지 몰랐어요. 나는 이제 그것을 이해합니다. 나는 당신을 고칠 수 없어요. 그리고 나는 몹시 염려하고 있습니다." 이것은 치료에서 전환점이 되었다. 할리는 어리벙벙해 보였다. "그거 알아요? 당신이 그렇게 말했을 때, 나는 아무도, 엄마도, 아빠도, 오빠도, 그들이 옳지 않다는 것을 인정한 적이 없다는 것을 깨달았어요. 아무도 그들이 틀릴 수 있다는 것조차도 인정하지 않았어요. 그것은 나에게 엄청난 것을 의미 했어요."

할리는 자신이 진실로 이해받고, 자신의 이야기를 들어주고, 그리고 인정받고 있다는 것을 느끼자, 그녀는 그렇게 많이 싸우는 것을 멈추었고 일들이 변하기 시작했다. 칼 로저스 (Carl Rogers, 1961) 는 "인생의 흥미로운 역설은 나 자신을 있는 그대로 받아들일 때, 그리고 나서야 나는 변할 수 있다는 사실이다."라고 말했다 (p. 17). 그 후 몇 년 동안, 할리는 그녀의 가치관과 더 조화되는 일을 찾으며 직장을 바꾸었고, 자신의 지성과 날카로운 유머를 인정해주며, 자신과 어울리는 연인과 관계를 맺게 되었다. 그녀는 아직 우울증으로 몸부림쳤지만, 그녀는 우울증 삽화 동안에 더 이상 심한 외로움을 느끼지 않았다. 그녀를 돌보는 사람들은 긴 세월 동안 그녀와 함께 있었는데, 그녀가 인생의 중년기에 만족과 균형을 찾기 시작하자 기뻐했다. 그녀가 적어도 당분간 정신치료를 "졸업할" 준비가 되었다는 것에 모두가 동의했다. 그녀가 65세가 되었을 때, 마침내 자신을 위한 의미 있는 인생을 창조했다고 느꼈다. "적어도 우리는 요양원에서 이것을 계속해야만 하지는 않겠군요."라고 농담을 했다.

역설적으로 치료의 전환점은 할리가 불교의 이야기를 단연 비불교적인 방식으로 들었을 때 일어났다. 그리고 그녀는 명상에 흥미를 전혀 느끼지 않았다.

모든 것을 함께 종합하기

모든 환자들은 다르다. 그래서 주어진 시간 동안 심신자각에 근거한 치료를 수행하는 방법은 매우 다양하다. 어떤 환자들은 심신자각 수련을 위해 회기의 많은 시간을 실제로 할애하는 것이 유익할 것이다. 어떤 환자들은 마지막 15–20분을 수련에 사용하는 것이 더 유익할 것이다. 그러나 다른 환자들은 "도로의 소음"을 뒤로하고 방으로 더 완전히 침잠하기 위해 시작하는 몇 분 동안에 가장 효과적인 심신자각 수련을 할 것이다. 우리가 해야 할 일은 환자의 변화하는 욕구에 따라 가능한 한 능숙하게 반응하는 법을 배우는 것이다.

치료의 전체 과정은 어떤 것일까? 우리는 어떤 수련을 사용할 수 있을 것인가? 우리는 어떻게 결정할 것인가? 관리 의료 제도*managed care*의 제한 안에서 이것이 행해질 수 있는가? 만일 우리가 실수를 하면 어떻게 되는가? 그것이 효과가 없으면 어떻게 될까?

우울증의 단기 치료

우리는 치료가 어떻게 전개될 수 있는지 예를 들기 위해, 단지 6회기동안 진행된 아래 사례를 제시한다. 각 환자의 동기와 관심, 흥미, 그리고 성격과 진단이 다를 것이기 때문에, 치료가 어떤 구조를 가질 수 있는지를 보여주는 단지 하나의 예가 될 것이다.

임상 사례: 관리 의료 제도 아래에서의 심신자각

초기 면담

팀*Tim*은 마르고 허약한 20대 후반의 젊은 남자였다. 그는 아직도 부모님 집에서 살고 있었는데, 자신의 인생이 곤경에 빠졌다고 느끼고 있었다. 재치가 있고 열정적이며 언어에 재능이 있는 그는 대학을 나왔으나 최근에 실직했고, 어머니에게 집세를 내기 위해 식당에서 웨이터로 일하면서 배우 일을 찾기 위해 노력하고 있었다. 팀의 주된 호소는 대부분의 시간에 우울하고 무감각하게 느낀다는 것이었다. 그는 잠을 잘 자지 못했고 자신을 안정시키기 위해 시중에 파는 수면제를 사용했다. 그는 고등학교 때부터 우울증 치료를 받아왔는데, 도움이 되었기 때문에 다시 해보기를 원했다.

팀의 아동기와 사춘기는 아버지와의 힘든 관계로 점철되어 있었다. 아버지는 그가 사랑하면서도 몹시 싫어했던 사람이었다. 아버지는 양극성 정동장애가 있었으나 치료를 받지 않았고, 신체적으로 학대를 하였다. 또한 매력적이다가도 카리스마적이고, 화를 내다가도 자제하는 것을 반복했다. 그는 5년 전에 심장마비로 갑자기 사망했다. 그러나 팀은 아버지의 죽음을 절대 애도하지 않았다. "거참, 시원하게 없어졌군."이라고 느꼈다. 부모님은 그가 대학생 이었을 때 이혼했다. 어머니는 수년간의 신체적 감정적 학대 끝에 마침내 떠날 용기를 냈던 것이다.

팀은 대인관계가 드물었고 성적 지향성으로 고뇌해왔다. 그는 1년 이상 친밀한 관계를 가졌으나, 그것은 공허한 것 같았고 아무도 자기의 존재를 인정해주지 않는다고 느꼈다. 정기적으로 분노를 삼켰고 그의 요구를 표현하는 것을 어려워했다. 그는 무대 위에서는 다른 캐릭터를 연기하는 것을 즐겼으나, 그 자신의 인생에서는 진실해지기 어려웠다. 자신의 모습 그대로 자신을 받아들이기가 힘들었다. 팀은 우울증에 대처하고 안정을 찾기 위한 방법으로 명상 수업을 택했다. 최근에 그는 뱃속에 뭉치가 생겼고 가슴에 압박이 생겼는데 이것이 걱정이었다. 그는 이것이 정신신체 증상이라고 생각하고 치료에 심신자각을 도입할 수 있는 임상가를 찾았다.

1 회기

첫 번째 회기는 주로 병력 청취와 위험에 대한 평가로 이루어졌다. 그러나 상담 시간이 끝날 때쯤, 팀은 그의 아버지가 보여주던 분노에 대해 일부 세세한 부분을 이야기했다. 치료자는 그가 더 안정감을 느끼고 현재 순간으로 돌아오게 해주는 짧은 명상을 하는 것에 거리낌이 없는지 확인했다. "예, 부탁해요." "나는 어린 시절에 대해 얘기하면 항상 화가 나요."라고 그가 말했다. 치료자는 *단순히 듣기Simply Listening*와 함께 시작했다 (4장의 90페이지를 보시오). 팀은 이미 명상 수련을 한 적이 있었기 때문에 듣기 명상을 한 후에 *호흡 발견하기Finding the Breath* (4장의 95페이지를 보시오) 에 관심을 가질 수 있었다. 이것을 하면서 그의 가슴이 얼마나 수축되는지에 대한 느낌을 감지했다. 그는 그 감각들을 판단하지도 않고 밀어내지도 않으면서 함께 견디는 것을 수련했다. 폐 주위 부분에 무거운 압박감 같은 것이 느껴졌다. 팀은 이것을 메스꺼운 느낌과 동반된 어두움이라고 묘사했다.

이러한 감각들이 너무 격렬하고 고통스러워질 때, 팀의 치료자는 다시 소리를 듣도록 그를 인도했다. 그리고 안전하다고 느낄 때 호흡으로 돌아오도록 했다. "내 안에 빛도 없고 공기도 없는 것 같아요." 그는 깊은 슬픔을 알기 시작했고, 눈에서 먼저 느끼고 다음에 가슴에서 느꼈다. 이것은 그에게 두려운 일이었지만 지지 덕분에 그는 견딜 수 있었다. 그가 감각들이 왔다가 가도록 허용하면서 감각과 함께 견딜 때, 치료자는 "내가 함께 있겠어요... 그것을 느껴도 괜찮아요... 그것은 지나갈 거예요"라고 암시했다. 팀은 위축되고 슬픔 속에 주저앉으면서, "여기는 감옥 같아요. 춥고, 어둡고, 음식도 나빠요. 나는 이곳에 너무 오래 있었어요. 나는 내 자신을 벌주는 것을 멈추고 싶어요."라고 말했다.

팀의 이번 주 숙제는 낮 동안에 호흡과 몸의 감각에 주의를 기울이고, 닻이 필요할 때 소리를 듣는 것으로 돌아오는 것이었다.

2 회기

팀은 한 주 동안 몇 번 수련할 수 있었다. 그러나 불안을 주는 장소에 혼자서 가고 싶지 않았다. "내 마음은 위험한 곳이에요." 그는 빈정댔다. 위축의 느낌과 감옥에 갇힌 느낌이 지속되었다. 그래서 그는 단지 호흡의 들숨과 날숨을 느끼면서 수련을 단순하게 만들었다.

치료자는 힘든 감정이 생겼을 때 가라앉히고 안정시키는 것을 배우는 방법으로 *접촉지점 Touch Points* 수련 (4장의 92페이지를 보시오) 으로 회기를 시작했다. 팀은 그의 몸이 쓰라림과 무감각 사이를 왕복한다고 말했다. 그는 이것을 더 깊이 탐구하는데 흥미가 있었다. 그래서 치료자는 *연민 가득한 보디 스캔Compassionate Body Scan* (6장의 130페이지를 보시오)

을 해보자고 제안했다. 팀이 얼굴에서 시작해서 자기의 몸을 훑어보았을 때, 그는 자신이 숨고 싶어 한다는 것을 알아차렸다. "나는 두들겨 맞는 것을 예상해요."라고 말했다. 그는 몸의 감각을 느끼고, 턱과 목의 긴장과 조이는 느낌을 알아차리면서 이것과 함께 머물 수 있었다. 그는 뱃속에서 느껴지는 매듭의 느낌과 접촉했고, 이것은 그가 치료로 돌아오게 만든 느낌들 중의 하나였다. 치료자는 감각 뒤에 있는 감정을 자각하라고 요청했다. "나는 맞는 것에 너무 익숙해요." 팀은 말했다. "이 매듭은 절대로 아물지 않는 오래된 상처같이 느껴져요." 감각들과 함께 머무는 것을 통해 그는 고통과 학대의 기억에 친절하게 주의를 가져갈 수 있었다. 그는 몸에 얼마나 많은 긴장이 저장되어 있는지에 놀랐다. "나는 구타당하는 것을 무서워하면서 어린 시절의 대부분을 보냈어요. 아직도 그것을 지니고 있는 것 같아요." 감정이나 슬픔의 파도가 일어날 때마다, 팀은 그것들을 알아차리는 수련을 했다. 판단하지 말고 그것들이 왔다가 가도록 놓아두었다. 또한 아버지의 조롱하는 말이 돌아왔다. "아버지는 나를 '보잘것없는 계집애 같은 놈'이라고 부르곤 했고, 나를 강인하게 하기 위해 때린다고 말하곤 했어요." 과거로 돌아가는 것은 고통스러웠으나, 기억을 혼자 가지고 있지 않는다는 것이 위안이 되었다. "나는 이것을 내 안에 간직해왔어요. 오래, 오래 동안 밀폐해서 봉해두었어요. 이 감옥에 빛과 공기가 들어가게 하는 것이 좋아요."

3 회기

힘든 한 주일이었다. 팀은 수면에 어려움이 있었고, 오래된 증상인 요통이 돌아왔다. "나는 아픈 아이처럼 느껴져요." 아픈 것은 그가 어릴 때 엄마의 주의를 끄는 방법이었다. 그러나 아버지의 경멸이 따라왔다. 그것이 어려울 것이라는 것을 알더라도, 그는 예민한 지점으로 향할 준비가 되었다. 팀이 고통과 연결되도록 그러나 고통에 의해 압도당하지 않도록 돕기 위해, 치료자는 *감정에 이름붙이기Labeling Emotions* 수련 (5장의 118페이지를 보시오) 을 가르쳤다. 처음에는 요통이 지속된다고 생각했으나, 감각에 주의를 기울이면서 감각들이 얼마나 다양한지를 알아차렸다. 처음에는 날카롭고, 다음에는 타는 듯하고, 그런 후 둔하고 쑤시는. 어떤 순간에는 통증이 전혀 없었다. 통증 아래에서 그는 분노를 자각하기 시작했다. 그는 그것을 순수한, 날 것의 공포raw terror라고 묘사했다. 그것과 함께 파도와 같이 구역질이 몰려왔다. "뭉크Munch 그림의 절규가 내 몸 안에 있는 것 같아요."

팀은 "공포, 공포, 공포" 그리고 나서 "구역질, 구역질, 구역질" 이라고 가능한 한 따뜻하고 친절하게 이름을 붙여주면서, 이러한 느낌과 함께 견뎠다. 정신과의사 댄 시걸 (Dan Siegel, 2010b) 은 우리는 "길들이기 위해 이름 붙인다*name it to tame it*." (p. 16) 라고 말하는데,

팀은 이것이 진실임을 발견했다. "내가 그것에 이름을 붙일 때 나는 그것과 함께 있을 수 있다는 것을 알아요. 그것은 그렇게 끔찍하지 않아요." 어린아이였을 때는 아버지의 폭발적인 분노로부터 자신을 보호할 방법이 없었고, 심지어 이름을 붙일 줄도 몰랐다. 그래서 그는 늘 경계 태세였고, 아버지의 사소한 기분 변화를 알아낼 수 있게 훈련되었고, 집에서는 결코 편안할 수가 없었다.

회기 막바지에 기진맥진하고 지쳤다고 느꼈으나, 악마와 맞서는 그의 용기에 대해 감사했다. "나는 여기에 지혜가 있다고 느껴요." 그는 자신의 몸을 가리키면서 말했다. "이전에 나는 자신이 약하다고 비난하기만 했고 그것을 자기동정self-pity이라고 생각했어요. 그 생각이 어디서부터 오는지 나는 알아요." 그는 미소 지었다. 그의 숙제는 감정에 이름붙이기 수련을 계속하는 것이었다.

4 회기

팀은 회기 사이에 이 명상을 수련했다. 그는 아버지에 대한 시를 쓰는 것도 시작했다. 시는 그의 가족 안에서 허락되지 않는 것이었다. 그것 역시 "계집애"를 위한 것이기 때문이었다. "그 외에도 나는 아버지를 미워하고 무서워하는데 너무 바빠서 다른 것은 볼 수가 없었어요. 아버지는 복잡하고 고통에 시달리는 사람이었어요."

팀은 무감각을 덜 느꼈고 가슴이 덜 조인다고 했으나, 뱃속의 매듭처럼 슬픔은 여전했다. 슬픔과 함께 견디면서 감각에 주의를 기울이자, 그는 처음으로 울기 시작했다. 처음에는 조용히, 그리고 나서는 크게 헐떡거리며 흐느꼈다. "아버지는 때때로 너무 무서웠어요. 그래도 그는 내 아버지였어요. 나는 이렇게 울어본 적이 전혀 없어요. 우리 가족에게는 슬퍼하는 것은 괜찮은 것이 아니었어요. 그것은 약하다는 것을 의미했고 용납되지 않았어요." 통증과 슬픔을 느끼도록 자신에게 허락하면서 뱃속의 뭉치가 부드러워지기 시작했다. 몸 전체에서 부드러워짐을 느끼면서 그것과 함께 머물렀다. "내가 자랄 때 가장 친한 친구가 개였어요. 우리가 구한 잡종 개였어요. 쓰레기더미의 작고 약한 녀석이었어요. 그 개는 나에게 아주 많은 위안을 주었어요. 내 가족은 그렇게도 많은 결핍이 있었어요."

팀의 숙제는 슬픔과 공포를 느꼈을 때, 그것과 함께 머물면서 "슬픔이 일어남." 또는 "공포가 일어남." 하고 언급하면서, 이런 힘든 감정들을 위한 공간을 창조하는 것이었다.

5 회기

팀은 더 잘 자고 더 경쾌함과 생동감을 느낀다고 보고했다. "나는 그 매듭에 담겨 있는 모든 것에 주의를 기울이고 경청하기 시작한 것 같아요. 과거에는 그것으로부터 도망치기 위해 단지 진통제나 마약을 사용하곤 했어요." 이번 회기에서는 그의 몸과 생동감 사이의 새로운 연결을 보완하고 심화시키기 위해서, 치료자는 *걷기 명상Walking Meditation*을 시도해 볼 것을 제안했다 (5장의 108페이지를 보시오). "나는 내 몸을 싫어했어요. 왜냐하면 나는 아빠처럼 강하고, 타고난 운동선수가 결코 아니었거든요. 나는 충분히 건장하지도 않았고, 충분히 크지도 않았어요." 걷기 명상은 팀이 평화로운 감각을 느끼고 자신의 몸에 대해 자신감을 느끼는데 도움이 되었다. 생각들이 왔다가 가도록 놔두면서 매번 발걸음을 단순히 경험하는 것은 그의 몸이 원래부터 걷는 법을 알고 있음을 감사하게 했다. 가치는 반드시 크기나 강함과 상관이 없었다.

팀이 자기수용을 느끼는 것이 얼마나 힘들었는지 알았기 때문에, 치료자는 다음으로 *자기자신에게 자애를 제공하기offering loving-kindness to oneself* 수련을 소개했다 (6장의 128페이지를 보시오). 팀은 연기 재능을 지지해 주었던 중학교 시절 연극 선생님에게 친절을 보내는 것으로 시작했다. "그는 내가 가치 있는 존재임을 느끼게 해주었어요. 내가 가치를 가지고 있다고." 그가 경험하고 있는 통증에 대해 스스로에게 자애를 보내려고 했을 때, 그것은 "생소한"것 같았다. 그는 자신에게 친절하다는 것은 자기도취의 표시라고 설명했다. 유용한 문장을 찾기 위한 브레인스토밍을 한 후에, 팀은 다음 구절을 하기로 결정했다. *내가 내부와 외부의 해로움으로부터 안전하고 보호받기를. 내가 혐오, 메스꺼움, 자기 증오로부터 자유롭기를. 나 자신에 대한 친절을 배우기를. 내 몸을 돌보고 감사하는 것을 배우기를.* 팀은 이 문장을 한 주일 동안 사용했다. 그리고 뱃속의 매듭 위에 따뜻한 손을 얹는 비 격식적인 수련을 추가했다. 그는 이러한 단순한 접촉이 위안을 준다는 것을 발견했다. "나는 내가 얼마나 게걸스럽게 먹었는지를 깨달았어요. 그리고 화가 나면 아직도 자신에게 쑤셔 넣어요. 가끔 내 자신을 달래기 위해 아이스크림 한 통을 다 먹기도 해요. 그러고 나면 나의 탐닉과 자제력 부족에 대해 나 자신을 증오하고 스스로를 벌주고 싶어져요. 이러한 싸이클을 알게 되어 좋아요." 치료자는 팀에게 "그건 내가 아니야. 그건 내 것이 아니야. 난 그런 사람이 아니야Not me, not mine, not who I am"라고 말하도록 제안하면서 비난에 대해 돕는 수련을 추가했다. 팀은 이것을 통해 자신의 정체성이 증상이 아니라 그 이상이라는 것을 깨달았다고 보고했다.

6 회기

팀의 보험으로는 오직 6회기만 할 수 있도록 허용되어 있었다. 마지막 회기에서 그는 오랜 세월에서 처음으로 자신이 살아있는 것이 기쁘게 느껴진다고 이야기했다. 다른 곳으로 이사할 생각을 했고 연기하는 직업을 찾으려고 노력했다. 그는 어머니와 더 이상 같이 살기를 원하지 않았고, 새로운 도시에서 식당 종업원으로 일하면 되겠다고 생각했다. "나는 불모의 무미건조한 사막에서 살아왔던 것 같아요. 그리고 지금은 마침내 비와 달콤한 빗방울들, 그리고 공기가 있어요! 그 매듭은 깊은 비탄의 장소에 있었고, 나는 거기에 가고 싶지 않았어요. 나는 슬픔과 기쁨, 평화와 흥분을 느껴요." 치료를 마무리 지으면서 그리고 지난 회기 동안 한 일들을 되돌아보기 시작하면서 팀은 말했다. "이것은 뿌리가 깊은 것이네요. 나는 거기에 다시 돌아와서, 몰입하고, 마침내 계속해서 나아가요." 그는 미소 지으며 덧붙였다. "춤추러 가고 싶어요. 나는 항상 춤추는 것이 무서웠어요."

대부분의 환자들이 단지 6회기 만에 이렇게 많이 향상되지 않는다는 점에서 팀은 보기 드문 사례이다. 치료가 그렇게 빠르고 효과적으로 전개되는 것은 드물다. 다음의 사례는 불안에 대한 치료의 진행을 상세히 설명하며, 호전이 나타나기 전에 상당한 시행착오를 수반한다는 점에서 더 전형적이다.

강한 불안에 대한 중기적 치료

심신자각은 불안의 치료에 매우 유용한 도구가 될 수 있다 (Roemer & Orsillo, 2009, 2013). 우리의 두려움을 둘러싸고 있는 감각과 생각, 그리고 판단에 우리 자신을 직접적으로 개방하면, 그것들은 종종 덜 무서운 것이 된다. 우리가 내부의 풍경을 알고 그들과 친구가 되기 시작할 때, 경험과 단순히 함께 존재하는 새로운 길을 찾을 수 있다.

임상 사례: 다음 재앙을 기다리기

30대 후반의 교사인 파티마Fatima는 만성적이고 가끔 심한 장애를 가져오는 불안 때문에 치료에 임했다. 초기 면담 동안에, 파티마는 세상이 결코 안전하게 느껴지지 않는다고 말했다. 그녀가 초등학교 다닐 때 아버지는 파산 선고를 했고 가족들은 혼란에 내던져졌다. 설상가상으로 긴장을 늦추지 못하는 운전자인 어머니는 심각한 교통사고를 겪은 이후로는 결코 이전과 같지 않게 되었다. 이러한 힘든 시간을 헤쳐 나오기 위해 가족들은 파티마의 할아버지 집에서 살아야 했다. 그녀는 다음 재앙이 일어나기를 항상 기다리고 있었다.

치료 초기에 파티마는 치료에 참가할 수는 있었으나, 심신자각에는 흥미가 없었다. 그녀가 자신을 위안하는 유일한 방법은 달리기였다. 몇 달 후 더 강력하고 신뢰할 수 있는 치료동맹이 생긴 후에, 치료자는 심신자각과 불안에 대한 연구를 언급하면서 다시 한번 심신자각을 권유했다. 파티마는 이제 치료자의 제안에 대해 더 개방할 수 있었다. 치료자는 *걷기 명상walking meditation*이 좋은 출발이 될 것이라고 생각했으나 (5장의 108페이지를 보시오) 파티마는 "지루하다"고 말하면서 거절했다. 대신에 치료자는 파티마의 강점을 살려서 발바닥이 보도에 부딪칠 때마다 그 감각을 느끼는 달리기 명상으로 실험할 것을 제안했다. 이것은 희망적이었다. 유산소 운동이 기분을 상승시키면서 자신을 강하게 느끼도록 도와주었다. 이후 파티마는 달리기 후에 생기는 조이는 느낌을 완화시키기 위해 요가를 한다는 생각을 받아들였다. 여러 다른 유형을 시도해보았고, 신체의 감각을 자각하게 되는 것을 가르쳐주는 정밀한 *빈야사vinyasa* 요가로 결정했다. 그녀는 종종 불편하고 어려운 자세를 취하고도 숨 쉴 수 있다는 것을 깨달음에 따라 공황 상태가 되지 않고 불편감과 함께 견디는 것을 배웠다. "요가 선생님은 말해요. '비난하지도 말고, 칭찬하지도 말고, 단지 그것이 지나가게 놓아두세요.' 나는 그것이 좋아요. 나는 사물에 대해 집착하고 괴로워하는 데 익숙해요."

요가에서 배운 초점 *두기*가 그녀의 집중에 도움이 되었다. 그리고 치료자는 그녀의 몸안 에서 안전감을 찾는 이러한 새로운 능력을 더 발전시켜 나가기 위해 *접촉지점Touch Points* 수련 (4장을 보시오) 과, *연민 가득한 보디 스캔Compassionate Body Scan* (6장의 130페이지를 보시오) 을 제안했다. 이러한 수련으로 편안해진 후에 치료자는 파티마가 자신의 불안에 대해 호기심을 가지도록 하기 위해 여러 개방주시의 테크닉 (5장을 보시오)을 실험하기 시작했다. 처음에는 이것은 몸부림이었고 파티마는 저항했다. 파티마는 '공포, 공포'라고 이름을 붙일 때 내가 엄마와 같을까 봐 걱정이 돼요. 나는 엄마처럼 되고 싶지 않아요."라고 저항했다. "그녀는 정말 애처로워요!" 치료자는 "이것은 유익해요."라면서, "나는 우리가 기본적인 유형을 보고 있다고 생각해요. 당신에게 일어나는 일에 대해 호기심을 계속 가집시다."라고 반응했다.

치료의 중간 단계에서, 치료자는 파티마가 명상 교사들이 "비동일시nonidentification"라고 부르는 것을 계발하도록 도왔다. 파티마는 자기 자신을 "불안의 덩어리"라고 생각하지만 그녀는 만일 무릎을 부딪쳤다고 해도 자신을 쓰라린 무릎이라고 생각하지 않는다는 것을 깨달았다. 생각들을 관찰하고 목격할 수 있다는 것을 깨달음으로써 그녀는 자신을 불안한 사람이라고 보는 관점에서 빠져 나올 수 있었다. 샤론 살츠버그 (Sharon Salzberg, 2011) 는 학생들에게 각각의 생각을 그들의 집 문을 두드리는 방문객으로 상상하게 했다. "그 생각들은 그곳에 살지 않는다. 당신은 그것들을 맞이한다. 그것들을 알아본다. 그리고 그것들이 가는 것을 지켜본다"(p. 111). 파티마는 이것이 가능하다는 것을 깨닫자, 자신의 생각과 증상을 악화시키지 않고 그것들에게 주의를 가져오는 것을 할 수 있게 되었다. 자신의 정체성이 불안한 생각이 아니라 그것의 너머에 있는 존재라는 것을 깨닫는 것은 하나의 해방이었다.

다음으로 치료자는 파티마가 불안한 생각들을 가진 것에 대해 그녀 자신에게 연민을 보낼 것을 제안했다. 그녀는 특히 *연민에 찬 존재Compassionate Being* (6장의 137페이지를 보시오) 를 수련하는 것을 좋아했다. 종교는 불화를 일으키는 것이라고 생각하는 가정에서 자랐기 때문에, 그녀와 대화를 나눌 신앙적인 또는 영적인 사람을 떠올릴 수 없었다. 그러나 할아버지는 친절하고 정다웠다. 아버지의 파산 이후 가족이 집을 잃어버렸을 때, 아버지가 다시 경제적으로 회복될 때까지 그들은 할아버지와 함께 살았다. 그녀는 이 명상을 수련하면서, 그의 현명하고 사랑에 찬 현존과 접속할 수 있었다. "나는 할아버지가 주위에 있을 때 항상 안전하다고 느꼈어요. 그분은 그렇게 친절하고 현명한 분이었어요. 그분은 항상 우리가 길을 찾을 것이라고 말했는데, 그분이 옳았어요."

치료의 끝으로 가면서, 파티마는 *연민에 찬 존재Compassionate Being* 의 수련과 평정 구절equanimity phrase 을 조합하는 기법을 배웠다: *내가 균형을 가지고 살기를May I live with balance. 내가 평화롭기를May I have peace. 내가 전체를 올바르게 볼 수 있기를May I have perspective.* 파티마는 갑갑한 지하실에 갇힌 것 같은 그녀의 불안을 묘사했다. 그녀는 불안을 떨쳐버릴 수 없었으나, 불안과의 관계를 바꿀 수 있었다. "그것은 벽장에서 나와서 별이 가득한 밤하늘을 갑자기 보는 것 같아요. 그래요. 폭풍우가 몰아치고, 천둥과 번개도 있어요. 나쁜 일도 일어나요. 그러나 그것은 지나가요. 그리고 세상은 광대해요. 내가 그것을 기억하면, 불안은 그렇게 크게 보이지 않아요. 불안이 없어지지는 않지만 나는 좀 더 넓게 보아요."

파티마가 공황 증상을 덜 느끼면서 교통체증을 헤쳐 나가는 자신을 발견했을 때, 치료를 잠깐 쉴 준비가 되었다. "나는 지금까지 인생을 살아오면서 아침이나 밤에는 운전하지 않도록 생활 계획을 짰어요. 내 세계는 너무 작고 너무 경직되어 있었어요. 나는 아직도 소위 '강렬한 감각들'을 경험해요. 그렇지만 나는 그 감각들을 통과하면서 호흡하는 법을 배웠고 그것들은 지나가요." 파티마의 치료자는 그녀의 호전에 동의했고, 만일 미래에 다른 문제로 인해 다시 올 필요가 있다면 "문은 열려있다"는 것을 알려주었다.

복합 외상complex trauma의 장기 치료

다음 사례는 심한 복합 외상으로부터의 회복을 상세히 기술하고 있다. 심신자각은 외상을 다룰 때 특히 효과적이다 (Briere, 2012, 2013). 현재의 순간에 머무는 것을 배우면 과거에 고착되지 않고 침습하는 생각과 느낌을 처리할 수 있게 된다. 자애와 연민 수련은 신체를 진정시키고 타인의 고통에 자신을 연결시키도록 도움을 줄 수 있다.

임상 사례: 과거는 절대 죽지 않는다—심지어 과거도 아니다

조*Zoe*는 심한 다발성 외상의 병력으로 치료를 시작했다.—어린 시절 폭력조직에 의한 강간, 부모 사이 가정 폭력의 목격, 폭력적이고 알코올 중독 아버지에 의한 신체적 학대, 그리고 어머니는 정신병과 약물 중독이 번갈아 가며 있었는데 조가 초등학교 다닐 때 정신병원에 입원하였다. 아버지는 혼자서 다섯 자녀를 양육하는 짐을 감당할 수 없었다. 조와 형제들은 종종 씻지도 않고 방치되었으며, 음식이 부족해서 서로 싸웠고, 아버지가 집 근처의 술집에서 술을 마시고 있는 저녁에는 찬 시리얼을 먹었다.

조는 어릴 때부터 배신당하고 버림받았기 때문에 처음에는 자신의 남자 치료자를 신뢰하지 않았다. 그녀는 더 이상의 폭력과 학대를 피하기 위해 재치와 레이더 아래로 날아다니는 능력으로 살아남았다. 30대 초반인 지금 그녀는 물질 남용, 유산의 슬픔, 그리고 실패한, 가학적인 관계의 끈과 싸우고 있었다. 세상은 완전히 안전하지 않게 느껴졌다. 그래서 치료자는 외상과 회복의 단계를 이해하는 것과 심신자각 명상을 통합하는 치료 계획을 세웠다. 이 사례에는 주디스 루이스 페르만 (Judith Lewis Herman, 1992) 에 의해 개관된 모델을 사용했다.

치료 초기 단계에서 악몽과 회상재현이 늘 따라다녀서 조는 현재 순간에 집중하거나 그녀의 몸을 느끼면서 편안하게 앉아있는 것이 어렵다는 것을 알았다. 그녀는 "몸 밖으로 뛰쳐나가고" 싶다고 불평했고 가만히 앉아있을 수 없었다. 첫 번째 치료 과제는 여러 달이 걸렸고, 신뢰 관계는 느리게 형성되었다. 일단 강한 치료 동맹이 확립되자 치료자는 *걷기 명상Walking Meditation* (5장의 108페이지를 보시오) 을 제안했다. 머리와 몸통에서 떨어져 있는 거친 대상에 주의를 두는 수련이 시작하기에 가장 안전하고 쉬운 방법일 것이라고 느꼈다 (1장을 보라). 이것은 그녀가 가만히 앉아있을 수 없을 때 사용했다. 약물이나 알코올, 혹은 섹스 없이 안전하게 느끼는 것을 배우는 것은 더 많은 시간이 걸렸으며 12-단계 치료를 통해 보충되었다. 처음에는 약물과 알코올의 자가 투여 없이는, 회상재현, 악몽, 야경증이 더 심해졌다. 잘 수 없을 때, 그녀는 아파트의 어둠 속에서 자신의 발바닥에 집중하면서 *걷기 명상*을 수련하였다.

조가 안정된 상태를 유지하도록 돕기 위해 치료자는 다음으로 *접촉지점Touch Points* 수련 (4장을 보시오) 을 시도했는데 더 안전하게 하기 위해서 머리에서부터 내려가는 대신 발에서부터 올라가는 것으로 시작했다. 이것은 자주 발생하여 조를 사로잡는 공황증상에 도움이 되었다. 그녀는 순서대로 발, 무릎, 엉덩이 뼈, 손, 골반, 눈에 주의를 기울이는 수련을 했다.

안전을 확립하는 이 단계 동안에 조는 알아차림의 대상으로 도시의 소음을 사용하면서 단순히 듣기Simply Listening 수련 (4장의 90페이지를 보시오) 도 시도했다. 폭력적인 아버지가 그녀를 해치려고 다시 돌아왔을 때 자동차, 목소리, 소방차와 구급차 소리조차도 그녀를 덜 외롭고 덜 놀라게 느끼게 했다. *만일 그것이 지금 일어나고 있지 않다면, 그것은 일어나고 있는 것이 아니다* 라는 구절은 그녀를 현재의 순간에 머무르게 하고 그녀의 공포와 해리증상을 처리하도록 도왔다. 2년 이상의 치료, 심신자각 수련과 12-단계 치료 후에 조는 안전한 주거를 확보했고, 술을 마시지 않았으며, 대학에서 학위를 받기 위해 학교로 돌아갔다.

안전을 확립한 후 헤르만 (Herman, 1992)의 모델에서 회복의 다음 단계는 "기억하기와 애도하기"이며, 이것은 치료의 중간 단계를 특징짓는 것이다. 조는 겪었던 학대를 계속해서 기억하고 말했다. 그러나 애도하고 기억하기를 시작하자 증상이 다시 심해졌다. 그녀는 침대 밖으로 나가기가 힘들게 되었다. 치료자가 연민 수련을 도입하려고 시도했으나, 조는 준비가 되어 있지 않았다. 그녀는 "악마의 자식"이라는 어머니의 말을 부분적으로 믿었다. 이 기간의 치료는 힘들었고, 잦은 좌절, 재발, 건강 문제들이 두드러졌다. 조는 자신의 증상을 해결하려고 최선을 다했다. 그러나 그녀는 가끔 치료의 경계를 무너뜨렸다. 마지막 순간에 상담 예약 취소하기, 회기 중간에 뛰쳐나가기, 그녀가 '기분이 아니라고 느낄 때' 약속을 빼먹기 등. 치료자가 한계를 설정할 때, 그녀는 "아버지와 같다."라고 격노하면서 치료자를 비난했고 더 이상 치료받지 않겠다고 했다—다음 주에 사과하면서 돌아오기는 했지만. 치료자는 자신의 능력 밖이라는 것을 깨닫고, 조를 외상 생존자들을 위한 심리교육 모임에 연결해 주는 동안, 치료자 자신을 위한 추가적인 자문을 구했다. 조와 치료자 모두 그들이 다시, 또다시, 또다시 시작할 수 있다는 사실로 위안을 삼았다. 치료자는 외상 전문 임상가들을 위한 개인 지도 모임에 참가함으로써 개인적이고 전문적인 지원을 찾았다.

거의 3년 동안 지속된 치료의 이러한 힘든 단계에서 *감정에 이름붙이기Labeling Emotions* (5장의 118페이지를 보시오) 수련은 감당할 수 없는 상황에서 조의 피난처가 되었다. 그녀는 부정적이고 반복해서 반추되는 생각들을 "틀"로 둘러싸는 것이 어두운 시간들을 헤쳐 나가는 데 도움이 된다는 것을 찾았다. 그녀는 생각들이 일어나게 놓아두고, 이름을 붙이고, 만일 생각에 사로잡힌다고 느끼면 발바닥으로 주의를 돌리는 수련을 했다. "나는 가치 없는 실패자에요."라고 생각하기 시작했을 때, 그녀는 생각에 "실패자"라고 이름붙이고 그것에 동반되는 감각들을 느꼈다. 턱이 조이는 것과 가슴이 철렁하는 감각을 알아차렸다. 그녀는 노력과 집중을 통해 반복되는 패턴을 확인할 수 있었다. 실패에 대한 감각과 생각이 일어날 때, 그녀는 생각했다. "여기서 나가야 해." "술이 필요해." 또는 "섹스가 필요해." 감각, 생각, 충동의 이러한 순서를 보는 것은 그녀가 파괴적인 패턴을 와해시키는 것을 시작하도록 도움을 주었다.

가끔 조는 그녀가 "증오의 허리케인"이라고 부르는 것에 사로잡혔다. 연민 수련을 다시 도입하면서 (6장을 보시오) 치료자는 많은 학대 피해자들이 그들 자신에 대한 연민을 느끼는 것을 고통스러워한다고 설명했다. 조는 다른 사람들에게 자애를 보내는 데 더 편안함을 느낀다는 것을 깨달았다. 여기서 출발해서 조는 보살핌의 원 안에 그녀 자신을 포함시키는 것을 배웠다. 그녀는 *자기연민 휴식self-compassion break* (6장의 132페이지를 보시오) 을 자신만의 버전으로 만들어서 실험했다. 자신에게 다음과 같이 말하였다. "좋아, 너는 지금 고통 속에 있다. 현재에 머물라. 사람들은 다 실수를 하게 되어있다. 너는 아무도 죽이거나 해치지 않았다. 고통과 함께 머물라. 그것에 대해 호기심을 가지라." 그런 후 그녀는 다음과 같이 덧붙였다. *증오에서 해방되기를. 절망에서 해방되기를. 내 어린 시절에서 해방되기를."*

조는 아버지가 죽는 날 그의 곁에 앉아서 자신과 그녀의 고통스러운 가족을 위해 다시 연민 수련으로 돌아올 수 있었다. 우리 모두가 안전하기를. *우리 모두가 건강하기를. 우리가 친절함으로 서로를 치료할 수 있기를. 우리가 항상 다시 시작할 수 있다는 것을 기억하기를.*

조는 아버지가 임종할 때 그와 함께 있으리라 예상하지 못했다. 그녀는 인사를 드리고 집으로 가려고 했다. 그러나 그녀가 생각했던 것보다 아버지는 더 아팠고 자신이 임종을 지켜보길 원한다는 것을 깨달았다. 아버지의 힘든 숨소리를 들으면서, 그녀는 시간의 흐름과 사라진 분노와 폭력의 폭풍우, 마지막 숨을 몰아쉬는 아버지의 마른 몸을 자각하는 *산 명상Mountain Meditation* (7장의 149페이지를 보시오) 을 수련했다. "나는 내가 그의 곁에 남았던 것이 기뻐요. 내가 이렇게 말하리라고는 결코 생각조차 못 했어요. 그러나 괴물이 공포에 떨고 있는 무력한 노인이 된 것을 보는 것은 좋았어요." 그녀가 일하던 쉼터의 친구가 토니 호그랜드 (Tony Hoagland, 2003)의 시를 주었고 그녀는 아버지 침상 옆에서 반복해서 읽었다: 다음 싯귀가 그녀의 공감을 불러일으켰다.

> 아마도 나는 그것을 과장했던 것 같다
> 내가 아버지를 인간성의 적이라고 불렀을 때...
> 내가 의미했던 것은 아버지가

내 인간성의 적이라는 것이었다...
나의 내면 깊숙한 곳에 살고 있는
폭군이나 불치의 병 같은—내 곡식들은 벌레들이 다 먹어버리고
가축들은 병들어 쓰러지고, 내 우물에 독을 넣는...
나는 영원히 비명 지르는 것을 원치 않는다
나는 균형을 잃어버린 삶을 원하지 않는다
마치 과거로부터 온 어떤 종류의 감염과도 같이" (40페이지) *.

조의 작업은 계속된다.

심신자각적 종결

심신자각 지향 치료의 관점에서 볼 때 종결이라는 용어는 약간 잘못 붙여진 것이다. 자신에 대한 심신자각 수련과 작업은 절대 끝나지 않기 때문이다. 그것은 일생의 작업이다. 선사들은 거울을 계속해서 닦는 이미지를 사용한다. 심신자각이 성장하고, 고통스런 증상이 가라앉으면, 끝났거나 또는 "완치"되었다는 것이 아니라, 보험 보장기간이 끝났다, 위기가 지나갔다, 또는 치료로부터 잠깐 휴식을 취하고 생계를 위한 일터로 돌아갈 수 있는 충분한 균형을 얻었다고 말하는 것이 보다 사실에 가깝다. 뮬라 나스루딘Mullah Nasruddin의 수피Sufi 이야기는 이 점을 보여준다. 자랑스러워하는 어머니가 말한다. "내 아들은 그의 공부를 끝냈어요." 나스루딘은 대답한다. "의심의 여지없이 신이 그에게 공부할 것을 더 많이 보낼 것이다"(Kornfield, 2000, p. 112). 집중, 심신자각, 자애, 연민, 평정은 계속되는 수련이다. 명상 교사들은 "깨달음의 은퇴"는 없다고 농담하기 좋아한다.

우리는 환자들을 수련에 받아들일 때, 일반적으로는 가능하다면 그들이 우리를 필요로 하는 한 계속 그들에게 도움을 준다. 고등학교, 대학교, 또는 초기 성인기 때부터 치료를 시작하여 인생행로에서 "장애물"에 부딪쳐서 치료에 돌아오는 환자들이 많다. 이 모델에서 우리는 치료자와 환자의 관계를 유연하게 생각한다. 즉 환자가 필요를 느끼는 대로 오고 가도록 허락하면서, 시간이 지나도 계속되는 연결이라고 생각한다는 것이다.

우리가 언제 어떻게 그 강도를 줄이는가를 포함해서 많은 요소들이 치료의 리듬에 영향

* 2003년 저작권은 Hony Hoagland가 가지고 있음. 허락을 받아 다시 프린트를 하였음.

을 준다. 치료의 종결을 분리와 상실의 느낌에 대해 재작업하는 방법으로 강조하는 근거있는 주장이 있는 반면, 가끔 환자가 계속되는 지지에서 유익을 얻을 수 있을 것으로 여겨지고 치료자가 지지를 제공할 수 있다면, 치료는 종결된다기보다 점차 줄어드는 형태를 보인다.

임상 사례: 서서히 끝내기

안토니오Antonio에게 그것은 고통스러운 사건의 연속이었다. 오랫동안 사귀던 연인이 더 젊은 남자를 찾아 그를 떠났다. 그는 중요한 고객이 그의 업무에 대해 비난한 후에 광고 일에서 실직했다. 그리고 어머니는 치매의 안개 속으로 사라져 갔다. "어머니는 내가 방문하면 점잖게 미소 지어요. 그러나 어머니는 내가 누구인지 몰라요." 안토니오는 눈물을 글썽이며 말했다. 이제 그는 일이 없기 때문에, 다음 단계를 구상하는 동안 장기간 휴가를 가지며 친구들을 만나려고 했다. 그러나, 그는 어머니를 버릴 수 없다고 느꼈다. "어머니가 얼마나 더 사실지 모르겠고, 나는 죄책감 속에서 내 남은 인생을 보내고 싶지 않아요. 어머니는 내가 동성애자임을 고백한 후에도 나의 지지자가 되어주셨어요. 어머니는 그것이 죄라고 믿었고 아버지는 나를 아들이 아니라고 했지만 나에게 지지를 보낸 것은 진짜 용기였어요." 그는 한숨을 쉬었다. "나는 과거의 어머니에 대해 말하고 있다는 것을 알아요. 그러나 어머니는 확실히 현재 속에는 존재하지 않아요."

안토니오는 불안과 우울을 호소했다. 규칙적인 일 계획도 없이 파티와 음주를 너무 많이 했다. 그는 정신치료에 부가해서 심신자각을 시도하는 데 거리낌이 없었다. 비교적 안정되고, 자기를 자각할 수 있었기 때문에 치료자는 그의 주의를 호흡으로 가져오라고 가르쳤고 (4장을 보시오), 그는 그것을 좋아했다. 쉽게 산만해지는 것을 느끼고서 특별히 넷부터 하나까지 거꾸로 세는 변형을 즐겼다. 숨을 들이 마실 때와 내쉴 때 넷을 세고, 그런 후 숨을 들이 마실 때와 내쉴 때 셋, 그런 후 둘… 이런 식이다. "10까지 세는 것보다 조금 더 노력이 들어요. 그리고 내 마음은 덜 방황하죠."

치료에서, 그의 대인관계의 종결에 대해 얘기했을 때, 이전에 부인했던 감정들이 다시 자각으로 밀려 들어왔다. "매튜Matthew에 대해 생각하면, 나도 그를 해치고 싶어요. 나는 이러한 분노를 느껴본 적이 없어요. 나는 내가 나쁜, 소름 끼치는 놈이라고 느껴요." 치료자는 이러한 부정적 감정들이 일어나는 것을 허용하라고 그를 격려했다. 치료자는 "불쾌한 느낌은 긍정적인 느낌과 마찬가지로 어느 점으로 보나 아주 중요해요. 그것들은 우리가 경험을 이해하고 정직해지도록 해줘요."라고 설명했다. 치료자는 그것들을 묻어버리기 보다는 흥분하거나 화가 났을 때를 인식하고, 올바른 시각을 유지하기 위해 *감정에 이름붙이기Labelling Emotions* (5장의 118페이지를 보시오) 수련을 사용하도록 가르쳤다. 안토니오는 "복수, 복수" 그리고 "분노, 분노" 라고 알아차림으로써 시작했다. 그것은 어려운 일이었다. "가족 내에서 우리는 부정적인 감정을 제대로 다루지 않았어요. 아버지는 내가 화나 보이면 나에게 큰소리를 질렀어요." 함께 작업하면서 안토니오는 분노를 인생의 한 부분으로 받아들이기 시작했다. "그것은 조기 경보체계 같아요. 그것은 무엇인가 작동하지 않고 있다는, 내가 주의를 기울일 필요가 있다는 신호예요."

그의 증상이 완화되기 시작하자, 안토니오는 변형시킨 *통렌tonglen* (6장의 142페이지를 보시오) 을 수련하는 것이 편안하다는 것을 발견했다. 거기서 그는 고통과 고뇌에 대한 연민을 들이마시고, 배신당하고 상처 입은, 또는 사랑하는 사람들이 죽어가는 다른 이들에 대한 연민을 내쉬었다 (이 변형에 대해 부록을 보시오).

주 1회 치료를 1년 이상한 후, 안토니오는 덜 고통스러웠고, 그와 치료자는 치료를 줄여 가는데 동의했다. 처음에는 격주로 만나고 그리고 나서 한 달에 한 번 만나는 것으로. 그는 새로운 관계를 시작했다. "바닐라 아이스크림같이 별 특이할 것이 없는 평범한 관계예요. 그렇지만 우리는 서로 잘 맞아요." 그는 새 일을 시작했다. "집세를 낼 수 있고 더 발전할 여지가 있어요." 그의 냉소적인 날카로움은 어머니에 대해 말할 때 부드러워졌다. "가끔 방문할 때 나는 어머니 곁에 그냥 앉아서 함께 *호흡하기Breathing Together* (3장의 82페이지를 보시오) 를 수련해요. 어제 어머니가 손을 뻗어서 내 볼을 만졌어요. 어머니는 오랫동안 그런 행동을 하지 않았어요. 어머니는 말하지 않아요. 그러나 우리는 말없이 같이 앉아 있었어요. 그리고 그 순간들이 축복같이 느껴졌어요."

상당히 더 잘하고 있고 그의 인생이 기본적으로 궤도에 올라있다고 느끼고 있음에도 불구하고 안토니오는 치료를 끝내는 것을 원하지 않았다. "우리가 만날 것이라는 것을 아는 것이 내가 심신자각 수련을 계속하게 도와주고, 나의 분노가 괜찮은 것이라는 것을 상기시켜 주거든요. 그리고 나는 우리의 관계를 매우 중요하게 생각해요." 치료자는 안토니오가 치료의 속도를 정하도록 했다. 아주 최근에 그들은 1년에 서너 번 만나고 있으며, 안토니오는 그의 인생이 긍정적인 방향으로 움직이고 있다고 계속해서 느낀다.

물론, 다른 치료들은 보다 명확한 종결점이 있다. 그것은 실제적인 이유 때문이기도 하고 또는 더 공식적인 종결이 분리나 상실과 연관된 중요한 느낌을 탐구할 기회를 제공할 것이라는 것을 치료자와 환자가 깨닫기 때문이다. 이러한 종결의 중요한 목적은 환자가 치료자와 치료과정의 지지적인 기억을 계속 가져가도록 돕는 것이다.

마침내 안녕하고 말할 시간이 되면, 우리는 다음의 연습이 이러한 통합을 촉진할 수 있다는 것을 발견했다. 그것은 에밀리 스카조프Emily Schazow와 쥬디스 루이스 헤르만Judith Lewis Herman이 가르친 수련에 영감을 받았는데, 이는 한 개인이 외상과 회복 집단에서 "졸업"하는 것을 명예롭게 하는 방법이다. 우리는 여기서 그것을 개인 치료에 맞게 개작했다.

심신자각적 종결: 여정의 평가

마지막 회기 전에 치료자는 기록물을 재검토하고, 치료의 과정을 바라본다. 어디서 환자가 출발했는지, 어떤 문제들이 탐구되었는지, 어떤 어려움들이 극복되었는지, 어떤 통찰이 일어났는지. 그리고 나서 치료자는 그 여정에 대한 한 두 단락의 글을 쓴다. 마지막으로 이 글을 소리 내서 읽고 그것을 기록해서 환자에게 준다.

우리들은 이러한 몇 개의 단락들이 의미 있는 문서가 되며, 대부분의 환자들은 그 노트를 소중히 한다는 것도 발견했다. 어떤 사람들은 힘든 시기에 그것을 본다. 특히 성장과정에서 처음으로 가졌던 관계가 부적절했던 환자들에게는 누군가가 그들의 고통을 목격했고, 바라보았으며, 걱정해주었다는 것을 아는 것은 그들의 존재를 지탱해주는 원천이다.

임상 사례: 심신자각과 연민은 항상 이용 가능하다

나타샤*Natasha*는 신체적 및 감정적 학대와 무시 속에서 자랐다. 그녀의 보험은 단지 짧은 치료만 보장했기 때문에, 치료자로부터 친절과 따뜻함, 그리고 연민을 경험하는 것은 근본적이고 치유적인 경험이었다. 그녀로서는 치료에 도입되었던 심신자각 수련의 목록을 갖는 것이 특히 도움이 되었다. 종결 노트는 "이행기 대상*transitional object*"이 되었다. 그것은 그녀가 혼자가 아니라는 것을 상기시켰다. 그것은 그녀가 다시 시작할 수 있고 만일 "휴식"을 가졌다면 수련으로 다시 돌아갈 수 있다는 것을 상기시켰다. 나타샤에게 노트는 자산이었고, 그녀가 심신자각, 연민, 평정의 삶을 살 수 있다는 것을 상기시켰다. 그것은 그녀의 다음 호흡만큼이나 그녀에게 가까이 있었다.

10장

증상 완화를 넘어서

심신자각 심화시키기

하지만 다르마를 추구하는 사람들은, 그것을 잘 배웠을 때, 죽음의 세계를 넘어, 도달하기 어려운 맞은편 언덕에 도달할 것이다.

– 붓다(The Buddha, in Easwaran, 2007, p. 127)

정신치료의 목표는 무엇인가? 환자들은 치료받으러 올 때 무엇을 찾고 있는가? 우리는 정신치료자로서 그들에게 정확히 무엇을 제공하는가? 그리고 우리가 심신자각 명상을 소개할 때, 목표가 달라지는가? 단기적으로는, 명상과 정신치료의 목표는 매우 비슷해 보인다. 둘 다 고통의 완화를 제공한다. 둘 다 기분을 개선시키고 자기수용을 증진시킬 수 있는 통찰을 약속한다. 둘 다 사람들의 생각과, 행동, 그리고 대인관계에서 습관적이고, 자기 파괴적인 양식을 이해하고 바꿀 수 있게 도와준다. 하지만 우리가 그 길을 더 멀리 바라볼 때, 이 두 가지 모두 감정적 및 정신적 치유를 위한 잠재력을 제공하지만, 궁극적으로는 목적지가 매우 다르다는 것을 알 수 있다.

이 마지막 장에서, 우리는 환자들이 증상의 완화를 넘어 더 행복하고 더 의미 있는 삶을 산다는 것이 무엇을 의미하는지에 대한 더 깊은 탐색으로 나아갈 준비가 되었을 때 나타나는 몇 가지 논점들을 살펴본다. 그 과정에서, 우리는 치료자 자신의 (그리고 우리 환자들의) 명상 수련의 개발, 거주 수련 참가, 심신자각 및 명상과 관련된 철학적 가르침에 대한 학습 등과 같은 이 책의 앞부분에서 언급되었던 발상과 주제의 일부와 다시 만나게 된다. 우리는 또한 이런 가르침들을 그것들의 본래적 목적의 관점에서 살펴볼 것이다.

정신치료는 주로 사람들의 정신적 고통을 감소시키고 그들이 더 생산적이고, 만족스러운 삶을 영위할 수 있도록 도와주는 과업에 관한 것이다. 우리 중 보험 회사와 관리 의료 제도*managed care* 일을 처리하는 사람들로서는, 가능하면 신속하고 효율적으로 환자들의 사회적 및 직업적 기능을 높은 수준으로 회복시키기를 원할 것이다. 이런 관점에서 진료실은 최선을 다해 사람들을 치료해서 그들을 전쟁터로 돌려보내는 야전병원으로 생각할 수 있다. 거기에 어떤 잘못이 있는 것은 아니다. 사실, 그것은 대부분의 환자들이 필요로 하고 바라는 것이며, 오늘날의 임상가들 상당수가 제공하고 싶어 하는 것이다. 심지어 단기 혹은 피상적 접근법을 사용한다는 비난을 거의 듣지 않았던 지그문트 프로이트조차 그의 방법은 고귀한 목표가 아니라 "히스테리성 고통을 보편적 불행"으로 바꾸어 그의 환자들이 "그 불행에 대해서 더 잘 무장"될 수 있게 하기 위해 고안되었다는 유명한 (그리고 겸손한) 말을 남겼다 (Freud & Breuer, 1893–1895/2000).

명상은 훨씬 더 높은 목표를 추구하며, 대부분의 사람들도 그 사실을 알고 있다. 명상을 하는 유일한 이유가 스트레스를 줄이고, 요통을 경감시키거나 혹은 밤에 잠을 잘 자기 위한 것이라고 말하는 사람들조차도 약 2,600년 전에 붓다가 발견했던 것에 대해 아마 어느 정도는 알 것이다. 그것은 열반, 깨달음, 불멸, 혹은 해탈 등으로 다양하게 불린다. 그리고 말로 설명하기란 불가능하지만, 그것은 우리가 누구인지 그리고 우주의 나머지와 어떻게 연결되어 있는지에 대한 우리의 이해를 변화시킬 뿐만 아니라 – 만약 고대의 기록을 믿는다면 – 정신적 고통을 완전히 그리고 영원히 소멸시키는 의식의 급진적 변화를 수반한다 (불교와 서구 심리학적 전통의 상세한 비교를 원하면 Fulton & Siegel, 2013을 보시오).

만약 우리가 그런 변화가 가능하다고 믿는다면, 그것은 심신자각을 응용하는 정신치료자로서 우리의 역할을 이해하는 방식에 거의 확실하게 영향을 줄 것이다.

우리는 치료자인가 혹은 명상 교사인가?

이것은 많은 치료자들이 명상을 비롯한 다른 심신자각 수련들을 그들의 과업에 포함시키기 시작하면서 스스로에게 묻기 시작하는 질문이다. 정신 건강 전문가와 명상 교사 사이의 경계선이 쉽게 흐려질 수 있으며, 이것은 문제가 될 수 있다. 능숙한 명상 교사에게 요구되는 깊이 있는 명상 체험과 이해를 구비하고 있는 정신치료자는 거의 없다. 더욱이 세속적인 정신치료의 세계에서 특히 제삼의 지급인(예: 보험회사 등)이 관계할 때, 우리 치료자들은 어쩔 수 없이 진료실 의자에 앉아서 단지 정신과적 증상의 완화를 목적으로 명상 기법을 사용해야 한다고 느낄 수 있다.

하지만 만약 우리의 환자들이 더 깊이 들어가는 것을 원하면 어떻게 할것인가? 만약 그들이 무상과 자아의 본성에 대한 실존적인 질문을 가지고 찾아온다면 어떻게 할것인가? 이런 관심들은 약간의 흥미로운 임상적인 그리고 윤리적인 딜레마를 야기할 수 있다. 비록 간단한 답은 없지만, 거의 항상 우리 자신과 환자들을 위해 우리가 할 수 있는 두 가지가 있다. 우리 자신의 명상 수련을 심화시키고 우리의 환자들도 그들의 수련을 심화시키도록 격려하는 것이다.

치료자 자신의 명상 수련을 심화시키기

2장에서, 우리는 심신자각의 도구들과 기법들을 환자들에게 제공하기 전에 치료자 자신의 심신자각 명상 수련을 심화시키는 것이 중요하다는 것을 강조했다. 치료자가 자신의 명상 수련을 심화시킬수록, 그 도구들과 기법들을 환자들과 공유할 때 더 효과적으로 할 수 있다. 그리고 우리가 효과를 미치는 범위는 단지 명상 기술을 가르치는 능력 그 이상이 될 것이다. 왜냐하면 우리가 자신의 수련을 심화시킴에 따라, 우리는 또한 숙련된 정신치료자에게 필수적인 지혜와 연민 과 같은 자질들을 체득하기 시작할 것이기 때문이다 (Germer & Siegel, 2012).

그렇다면 우리는 지혜와 연민을 기르기 위해 심신자각에 대한 우리의 이해를 어떻게 심화시킬 것인가? 기본적으로 세 가지 방법이 있다. 수련하기와 공부하기, 그리고 다른 사람들과 교류하기이다.

매일의 수련을 유지하기

매일 혹은 적어도 대부분의 날에 앉아서 명상을 수련하겠다고 결심하는 것이 핵심적으로 중요하다. 우리 동료 중 한 명은 그것을 "마음의 치실질mental floss"이라고 불렀는데, 즉 우리가 정신적 집착을 내려놓고, 현재 순간에 마음의 닻을 내리고, "행동 양식doing mode"에서 "존재 양식being mode"으로 옮겨가도록 도와주는 매일의 청소라는 의미이다

(Segal et al., 2002; Segal, Williams, & Teasdale, 2012). 우리는 스스로 더 오랜 시간 동안 앉아서 집중을 넘어 개방주시, 자애, 연민, 평정, 그리고 이 책에 기술되어 있는 관련 수련들을 포함시키는 쪽으로 성장하도록 촉구함으로써 우리의 수련에 훨씬 더 활력을 불어넣을 수 있다. 자격을 갖춘 명상 교사에게 자문을 하는 것은 큰 도움이 될 수 있으며, 마찬가지로 명상에 관한 책을 읽거나 안내 명상guided mediation이나 법문dharma talks을 듣는 것도 도움이 될 수 있다.

단행하기: 거주수련의 탐구

우리가 1장에서 가장 먼저 언급했던 것처럼, 명상 거주수련에 임하는 것은 마음이 어떻게 스스로 괴로움을 만들어 내는지에 대해 이해할 수 있을 뿐만 아니라 심신자각에 대한 우리의 경험을 심화시키는 강력한 방법이다. 물론 수일간의 거주수련을 위해 짐을 꾸리고 일을 중단하는 것은 감정적으로 뿐만 아니라 업무적으로도 부담스러운 일일 수 있다. 하지만 그것을 경험했던 대다수의 사람들은 거주수련에 참가하는 것이 심오한 경험이 될 수 있다는 것에 동의하고, 심신자각을 응용하고 있는 많은 정신치료자들도 거주수련을 그들의 훈련과 계속적인 교육의 필수적 부분으로 여긴다.

만약 당신이 아직 거주수련을 경험하지 못 했다면, 당신은 거기서 정확히 무엇을 하는지 궁금할 것이다. 여러 명상 전통들은 거주수련 경험을 위해 다양한 양식과 구조를 만들어냈지만, 그것들은 많은 공통점을 가진다. 거주수련은 집단 모임 혹은 교사와의 개별 만남에서 질문이 허용되는 짧은 순간을 제외하고는 일반적으로 침묵 속에서 진행된다. 많은 센터들은 참가자들에게, 살아 있는 어떤 존재든 해치지 않기, 불필요한 말을 삼가기 (이것은 보통 말을 전혀 하지 않는 것을 의미한다), 무료로 제공되지 않은 어떤 것도 취하지 않기, 부적절한 성행위를 삼가기, 술과 같은 정신을 혼미하게 하는 물질의 사용을 삼가기와 같은 수련 계율들을 따르도록 요구한다. 어떤 곳에서는 때로 매일의 심신자각적인 노동 시간을 요구한다. 그리고 보통 아침 일찍부터 저녁 늦게까지 긴 시간의 격식적인 명상 수련 스케줄을 포함하고 있다.

만약 일주일 동안 숙식하는 거주수련이 너무 부담이 된다면, 당신은 보다 짧고, 숙식하지 않는 거주수련을 우선 시도하는 것으로 발을 담그기를 원할 수도 있다. 많은 도회지의 거주수련 센터들은 하루 혹은 이틀의 거주수련을 제공하고, 보통 주말에 진행된다. 이런 거

전형적인 거주수련 스케줄

매사추세츠 바레*Barre*에 있는 유명한 위빠싸나*vipassana* (통찰) 명상 집중수련 센터인 통찰명상 협회*Insight Meditation Society* 의 거주수련을 위한 전형적인 일일 스케줄을 소개한다.

오전 5:30	기상
오전 6:00	정좌 명상
오전 6:30	아침식사
오전 7:15	수련으로서의 작업 시간
오전 8:15	정좌명상과 지침
오전 9:15	걷기 명상
오전 10:00	정좌 명상
오전 10:45	걷기 명상 혹은 지도자와의 면담
오전 11:30	정좌 명상
정오 12:00	점심식사
오후 1:45	걷기 명상
오후 2:15	정좌 명상
오후 3:00	걷기 명상
오후 3:45	정좌 명상
오후 4:30	걷기 명상
오후 5:00	간단한 저녁식사
오후 6:15	정좌 명상
오후 7:00	걷기 명상
오후 7:30	법문
오후 8:30	걷기 명상
오후 9:00	정좌 명상
오후 9:30	다도, 추가적인 수련 혹은 수면

주수련은 유사한 일일 스케줄에 따르지만, 그것들은 아침에 더 늦게 시작하고, 저녁에 참가자들은 집이나 근처의 호텔에 가서 잔다 (이것에 대해서는 나중에 더 기술할 것이다).

불교 심리학 또는 다른 지혜의 전통들에 대한 공부

심신자각 명상이 서로 다른 많은 문화적 및 종교적 맥락에서 발전되어 왔지만, 오늘날 정신치료자들에게 전수된 수련의 다수는 불교적 전통에서 왔다. 여기서 심신자각은 "팔정도"의 하나이다. 그 여덟 요소 중 세 가지인 바른 노력, 바른 심신자각, 바른 집중은 특별히 명상에 대한 것이다. 다른 세 가지인 바른 언어, 바른 행위, 그리고 바른 생계는 세상에서 우리의 윤리와 품행이 관계되고, 나머지 두 가지인 바른 견해 그리고 바른 생각은 지혜의 계발과 관계 된다 (Johnson, 2004).

전통적인 불교 수행자들은, 심신자각을 지향하는 정신치료자들이 단지 명상에만 초점을 맞춤으로써 때로 더 큰 그림을 놓치고, 깨달음에 이르는 길에서 동등하게 중요한 다른 측면들을 무시한다고 비판한다. 이러한 비판은 물론 일리가 있다. 하지만 1장에서 논의했듯이, 다양한 종교적 배경이나 신념을 가지고 있는 환자들을 치료하는 임상 상황에서 불교나 다른 종교적 전통에 대해서 말하는 것은 다른 신념을 가지고 있는 사람들을 소원하게 만들 수 있다. 그러나 우리가 할 수 있는 것은 심신자각 명상을 통해 자연적으로 일어나는 통찰에 주목하고 이러한 통찰이 어떻게 우리 환자들이 더 현명하게 살아가고 그들의 삶 속에서 자신과 타인에 대해 만들어 낸 괴로움의 정도를 감소시키도록 도와줄 수 있는지를 살펴보는 것이다.

예를 들어, 불교 전통에서 찾을 수 있는 존재의 세 가지 특징에 대한 가르침을 살펴보자. 무상*impermanence* (anicca), 고*unsatisfactoriness* (dukkha), 그리고 무아*no-self* (anatta) (1장을 보라). 다른 많은 불교의 가르침처럼, 이 가르침도 사실 믿음이나 교리가 아니라, 세계의 위대한 종교적, 영적, 철학적, 그리고 과학적 전통 대부분과 일치하는 마음과 세상에 대한 관찰일 뿐이다. 더욱이, 그것들은 신앙에만 의지할 것이 아니라, 직접 탐구해 보아야 한다는 것을 의미한다. 붓다는 그의 제자들에게 단지 그가 (혹은 다른 누군가가) 어떤 것을 주장했다고 해서 그대로 믿지 말고, 대신에 그것들을 스스로 살펴보고, 주의를 기울이고 알아보라고 가르쳤다.

그렇다면 우리가 심신자각을 수련하고 더 깊이 들여다보면, 존재의 세 가지 특징을 알아낼 수 있을까?

글쎄, 어쩌면 우리는 이 세상에서 만나는 모든 것이 영원하지 않다는 것을 알 수도 있는데, 그것은 모든 것은 계속되지 않는다는 것뿐만 아니라 매 순간 계속해서 변하고 있다는 것을 의미한다. 우리는 어쩌면 "사물들"이 존재하지 않는다는 것을 알아차리기까지 할 수 있을지 모른다. 그것들은 끊임없이 변화하는 경험의 흐름을 조직화하기 위해 우리의 마음이 사용하는 구조물이라는 것이다. 전자 현미경에서 소립자 물리학에 이르는 현대과학은 여기에 동의한다.

우리는 또한 마음이 매우 자주 불만족스러워 하는 것을 볼 수 있다. 그것은 우리가 바라보고 있는 대상이 불쾌한 것일 때 알아차리기가 비교적 쉽다. 하지만 심지어 그것이 유쾌할지라도, 우리는 그것이 변하기 쉬우며 결국에는 사라질 것이며, 우리에게 공허와 더 많이 원하는 마음만 남겨둔다는 것을 알 수 있다. 위대한 철학자이자 현자인 로세안 로세아나다나*Roseanne Roseannadanna*가 말했듯이, "만약 이게 문제가 아니라면, 또 다른 게 문제다."

마지막으로, 그리고 이것이 아마도 처음에는 가장 관찰하기 어려운 것인데, 우리는 어떤 것도 "자아self"–내재하는*inherent* 혹은 영속적인 실체core–를 가지고 있지 않다는 것을 보기 시작할 수 있다. 자기 자신에 대한 감지라고 하는 의식을 포함하여 모든 것이 변화하는 내적 및 외적 조건에 따라 매 순간 지속적으로 일어났다가 사라져 가고 바뀌고 있다. 명상하는 동안, 우리의 내부에서 안정적인 작은 난쟁이*homunculus*를 발견할 수 없으며, "저게 나야"라고 지적해서 말할 수 있는 확실한 것은 아무 것도 없다.

이러한 세 가지의 실존적인 진실에 대한 각성은 우리가 그것을 불교적 용어든 아니면 다른 용어로 개념화하든 우리의 통찰과 지혜, 그리고 연민을 개발하는 데 있어 중요하다(Siegel, 2012). 정신치료에서, 이런 진실들을 자각하는 것은 우리가 환자를 어떻게 이해하고 그들의 고통을 어떻게 수용하는지에 영향을 줄 수 있다. 궁극적으로 그것은 우리가 무상, 고, 무아와 같은 불교적 관렴이나 개념을 결코 언급하지 않더라도, 환자들이 자신을 어떻게 이해하고 그들 자신의 고통과 어떻게 관계 맺는지에 또한 영향을 줄 수 있다. 아마도 간단한 예가 이런 과정이 어떻게 일어나는지를 밝히는 데 도움을 줄 것이다. 이 사례에서는, 치료자가 무아에 대해 자각하는 것이 어떻게 치료에 미묘하게 영향을 주는지 알 수 있다.

임상적 사례: 어쨌든, 그것은 누구의 불안인가?

베아트리체Beatrice는 어린 학생들을 가르치는 일을 매우 좋아하는 피아노 선생님이었지만, 사회적 모임이나 다른 음악가 친구들 앞에서 연주하도록 부탁 받을 때마다 심한 불안을 경험했다. "나도 할 수 있으면 좋겠어. 하지만 나는 너무 불안해."라고 그녀는 말했다. 치료에서, 그녀는 성장기 동안에 그녀의 피아노 연주회 전이나 연주회 중에 그녀의 부모님이 얼마나 불안해했는지를 기억해냈고, 이 불안이 그녀에게 옮겨와서 성인들 앞에서 연주하는 것을 어렵게 가로막는 불안으로 자라게 된 씨앗임을 알게 되었다. 그녀는 또한 집에서 피아노 연습을 하고 있을 때 사용할 수 있는 심신자각 기술을 배웠다. 그것은 자신이 청중들 앞에서 연주하고 있다고 상상하면서 그녀의 주의를 호흡에, 페달 위에 있는 발에, 혹은 건반 위에 있는 손가락에 가져가는 것이었다. 그 불안을 개인적인 방식으로 대하는 것을 감소시킴으로써 치료자는 베아트리체가 불안을 자기와 강렬하게 동일시하지 않도록 도움을 주었다. 비록 치료자는 불교적인 용어를 사용하지 않았지만, 그녀가 무아의 관점으로 자신의 불안에 다가가도록 도움을 주었다.

베아트리체: 나는 너무 불안한 사람이에요... 나는 도저히 그걸 견딜 수 없어요.
치료자: 당신 자신을 불안한 사람으로 보는 대신에, 당신은 그것을 단지 "일어나는 불안anxiety arising"으로 볼 수 있겠습니까?
베아트리체: 안돼요! 내가 그것을 느끼는 사람이잖아요.
치료자: 맞습니다. 하지만 그것이 당신이 느끼는 전부입니까? 당신은 항상 그것을 느낍니까? 어디서든 그것을 느낍니까?
베아트리체: 아니요... 대부분 내가 사람들 앞에서 피아노를 연주해야 할 때만.
치료자: 당신은 지금 이 순간 무엇을 느낍니까?
베아트리체: 글쎄요, 나는 약간의 불안감을 느끼고... 약간 혼란스럽고... 약간 추워요.
치료자: 그것이 당신을 차가운 사람으로 만듭니까?
베아트리체: 꼭 그렇지는 않네요...

그녀의 치료자가 베아트리체가 경험했던 것을 결코 "그녀의 불안"이라고 표현하지 않고 대신에 "불안" 혹은 "불안이 일어남"이라고 표현했기 때문에, 베아트리체 또한 점차적으로 그것을 덜 개인적인 것으로 받아들이기 시작했다. 그녀는 또한 그것을 고통의 한 형태로 보고 불안이 일어날 때 자신에게 연민을 보내는 방법을 배웠다. 결국, 그녀는 친구의 생일 파티에서 연주하는 데 동의했다. 다음 주에 그녀는 "괜찮았다"라고 보고했다. "나는 불안을 느낄 수 있었지만, 나는 또한 건반 위에 있는 손가락을 느낄 수 있었고, 음악 소리를 들을 수 있었고, 자신이 행복하기를 바랐고, 또한 청중이 행복하기를 바랄 수 있었어요. 불안은 있었지만, 나는 그것이 단지 전체적인 경험의 일부분이라는 것을 알 수 있었어요."

공동체를 찾기

불교 전통에서, 수행자들은 깨달음에 이르는 길을 따라가는 데 도움을 받기 위해 삼보–붓다*Buddha*, 진리*Dharma*, 승려의 공동체*Sangha*–에 귀의할 것을 권고 받는다. "붓다*Buddha*"에게 귀의하는 것은 용기를 내는 것과 관련된다. 역사적 붓다가 깨달았기 때문에, 우리도 또한 할 수 있기 때문이다. 그것은 또한 우리 내면의 붓다에게 귀의할 것을 제안한다. 즉 어떻게 깨달을지를 아는 사람, 매일 명상을 수련하고 거주수련에 참가하는 사람 (혹은 우리의 일부) 을 의미한다. "진리*Dharma*" (혹은 자연의 법칙) 는 가르침의 핵심이자, 우리가 명상을 통해 알아낼 수 있는 실존적 진실과 마음의 움직임에 대한 통찰이며, 그것은 깨달음의 길로 우리를 인도해준다. 마지막으로, "승려의 공동체Sangha" 는 우리에게 영감을 주고 우리가 그 길을 계속해서 갈 수 있도록 해주는 교사와 또한 비슷한 마음을 가진 여러 사람들의 모임이다. 다른 많은 지혜의 전통들도 영적인 향상을 위해서는 집단의 지지가 중요하다고 강조한다.

공동체의 일원이 되는 것은 자신에 대한 이해와 명상 수련을 심화시킬 수 있는 또 하나의 중요한 방법이다. 만약 당신 주변에 명상 센터가 있다면, 참가하는 것을 고려해보라. 없다면, 당신 주변에 다른 심신자각 지향적인 임상가들과 명상 및/혹은 공부 모임을 만들 수 있는지 알아보라. 아니면 온라인에서 교류할 곳이나 다른 자원을 찾아보라. 명상과 정신치료 연구소에서 명상을 그들의 임상적 과업과 통합하는 데 관심을 가지고 있고 다른 사람들과 교류할 새로운 기회를 만드는 데 적극적으로 참여하는 치료자들 사이에서 지역 모임을 만드는 것에 대한 요구가 점차 증가하고 있는 것을 알고 있다.

우리 환자들의 명상 수련을 심화시키기

대부분의 환자들은 당면한 괴로움과 관계하는 방식을 변화시키기 위해 기꺼이 심신자각 기술을 사용할 것이며, 그 과정에서 불안, 우울을 비롯하여 정신과적 질환의 여러 가지 증상들이 어느 정도 완화되는 즐거움을 경험할 것이다. 그 중에서 대다수는 규칙적으로 매일 명상을 수련하고 그것을 유지할 수 있는 시간이나 동기, 혹은 자제력을 가지고 있지 않을 것이다. 하지만 일부는 해낼 것이다. 그리고 일부는 더 깊이 들어가기를 바랄 것이다–즉, 거주수련에 참석하고, 많은 심신자각 수련의 근원이 되는 가르침의 요체를 탐구하고 싶어 할 것이다. 일부 환자들은, 또한 ("기존의 명상 환경"에서) 정서적 및 영적 성장을 위해 임상가가 도움을 주기를 희망하면서 적극적으로 명상을 수련하고 치료에 참석할 수도 있다.

그러면 어떻게 정신치료자와 명상 교사의 차이에 유념하면서 환자들과 가장 잘 작업할 수 있을까? 다음 예가 어느 정도의 가능성을 보여준다.

임상 사례: 러닝머신에서 내려오기

샤로테*Charlotte*는 30대 후반의 유능한 변호사였고, 유명한 큰 법률 회사에서 파트너를 만들기 위해 열심히 일하고 있었다. 그녀는 큰 금융서비스 회사의 고위 간부와의 행복한 결혼생활을 통해 경제적으로는 안정되었지만, 그녀의 외모와 건강, 그리고 어린 두 자녀가 그녀보다는 유모와 더 많은 시간을 보내고 있는 데 대해 지속적으로 걱정하면서 고통 받고 있었다. 비판적이고 과도하게 성취 지향적인 아동기의 가족 분위기로 인해, 샤로테는 일생의 대부분을 가벼운 우울증과 자기비판적인 사고로 괴로워했다. 근래에 그녀는 잦은 두통과 위장 장애 또한 겪고 있었다. 그녀의 주치의는 의학적 원인이 있는지 알아보고, 스트레스를 줄일 방법을 찾도록 권유했는데, 거기에는 명상도 포함되어 있었다. 그는 또한 그녀에게 심신자각 지향적 정신치료자의 이름을 알려주었다. 샤로테는 이미 대학 때 잠시 명상을 경험해보았고 그것이 도움이 된다는 것을 알고 있었기 때문에, 흔쾌히 동의하고 약속을 잡았다.

치료 과정에서, 샤로테는 그녀의 개인사를 탐구하고 일상의 스트레스를 더 효과적으로 다루는 데 도움이 될 기초적인 심신자각 기술을 배웠다. 하지만 바쁜 스케줄 때문에, 그녀는 집에서 규칙적으로 명상을 할 수 없다고 말했다. 또한 자기 비판적인 사고에 대해 약간의 통찰과 균형 잡힌 시각을 갖게 되었지만, 그녀의 우울증은 지속되었고, 두통과 위장 문제도 마찬가지였다. 그녀의 수련을 심화시키기 위해, 그녀의 치료자는 지역 병원에서 시행하는 8주간의 MBSR 프로그램에 등록할 것을 권유했고, 샤로테는 동의했다.

프로그램 참여하는 동안 샤로테는 매일 숙제를 하고 약 45분 동안 명상을 하기로 결심했다. 점차적으로, 여러 가지가 개선되기 시작했다. 그녀는 두통과 복통에 대해 공포 대신에 수용과 호기심으로 대하는 방법을 배웠고, 그러자 곧 빈도와 강도가 줄어들었다. 그녀는 또한 우울증을 지속시키는 부정적인 사고에 심신자각을 적용시키는 능력을 증진시켰고, 그것들을 진실이라기보다는 단순한 생각들로, 즉 그녀가 자신에게 말하고 있는 이야기로 보기 시작했다. MBSR 프로그램이 끝났을 때, 그녀는 적어도 하루 20분씩 수련을 지속했고, 지역 명상 센터에도 다니기 시작했다. 그녀는 불교의 가르침에 마음이 끌리는 것을 발견했고, 치료자의 권고로 일주일 동안의 거주수련에 참석하기로 결심했다. 거주수련에 참가하는 동안 그녀의 법률 회사에서 파트너가 되려는 목표가 그럴 만한 가치가 있는 것인지를 자문하고 있는 자신을 발견했다. 거주수련에서 돌아왔을 때, 그녀는 심신자각의 길에 훨씬 더 전념하고 있음을 느꼈고, 치료자에게 그녀의 새로운 목표는 "트레드밀 (반복되는 지루한 일–역자 주)"에서 내려오는 것이며 명상과 아이들에게 더 많은 시간을 할애할 수 있도록 업무 스케줄을 줄이는 방법을 찾는 것이라고 말했다.

트로이 목마 내부를 살펴보기

우리의 동료 폴 풀턴Paul Fulton 은 샤로테가 발견했던 것을 심신자각에 근거한 정신치료의 "트로이 목마"라고 불렀다. 고통을 감소시키기 위해 시작했던 일부 환자들은 심신자각 수련을 통해, 이 단순해 보이는 수련에 그들이 예상했던 것보다 훨씬 많은 것이 내포되어 있다는 것을 결국 깨닫게 된다.

물론, 많은 환자들은 트로이 목마의 내부를 들여다보고 싶어 하지 않는다. 그것도 괜찮다. 하지만 보고싶어 하는 사람들을 위해, 심신자각 지향적인 임상가들은 그들이 거기서 찾으려고 하는 것이 도전할 만하고 변화를 일으킬 수 있는 것이라는 점을 알고 있어야 한다. 그때 우리는 더 집중적인 심신자각 훈련을 받을 수 있는 명상 센터나 혹은 임상에 기초한 프로그램에 우리 환자들을 의뢰해서 더 집중적인 심신자각 훈련을 하도록 권고할지를 결정할 수 있다 (이 장의 후반부에 우리는 그런 의뢰를 할지 말지를 결정하는 데 도움이 될 몇 가지 지침을 살펴볼 것이다).

임상 환경에서 심신자각 훈련하기

지난 20년 동안, 심신자각 수련이 광범위한 의학적 및 정신과적 질환에 대해 효과적인 치료법이 될 수 있음을 보여주는 연구들이 폭발적으로 늘어났다 (Germer et al., 2013). 그 결과 심신자각에 근거한 치료 프로그램들이 서양의 보건 의료 체계 안에서 점점 더 많이 개발되고 있다. 이 프로그램들은 환자들에게 심신자각 수련에 대한 이해를 심화시킬 기회를 제공한다. 그것들은 전형적으로 집단 형태를 이용하고, 특별 훈련을 받은 임상가나 다른 전문가들이 진행하면서, 병원, 정신 건강 센터, 개인 의원, 혹은 다른 임상적 환경에서 시행된다. 그것들은 보통 제한적인 회기 동안 (8–10 주), 2시간 이상 진행되는 모임을 매주 갖는다. 일부 프로그램들은 하루 종일 걸리는 집중수련을 포함시키기도 한다. 비록 그것들은 정신치료 집단이라기보다는 명상 수업에 더 가깝지만, 이런 프로그램들은 완전히 비종교적인 성격을 가지고 있고, 불교 또는 많은 심신자각 수련의 기원이 되는 여러 전통들에 대해 거의 언급하지 않는다.

집단 심신자각 프로그램은 왜 효과적인가?

심신자각에 근거한 집단은, 개인 정신치료에서 불가능한 것은 아니지만 얻기 어려운 많은 이점들을 참가자들에게 제공할 수 있다.

- ***집중Focus.*** 집단은 거의 전적으로 심신자각 기술을 배우고 수련하는 것에만 초점을 맞춘다.
- ***깊이Depth.*** 집단 모임이 개인 치료 회기보다 더 길기 때문에, 참가자들은 더 긴 시간 동안 수련할 수 있고 더 깊은 수준의 집중과 심신자각에 도달할 수 있다 (그리고 수련에 대한 장애물에 직면할 기회도 더 많이 갖게 된다).
- ***안내.*** 집단 지도자는 집단에서 명상을 안내하고, 참가자들은 녹음된 안내명상guided meditation 를 집에서 활용할 수 있다. 안내명상은 보조 바퀴처럼 초심자들이 혼자서 훈련하는 것에 더 익숙해질 때까지 순조롭게 진행되도록 도와준다.
- ***모델링.*** 참가자들의 질문과 관심사를 다루는 방식에 있어서, 집단 지도자들은 주의, 수용, 그리고 연민의 모델이 되기 위해 최선을 다한다.
- ***숙제.*** 참가자들은 집에서 매일 수련에 몰두하게 하는데, 그것은 매일 수련하는 습관을 만들고 그것의 장점을 경험하는 좋은 방법이 될 수 있다.
- ***동료의 지지.*** 다른 사람들과 함께 수련함으로써 참가자들은 피할 수 없는 난관을 견뎌낼 용기를 얻게 되고, 다른 사람들의 고투를 들음으로써 그들이 만나는 어려움을 정상적인 것으로 여길 수 있다.

경험적인 증거가 있는 몇 가지 대표적인 심신자각에 근거한 임상적 프로그램을 살펴보자. 이것들은 접근법에 있어서 모두 비종교적Secular이며, 영적 혹은 종교적 전통을 거의 언급하지 않는다.

심신자각에 근거한 스트레스 완화 : MBSR

1970년대 후반부터, MBSR 프로그램은 건강관리 체계, 교육 기관, 기업, 정부 기관을 비롯한 전 세계의 수많은 사람들에게 심신자각 수련을 소개하는 주된 동력이 되어왔다. 그것은 이제 5대륙 30개 이상의 국가에서 이용 가능해졌다. 최초로 메사추세츠 의대에서 만성 통증을 가진 환자를 위한 치료법으로 존 카밧진Jon Kabat-Zinn에 의해 개발되었는데 (Kabat-Zinn, 1982; Kabat-Zinn, Lipworth, Burney, & Sellers, 1986), MBSR이 연구되면서 불안에서 (Kabat-Zinn et al., 1992) 건선 (Kabat-Zinn et al., 1998) 에 이르기까지 효과적인 치료임이 밝혀졌고, 뇌 구조 및 기능의 중대한 변화가 반복적으로 확인되었다 (평가는 Lazar, 2013을 보시오). 그 프로그램은 여덟 번의 두 시간 반 모임으로 이루어져 있으며, 여섯 번째와 일곱 번째 모임 사이에 하루 종일 계속하는 집중수련을 갖는다. 그것은 심신자각 명상, 요가, 집단 토론을 비롯하여 참가자들이 그들의 스트레스와 관계하는 방식을 변화시키도록 도와주는 여러가지 훈련들로 구성된다. 참가자들은 매일 적어도 45분간을 그들의 숙제에 할애하도록 요청받는다. MBSR은 환자들이 규칙적으로 매일 하는 수련의 장점을 경험할 수 있도록 도와주는 검증된 프로그램이며 정신생리적 증상을 가진 사람들에게 특히 효과적이다.

심신자각에 근거한 인지치료 : MBCT

심신자각에 근거한 인지치료 (MBCT) 는 재발성 우울증 문제를 다루는 새로운 방법을 찾고 있던 영국과 캐나다의 연구자들에 의해 개발되었다. 2002년에 소개된 후 (Segal et al., 2002, 2012) MBCT는 이제 영국 전역에서 국가 보건 서비스의 한 부분으로 제공되며, 다른 나라에서도 점차 활용이 늘어나고 있다. MBSR 모델을 기반으로, MBCT는 참가자들이 심신자각을 특히 우울증의 증상에 적용할 수 있도록 인지치료의 요소들을 추가했다. 하지만 그것은 일차적으로 심신자각 명상으로 이루어지는 과정이다. 프로그램 개발자 중 한 사람인 마크 윌리엄스Mark Williams 는 초기 개인 평가 만남을 추가했다. 참가자들은 매일 약 한 시간의 명상과 다른 연습을 하기로 되어있다. 후속 집단 모임 또한 권고되지만, 프로그램에 통합된 부분은 아니다. MBCT는 폭넓게 연구되었고 재발성 우울증에 대한 효과적인 치료임이 밝혀졌다 (Ma & Teasdale, 2004; Teasdale et al., 2000). 실제로 무작위 대조 연구들을 통해 MBCT는 재발 방지 측면에서는 항우울제만큼이나 효과적이며, 잔존 증상을 감소시키고 환자들의 삶의 질을 개선하는 측면에서는 항우울제보다 더 효과적인 것으로 밝혀졌다 (Kuyken et al., 2008; Godfrin & Heeringen, 2010).

심신자각에 근거한 재발 예방 : MBRP

워싱턴 대학교의 G. Alan Marlatt과 그의 동료들에 의해 개발된 심신자각에 근거한 재발 예방 (MBRP) 은 참가자들이 물질 남용 및 여러가지 중독 행동으로부터 회복을 유지하도록 돕기 위해 고안된 8주간의 집단 프로그램이다. MBCT가 MBSR에 기반을 둔 것처럼, MBRP는 심신자각 훈련을 인지 치료에서 나온 기술과 결합한 MBCT에 기반을 두고 있다. MBRP에서 목표는 참가자들이 유발요인과 습관적인 사고방식, 그리고 그 결과로 초래되는 재발로 이끄는 반응들을 찾아내도록 돕는 것이다. 이렇게 파괴적이고 언뜻 보기에 자동적인 패턴에 심신자각을 적용함으로써, 참가자들은 멈추어서, 그들을 괴롭히는 생각들에 대한 수용을 배양하고, 중독행동 대신 더 현명한 선택을 할 수 있다는 것을 배우게 된다 (Bowen, Chawla, & Marlatt, 2011). 이 프로그램에서 인기 있는 기술 중 하나인 "충동의 파도타기 urge surfing" 연습에서 참가자들은 충동 (보통 그들이 물질을 사용하도록 압박하는 감각, 생각, 감정의 파도) 에 대한 심신자각을 유지하고 단지 그것들이 가라앉을 때까지 파도를 타는 수련을 한다 (7장의 125쪽을 보시오). 초기 연구(Witkiewitz & Bowen, 2010) 는 이 프로그램이 참가자들의 갈망을 조절하고 감소시킬 수 있음을 보여준다.

심신자각적 자기연민 : MSC

크리스토퍼 거머 (Christopher Germer, 2009) 와 크리스틴 네프 (Kristin Neff, 2011) 에 의해 개발된 심신자각적 자기연민Mindful Self-Compassion (MSC) 은 두 시간 반 동안 진행되는 여덟 번의 주 1회 모임과 반나절의 집중수련으로 이루어진 집단 프로그램이다. 안내명상guided meditations, 집단 훈련, 토론, 그리고 숙제를 활용하는 MSC는 참가자들이 자신에 대한 연민을 함양하도록 도와주기 위해 고안되었다. 그것은 매 순간의 자각을 강조하는 MBSR과 MBCT 같은 프로그램과 상호보완적이다. 심신자각이 고통과 괴로움에 대해 포용적인 자각으로 자신을 개방하도록 도와주는 반면, 이 프로그램의 핵심인 자기연민self-compassion 은 우리가 괴로움에 직면하여 심신자각을 유지하려고 노력할 때 나타나는 온화한 마음의 태도다. MSC에 대한 예비적인 무작위 임상 연구에서, 참가자들은 자애, 심신자각, 타인에 대한 연민, 그리고 삶에 대한 만족 등에서 의미 있는 향상을 보인 반면 우울, 불안, 스트레스, 및 회피 등에 있어서는 의미 있는 감소를 보여주었다 (Neff & Germer, 2012).

다른 많은 심신자각에 근거한 비종교적인 임상 프로그램들이 또한 개발되었다. 심신자각에 근거한 식사 자각 훈련 (Mindfulness-Based Eating Awareness Training: MB-

EAT; Kristeller, Baer, & Quillian-Wolever, 2006) 과 범불안장애에 대한 수용에 근거한 행동 치료 (Acceptance-Based Behavior Therapy: ABBT for GAD; Orsillo & Roemer, 2011) 와 같은 프로그램들은 특별한 상태에 초점을 맞추고, 반면 변증법적 행동 치료(Dialectical Behavior Therapy: DBT; Lenehan, 1993b)와 수용전념치료(Acceptance and Commitment Therapy: ACT; Hays & Strosahl, 2005) 같은 프로그램들은 초점이 더 넓다. 이런 프로그램들이 공식적인 명상 수련을 포함시키는 정도는 다 다르다. 임상가와 환자 모두가 관심을 가질 수 있는 또 다른 프로그램은 통찰 대화insight dialogue (Kramer, 2007; Surrey & Kramer, 2013) 인데, 그것은 더 명백히 불교 가르침에 근거를 두고 있으며 수행자들이 말하기와 듣기, 그리고 관계의 다른 측면에 명상적인 자각을 가져오도록 돕는 대인관계 심신자각 수련을 제공하는 것이다 (좀 더 보충적인 자료는 부록의 자원들을 보시오).

명상 센터에서 심신자각 훈련하기

심신자각 수련을 통해 몇 가지의 유익한 경험을 하고 나면, 일부 환자들은 그것에 대해 자연스런 친밀감을 느낄 것이고, 그들의 경험을 심화시키는 방법의 하나로 명상 센터에서 수련하기로 결심할 것이다. 그런 환자들에 대해서는 이런 활동들이 그들의 정서적 및 정신적 그리고 영적 향상을 지지해주고 있는지 아닌지를 그들과 함께 살펴보는 것을 제외하면 아마도 우리가 해줄 것이 거의 없을 것이다.

그러나 다른 환자들에게는 명상 센터에서 수련을 시도하고, 자격을 갖춘 명상 교사에게 배우거나, 심지어 거주 수련에 참여해보도록 권고할 마음이 생길지도 모른다. 어쩌면 우리는 그들이 더 많은 구조와 규율을 필요로 하거나 수행자 공동체의 지지를 통해 유익을 얻을 수 있을 것으로 느낄 수도 있다. 혹은 그들이 수련에 대해 우리가 바로 답을 해줄 수 없는 질문을 가지고 있을 수 있다.

환자를 명상 센터에 의뢰하는 것을 가볍게 결정해서는 안 된다. 그렇게 하기 전에, 고려해야 할 많은 질문이 있고, 그것은 다음의 것들을 포함한다.

- ***환자가 그것을 개종시키는 것으로 지각할 것인가?*** 심신자각에 익숙한 많은 임상가들은 불교 명상 센터에 아주 친숙하기 때문에, 그리고 불교는 많은 사람들에게 종교로 여겨지기 때문에, 어떤 환자들은 경계하게 될 것이다. 물론, 많은 사람들은 불교를 그 종교적 맥락에서 분리하여, 서양의 과학적 혹은 종교적 가르침 및 수행과 통합될 수 있는 하나의 철학

적이고 심리학적인 체계로 여긴다. 예를 들어, 스테벤 뱃첼러 (Steven Batchelor, 1998, 2010) 는 불교를 전적으로 세속적인 방법으로 수행하는 것에 대해 폭넓게 기술했다. 그리고 최고로 숙련된 불교 지도자들은 신념 체계를 바꾸는 것 보다는 그들의 종교와 무관하게 사람들이 더 행복하게 살도록 도와줄 수행법과 아이디어를 나누어주는 것에 더 관심이 있다. 심지어 달라이라마는 서양 사람들이 불교신자가 되어야 한다고 생각하지 않지만, 그들 자신의 종교적인 혹은 세속적인 전통 속에 있는 지혜와 연민에 대한 가르침은 포용해야 한다고 말했다. 그러나 많은 환자들은 불교 명상 센터에 가는 것을 단순히 편하게 느끼지는 않을 것이며, 그렇게 하도록 하는 어떤 제안도 공감의 실패로 느껴지거나, 이질적인 가치나 신념을 강요하려는 시도, 혹은 둘 다로 경험될 수 있다. 이런 환자들에게는 MBSR과 같은 임상 프로그램이나 그들 자신의 종교적 전통 안에 있는 거주수련 센터에 의뢰하는 것이 심지어 그 센터가 우리가 제시했던 것과 같은 방식으로 심신자각을 가르치지 않는다고 할지라도 아마도 가장 적합할 것이다.

- ***환자가 그것에 적합한가?*** 대부분의 명상 센터에서, 환자들은 치료에서 혹은 임상 환경의 심신자각에 근거한 집단에서 받았던 그런 수준의 개인적 관심은 받지 못할 것이다. 그리고 그들은 아마도 훈련 받은 임상가와 함께 작업할 수도 없을 것이다. 그들은 특히 거주 수련을 하는 동안, 아마도 거의 지도를 받지 못하고 상대적으로 더 오랜 시간 수련을 해야 할 것이다. 이런 이유 때문에, 여러 센터들에서 시행하고 있는 집중 명상intensive meditation 은 취약하거나 경직된 인격 구조를 가지고 있는 환자들이나, 물질 의존, 치료에서 해결하지 못한 심각한 외상 경험, 혹은 정신병적 증상을 일으키기 쉬운 환자들을 포함한 일부 환자들에게는 불안정감을 야기할 수 있다. 1장에서 논의했던 것처럼, 그래서 우리는 더 집중적인 수련을 권고함에 있어서 신중을 기해야 한다.
- ***그 명상 센터가 평판이 좋은가?*** 분명한 것은, 만약 환자들이 존중과 세심함, 그리고 진실한 대우를 받을 것이라고 우리가 확신하지 못한다면 우리는 특정 교사에게, 혹은 특정 센터에서 수련하도록 권하고 싶지 않을 것이다. 그래서 명상 센터에 의뢰하기 전에, 믿을 만한 동료들에게 자문을 구하거나 우리 스스로 거기에 가 봄으로써 그 센터의 평판을 조사해보는 것이 좋다. (뒤의 방법은 다른 문제들을 야기할 수 있으며, 우리는 그것을 간단하게 다룰 것이다.)

센터의 다양한 유형

명상을 배우고 수련할 수 있는 곳은 많다. 어떤 곳은 기독교, 유대교, 이슬람, 요가, 그리고 다른 종교적 전통에 뿌리를 두고 있는 반면 비종교적인 곳들도 있다. 이들 중 어떤 곳이라도 우리의 문화적 배경이나 환자들에게 잘 맞을 수 있다. 하지만 앞서 논의했던 것처럼, 이 책에 있는 수련법의 대부분, 그리고 더 이전에 기술된 모든 심신자각에 근거한 임상 프로그램들은 불교에 뿌리를 두고 있다. 이것은 단지 우연이 아니다 – 불교 전통은 명상 수련법과 기술들이 마음과 정신을 일깨우기 위해 어떻게 사용될 수 있는지를 기술하는 데 있어 놀랄 만큼 미묘한 차이가 있는 가르침의 요체를 만들어냈다.

불교 명상 센터들은 전형적으로 수련의 세 학파 중 하나를 강조한다. 서양 정신치료자들이 이것들에 익숙하지 못할 수도 있기 때문에, 간단한 개관이 도움이 될 것이다. 어떤 유형의 수련이 우리에게 그리고 아마도 우리 환자들에게 가장 적합할지는 문화적 친밀감과 학습 스타일, 그리고 지리적 편리성의 조합에 의해 좌우된다.

위빠사나, 혹은 통찰 명상 전통은 현재 서양의 정신치료에 통합되고 있는 심신자각에 근거한 수련에 가장 큰 영향을 끼쳐온 것이 틀림없다. 위빠사나는 보통 "있는 그대로 보기"라고 번역된다. 이 수련을 통해, 우리는 마음이 만들어 내기 쉬운 다양한 해석과 망상으로 인해 길을 잃어버리는 대신, 적나라한 경험 자체에 계속해서 주의를 되돌림으로써 있는 그대로 보게 된다. 위빠사나 센터는 보통 단계별로 가르침을 제시한다. 이 센터들의 대다수는 서구의 문화적인 분위기를 가지고 있다. 이것은 동남아시아에서 가장 흔하게 볼 수 있는 수련 형태이다.

젠Zen 센터 또한 심신자각 수련을 가르친다. 일부는 우리가 설명했던 것과 유사한 단계적 가르침을 제공하지만, 다른 것들은 묵조선just sitting 처럼 주의를 특정한 대상에 집중하지 않는 명상 수련 형태나 학생들에게 (산만한 생각을 중지시키도록 돕기 위해) 논리적인 정답이 없는 수수께끼를 풀도록 요구하는 공안 수련koan practice 을 제공한다. 그곳의 분위기는 그들의 기원인 일본, 한국, 중국, 혹은 베트남 문화 등을 반영하고 있다.

티베트 불교 센터들은 이미지의 시각화, 만트라 암송, 통렌tonglen (내보내고 받아들이기) 수련, 혹은 오체투지 (절하기) 등을 포함하는 다른 형태의 명상과 함께 심신자각 수련을 가르친다. 그곳의 분위기는 종종 그들의 기원인 티베트 문화를 반영한다.

상주 대 비상주 센터

어떤 명상 센터들은 더 긴 체류에 관심이 있는 사람들을 위해 숙박편의를 제공한다. 다른 곳들은 단순히 지도와 수련을 위한 조용한 장소를 제공한다.

비상주 센터들은 도시나 인구가 많은 그 밖의 지역에 위치하는 경향이 있다. 그것은 거주수련이 제공할 수 있는 강도의 수련을 제공할 수는 없지만, 대부분의 상주 센터에서는 얻을 수 없는 몇 가지 장점을 제공한다. 그러한 곳들은 보통 가기가 더 쉽다. 따라서 회의적이고, 처음 수련하고, 그리고/혹은 어느 정도로 몰두할 지 결정하지 못한 사람들이 경험해보기에 상대적으로 쉽고, 부담이 적고, 비용이 적게 드는 방법을 제공한다. 그리고 끝으로 규칙적으로 참석하는 사람들은 한 지도자에게 규칙적으로 배울 수 있을 뿐 아니라 더 많은 공동체 의식을 느낄 수 있다.

거주수련 센터의 최대 장점은 일상생활의 방해 없이 명상 수련에 열중해서 더 깊은 수준의 집중, 심신자각, 그리고 통찰에 도달할 수 있다는 점이다. 그러나 거주 수련은 쉽지 않다. 그것은 상당한 시간 투자와 대부분 상당한 비용을 요구한다. 그리고 그것은 우리가 스스로를 보호하기 위해 설치해 둔 통상적인 일련의 방어막을 벗고, 모든 종류의 묻어둔 고통과 내적 갈등들을 보도록 강요할 수 있다. 그래서 그것은 매우 가치가 있을 수도 있지만, 1장에서 논의되었던 것처럼, 침묵하는 거주수련은 모두를 위한 것이 아니며, 특히 우리의 가장 취약한 환자들에게는 적합하지 않을 수도 있다.

직업적인 경계선을 유지하기

위에서 언급했듯이, 우리가 심신자각 훈련을 정신치료에 접목하기 시작할 때, 환자들뿐만 아니라 치료자 자신도 정신 건강 전문가와 명상 교사 사이의 경계가 불분명해질 수 있다. 그리고 이것은 중요한 임상적 및 윤리적 의문을 불러일으킨다. 우리 작업은 어느 시점에서 정신의학적 치료가 끝나고 영적 안내가 되기 시작하는가? 우리는 환자들에게 이런 변화가 일어날 수 있다는 것을 말해야 하는가? 만약 그렇다면, 언제 해야 하는가? 첫 만남에서인가? 치료 후반인가? 게다가, 만약 우리가 전통적인 정신치료의 영역을 넘어서고 있다는 것을 인지한다면, 동일한 직업적 행동 준칙이 우리에게 적용되는가? 우리는 동일한 치료비를 부과할 수 있는가? 보험 청구를 할 수 있는가?

비록 우리가 하고 있는 일이 완전히 세속적이고 증거에 근거한 정신 건강 치료라고 우리가 믿는다고 하더라도, 우리는 환자들에게 심신자각 수련의 기원이 되는 불교와 여러 영적 가르침들에 대해 알려주어야 하는가? "트로이 목마"를 통해 그것들을 몰래 얻는 것은 기만적인 수련 방식인가?

명료한 답이 없는 복잡한 질문들이 존재하고, 그것들에 대해 지적이고, 윤리적이며, 선의를 가진 전문가들 사이의 의견이 일치하지 않을 것 같다. 이런 질문을 제기함으로써, 우리는 심신자각 지향적인 정신치료자 집단에서 대화와 심사숙고를 고취하고 또한 미래에 더 사려 깊고 의미 있는 정책과 관행을 이끌어 낼 과정이 시작되기를 희망한다. 우리는 당신이 그 문제들을 신뢰받는 동료들 및 지도자들과 논의함으로써 그 과정에 동참하기를 바란다.

우리는 당신과 당신의 환자가 같은 명상 센터에서 수련하게 된다면 야기될 수 있는 경계선 문제boundary issues 에 대한 간단한 말로 끝맺고 싶다. 어떤 면에서, 이것은 같은 교회에 다니거나 같은 체육관에서 운동하는 것과 그렇게 다르지 않다. 이런 상황에서처럼, 이중 관계에 엮이지 않는 것이 중요하다. 그래서 만약 당신이 특정 명상 센터에서 규칙적으로 수련한다면, 당신은 환자들에게 그 곳을 추천하지 않을 수 있다. 다른 한편으로, 그것을 당신 혼자만 활용하는 것은 환자에게도 가치가 있을 수 있는 자원을 독점하는 것처럼 보일 수도 있다. 물론, 만약 당신이 수련하는 센터를 추천한다면, 거기에서 우연히 당신을 만나게 될지도 모르는 당신의 환자에게 처음부터 이 문제에 대해 터놓고 논의하는 것이 가장 좋다. 우리가 알기에 엄격하게 이런 상황에 엮이는 것을 꺼리는 임상가들도 있고, 그런 것이 어떤 환자들에게는 괜찮거나 심지어 유익할 수도 있다고 여기는 사람들도 있다. 여기에도 또한 환자의 관심을 최우선으로 고려하는 것 외에 다른 간단한 규칙이나 지침은 없다.

더 많은 정보를 위해

당신과 당신의 환자들이 명상 수련을 심화시키는 데 도움이 될 수 있는 심신자각에 근거한 임상 프로그램들, 상주 및 비상주 수련 센터들, 뿐만 아니라 도서, 오디오 프로그램, 그리고 웹사이트들의 목록을 위해 부록의 자료들을 보라.

* * *

당신이 느꼈을지도 모르지만, 우리는 이 책에 소개된 수련들이 우리의 개인적 그리고 직업적 생활 모두에 매우 유익하다는 것을 발견했다. 우리는 여기서 그것들을 공유할 기회를 가지게 되어 기쁘고, 그것들이 우리를 풍요롭게 했던 것처럼 임상의 내부와 외부 모두에서 당신의 삶을 풍요롭게 해주기를 희망한다.

당신이 많은 순간들을 심신자각으로 살기를!

부록

수련의 선택

이 부록에서 우리는 여러 가지 심리적인 장애들과 임상적인 인구 집단에서 사용될 수 있는 다양한 수련들을 제시한다. 여기에 기록된 수련들은 개별적으로 혹은 제시된 순서에 따라 사용될 수 있다. 물론, 모든 환자는 고유하다. 이 수련들은 임상적 경험에 바탕을 둔 제안이다. 따라서 각 개인들의 필요에 맞게 자유로이 적용하기 바란다.

우리는 보통 회기 내에 수련을 소개하고 치료 시간 동안에 환자들과 함께 수련을 하고, 집에서 수련할 수 있도록 환자들을 안내한다. 앞에서 언급했듯이, 당신의 목소리로 녹취한 명상 지시문을 환자들에게 제공하면 명상 수련에 대한 치료 동맹을 북돋아 줄 것이다. 만약 당신이 원한다면 온라인 www.sittingtogether.com 에서 무료로 복사 가능한 유인물과 당신이 선택한 수련들의 오디오 녹음을 환자에게 안내할 수도 있다

우리는 또한 이 부록에서 치료자의 욕구에 부응하기 위해 고안된 수련들을 강조하였다. 그리고 각각의 치료적인 난관에 대응하기 위해 앞에서 제시한 수련들의 변형된 형태들을 포함시켰다.

특별한 질환들에 대한 수련

중독 장애

- *현재에 존재하기Being Present* (168페이지) 는 심신자각을 소개하기 위해 쉽게 접근할 수 있는 방법이다.
- *기립 명상Standing Meditation* (170페이지) 은 중심을 잡고 안정화시키는 데 도움을 준다.
- *호흡 발견하기Finding the Breath* (95페이지) 는 자각의 닻을 내리고 다시 시작하는 기초를 다진다.
- *접촉지점Touch Points* (92페이지) 은 손 명상Hands (부록의 추가적인 수련들, 202페이지를 보시오) 에 대한 선택적인 집중과 함께 욕망의 대상에 집착하는 충동을 관찰한다.
- *파도 타기Riding the Wave* (152페이지) 는 갈망의 강렬함을 인내하는 데 도움을 준다
- *감정에 이름붙이기Labelling Emotions* (118페이지) 는 전체적인 안목과 이해를 얻는다.
- *자신에게 자애를 제공하기Offering Loving-Kindness to Oneself* (128페이지) 는 흔히 중독에 동반되는 자기비난을 완하하는 데 도움을 준다.
- *폭풍우치는 바다에 내린 닻Anchor at the Bottom of a Stormy Sea* (155페이지) 은 폭식 또는 폭주 후, 혹은 특별히 힘든 감정의 파도가 몰아칠 때 도움을 주는 "강력한"수련이다.
- *연민에 찬 존재Compassionate Being* (137페이지) 는 고립과 자기증오가 지배하는 힘든 시기에 수련한다.

불안 장애

- *단순히 듣기Simply Listening* (90페이지) 는 소리가 왔다가는 가는 것처럼, 불안이 왔다가 가도록 놓아두기 위해.

- *접촉지점Touch Points* (92페이지) 은 몸을 통해 안전감을 찾고 강렬한 감각에 대해 인내하도록 도와준다.
- *신체 검색Body Sweep* (110페이지) 은 불안의 신체적 증상이 강렬할 때 사용한다.
- *걷기 명상Walking Meditation* (108페이지) 은 심한 초조감을 느끼고 앉아 있기가 힘들 때 사용한다. (또한 부록의 추가적인 수련들, 205페이지에 있는 세상 속에서 걷기Walking in the World 를 보시오).
- *생각은 단지 지나갈 뿐Thoughts Are Only Passing By* (부록의 추가적인 수련들의 241페이지) 은 현재 순간의 자각을 증진시켜준다.
- *몸에서 감정을 자각하기Awareness of Emotions in the Body* (90페이지) 는 불안과 함께 존재할 수 있는 능력을 증진시킨다.
- *유형 발견하기Finding the Pattern* (121페이지) 는 불안의 밑바닥에 잠재하고 있는 마음의 습관을 탐지한다.
- *자신에게 자애를 제공하기Offering Loving-Kindness to Oneself* (128페이지) 는 불안이 자기판단과 자기비난에 동반될 때 사용한다. *'내가 안전하고 보호받기를May I be safe and protected.'* 그리고 *'내가 편안하기를May I be at ease'*이라는 구절이 특별히 도움이 될 수 있다.
- *연민 가득한 보디 스캔Compassionate Body Scan* (130페이지) 은 불안에 마음을 열고 연민을 개발한다.
- *산 명상Mountain Meditation* (149페이지) 은 불안을 에워싸는 평정을 발전시킨다.

우울 장애

- *단순히 듣기Simply Listening* (90페이지) 는 우울 사고들이 왔다가 가게 한다.
- *호흡 달래기Cradling the Breath* (98페이지) 는 슬픔이나 우울의 한가운데에서 편안함을 준다.
- *걷기 명상Walking Meditation* (108페이지) 은 현재의 경험으로 주의를 되돌려 준다. 어떤 명상 교사들은 우스꽝스럽게 걷기Silly Walking를 사용하여 우리 자신과 우리의 문제들에 대한 집착에서 벗어나게 해준다.
- *생각은 단지 지나갈 뿐Thoughts Are Only Passing By* (부록의 추가적인 수련들에 있는 241페이지) 은 반추하는 생각으로 끌려가는 것을 감소시키고 현재 순간의 자

각을 증진시킨다.

- *몸에서 감정을 자각하기Awareness of Emotion in the Body* (90페이지) 는 인정하지 않았던 감정들을 자각하게 한다.
- *감정에 이름 붙이기Labelling Emotions (92페이지)* 는 감정을 제어하기 위해 이름을 붙인다.
- *유형 찾기Finding the Pattern* (95페이지) 는 기저의 우울한 생각과 감정의 유형과 그것들이 어떻게 행동으로 연결되는지 본다.
- *연민 가득한 보디 스캔Compassionate Body Scan* (130페이지) 은 몸과 다시 연결하고 불쾌한 생각, 느낌, 신체 감각에 연민 가득한 주의를 가져온다.
- *연민에 찬 존재Compassionate Being* (110페이지)는 고립되고 압도되거나 혹은 깊은 절망감을 느낄 때 수련한다.
- *타인의 고통과 연결하기Connecting with the Suffering of Others* (115페이지) 는 강력한 통증과 고통의 시간 동안 다른 사람들과의 연결을 증진시킨다.
- *산 명상Mountain Meditation* (120페이지) 은 끊임없이 변화하는 생명의 특성에 주의를 둔다.
- *폭풍우 치는 바다에 닻 내리기Anchor at the Bottom of a Stormy Sea* (125페이지) 는 우울한 생각과 감정의 파도 아래에 있는 안전한 장소를 발견한다.
- *도전을 수용하기Accepting the Challenge* (132페이지) 는 어려운 환경에 대하여 다른 관점으로 볼 수 있게 한다.
- *진흙 연못에서 자라는 연꽃Lotus Growing in a Murky Pond* (부록의 추가적인 수련들에 있는 237페이지) 은 우울증에 대하여 새로운 이해와 의미를 얻는다
- *빛에 대한 명상 Meditation with Light* (부록의 추가적인 수련들에 있는 238페이지) 은 힘든 시간에 "빛"을 가져온다.

섭식 장애

- *접촉지점Touch Points* (92페이지) 은 폭식이나 하제 사용, 또는 음식 제한에 대한 강렬한 욕구와 함께 존재하기 위해 사용한다. 또한 손 명상Hands 의 변형 (부록의 추가적인 수련들에 있는 236페이지) 은 이러한 충동에 주의를 둘 수 있다.
- *호흡 발견하기Finding the Breath* (95페이지) 는 몸에 있는 안전한 닻을 계발하고

다시 시작해도 좋다는 것을 배운다.

- *감각에 대한 자각Awareness of Sensations* (113페이지) 은 폭식이나 음식 제한에 선행하는 신체 감각에 대한 자각을 증진시킨다.
- *연민 가득한 식사Compssionate Eating* (133페이지) 는 심신자각과 함께 그리고 자신의 몸에 대한 연민을 가지고 식사하는 수련을 한다.
- *파도타기Riding the Wave* (152페이지) 는 갈망이 참기 힘들 정도로 강력할 때 사용한다.
- *용서: 독을 놓아버리기Forgiveness: Letting Go of Poison* (160페이지) 는 폭식 후에 자신을 용서하기 위해 사용한다.

신체적 고통

- *접촉지점Touch Points* (92페이지) 은 몸에서 편안함을 발견하고 통증을 완화한다.
- *호흡 발견하기Finding the Breath* (95페이지) 는 호흡과 마찬가지로 통증도 일어났다가 사라지도록 놓아두기 위해 사용한다.
- *감각에 대한 자각Awareness of Sensations* (113페이지) 은 통증의 감각에 자각을 가져와서 그것을 견디는 능력을 증진시킨다.
- *불편감과 함께 존재하기Being with Discomfort* (70페이지) 는 불쾌한 감각에 대해 저항하는 대신 자신을 개방한다.
- *연민 가득한 보디 스캔Compassionate Body Scan* (103페이지) 은 불쾌한 감각과 함께 존재하고, 고통 속에 살고 있는 우리 자신에게 연민을 가져오기 위해 사용한다.
- *생각은 단지 지나갈 뿐Thoughts Are Only Passing By* (부록의 추가적인 수련에 있는 241페이지) 은 통증에 대한 생각과 감각 자체의 관계에 대한 자각을 증진한다.
- *산 명상Mountain Meditation* (149페이지) 은 통증에 대한 안정감과 균형을 찾게 해준다.
- *세상 속에서 걷기Walking in the World* (부록의 추가적인 명상들에 있는 239페이지) 는 고통스런 감각의 외부 세계에 주의의 닻을 내리기 위해 사용한다.
- *파도타기Riding the Wave* (152페이지) 는 통증으로 인해 절망감을 느끼거나 압도당한다고 느낄 때 수련한다.

수면 장애

- *접촉지점Touch Points* (92페이지) 은 침대에 닿는 신체 부위에 초점을 둔다.
- *호흡 발견하기Finding the Breath* (95페이지)와 호흡 달래기Cradling the Breath (98페이지) 는 한밤중에 일어나는 후회와 걱정과 함께 존재하기 위해.
- *이야기 놓아버리기Letting Go of the Story* (100페이지) 는 과거의 일로 인해 잠들기가 어렵다면.
- *감각에 대한 자각Awareness of Sensation* (113페이지) 은 신체적인 불편감이 수면을 방해한다면
- *불편감과 함께 존재하기Being with Discomfort* (70페이지) 는 불쾌한 감각에 저항하기보다는 마음을 열기 위해.
- *감정에 이름 붙이기Labelling Emotions* (118페이지) 는 감정과 생각을 확인하고 놓아버리기 위해.
- *유형을 발견하기Finding Patterns* (121페이지) 는 감각과 생각과 감정이 어떻게 결합되어 마음을 깨우는지 자각하기 위해.
- *연민 가득한 보디 스캔Compassionate Body Scan* (130페이지) 은 일어날 수 있는 어떠한 고통에 대해서라도 연민을 배양하기 위해.
- *연민에 찬 존재Compassionate Being* (137페이지) 는 자신에 대한 연민이 느껴지지 않을 때.
- *도전을 수용하기Accepting the Challenge* (162페이지) 는 어떤 상황에 대해 반추할 때, 그리고 그것을 새로운 방법으로 보기 원할 때.
- *모든 것은 지나간다All Things Must Pass* (164페이지) 는 질병, 노화, 죽음에 대한 저항이 우리를 지속적으로 깨울 때.

외상

- *단순히 듣기Simply Listening* (90페이지) 는 현재 순간에 대한 자각에 닻을 내리기 위해
- *접촉지점Touch Points* (92페이지) 은 몸이 안전하다는 경험을 확립하기 위해.
- *호흡 달래기Cradling the Breath* (98페이지) 는 스스로를 위안하고 달래기 위해.

- *이야기 놓아버리기Letting Go of the Strory* (100페이지) 는 종종 외상후 스트레스 장애에 동반되는 반추rumination를 다루기 위해
- *걷기 명상Walking Meditation* (108페이지), 그리고 세상 속에서 걷기Walking in the World (부록의 추가적인 명상들에 있는 239페이지) 는 어떤 것에 사로잡힐 때 현재에 머무르기 위해.
- *잠깐의 심신자각적 휴식Mini-mindfulness Break* (58페이지) 는 기억, 생각, 느낌이 범람할 때.
- *몸에서 감정을 자각하기Awareness of Emotions in the Body* (116페이지) 는 인식되지 않은 감정에 주의를 기울이기 위해.
- *감정에 이름 붙이기Labelling Emotions* (118페이지). 감정을 길들이기 위해 이름을 붙인다.
- *자신에게 자애를 제공하기Offering Loving-kindness to oneself* (128페이지) 는 자기 비판적인 내면의 대화를 감소시키기 위해.
- *연민을 일상 생활에 가져오기Bringing Compassion to Daily Life* (135페이지) 는 종종 다른 이들에게 연민을 보내는 것이 보다 쉽기 때문이다.
- *타인의 고통과 연결하기Connecting with the Suffering of Others* (142페이지) 는 고립을 줄이고 타인과 연결하기 위해.
- *산 명상Mountain Meditation* (149페이지) 은 외상적인 사건의 수용을 배양하기 위해.
- *폭풍우 치는 바다에 내린 닻Anchor at the Bottom of a Stormy Sea* (155페이지) 은 삶의 폭풍우 한 가운데에서 안정감을 발견하기 위해.
- *도전을 수용하기Accepting the Challenge* (162페이지) 는 의식하지 못했던 힘을 인식하기 위해.

특별한 집단을 위한 수련들

어린이 청소년

- *현재에 존재하기Being Present* (168페이지)는 심신자각을 소개하는 아주 쉬운 방법이다.
- *기립 명상*Standing Meditation (170페이지) 은 안정감을 돕고 끈기를 기른다.
- *단순히 듣기Simply Listening* (90페이지) 는 주의 집중의 개발을 돕는다. 크리스 윌라드 (Chris willard, 2010) 는 어린이들에게 그들이 듣고 있는 여러 가지 소리들의 숫자들을 세도록 제안한다.
- *우스꽝스럽게 걷기Silly Walking* (부록의 추가적인 수련들에 있는 240페이지) 는 걷기 명상의 재미있는 변형으로 특별히 어린이들에게 적합하다.
- *발바닥 명상Soles of the Feet* (부록의 추가적인 수련들에 있는 240페이지) 은 현재 경험하는 감각에 주의를 되돌리기 위함이다.
- *생각은 단지 지나갈 뿐Thoughts are Only Passing By* (부록의 추가적인 수련들에 있는 241페이지) 은 어린이들은 특히 구름과 물결 수련을 좋아하는 경향이 있다.
- *감정에 이름 붙이기Labelling Emotions* (118페이지) 는 어느 연령에서나 활용 가능하며 감정을 길들이기 위해 이름을 붙인다.
- *반짝이는 마음Mind that Sparkles* (부록의 추가적인 수련들에 있는 238페이지) 은 우리의 생각과 느낌이 소용돌이치는 속성을 보여주는 재미있는 방법이다.
- *자신에게 자애를 제공하기Offering Loving-kindness to Oneself* (128페이지) 는 환경이 어려울 때 위안 받기 위해.
- *친절에 마음을 열기Opening to Kindness* (174페이지) 는 자기 자신에게 친절할 수 있는 능력을 강화한다.
- 연민을 *일상생활에 가져오기Bringing Compassion to Daily Life* (135페이지) 는 교실에서 사용할 수 있는 활동적인 수련이다.
- *파도타기Riding the Waves* (152페이지) 는 강력한 느낌, 그리고 충동과 함께 존재하기 위해

부부와 가족

- *멈춤Pausing* (56페이지) 은 의견대립이 있을 때 마음을 안정시키고 얼마간의 "멈추는 시간time-in"을 가지기 위해.
- *잠깐의 심신자각적 휴식Mini-Mindfulness Break* (58페이지) 은 잠시 마음을 진정하고 새로운 관점을 가지기 위해.
- *단순히 듣기Simply Listening* (90페이지, 또는 부록의 추가적인 수련들에 있는 타인에게 경청하기Listening to Another, 236페이지), 는 파트너끼리 상대의 말을 잘 듣기 위해.
- *함께 호흡하기Breathing Together* (82페이지) 는 파트너 또는 가족 간의 유대를 깊게 해준다.
- *무엇이 당신의 주의를 분산시키는가?What Brings You Away?* (67페이지) 는 타인들과 단절되는 이유를 자각하도록 돕기 위해.
- *이야기 놓아버리기Letting Go of the Story* (100페이지) 는 강박적인 생각과 파괴적인 감정이 일어났다가 사라지도록놓아둔다.
- *감정에 이름 붙이기Labelling Emotions* (118페이지) 는 관계에서 유발되고 있는 느낌에 대한 자각을 증진시킨다.
- *사랑의 눈으로 보기Seeing with Loving Eyes* (부록의 추가적인 수련들에 있는 239페이지) 는 새로운 관점으로 관계를 보기 위해.
- *자신에게 자애를 제공하기Offering Loving-Kindness to Oneself* (128페이지) 는 관계가 어려움에 처할 때 스스로에게 친절을 가져오기 위해.
- *힘든 사람 문제를 다루기Working with a Difficult Person* (140페이지) 는 힘든 관계에 연민과 이해를 가져오기 위해.
- *동조하는 기쁨Sympathetic Joy* (157페이지) 은 타인의 행복에 대해 즐거움을 배양하기 위해.
- *용서: 독을 놓아버리기Forgiveness: Letting Go of Poison* (160페이지) 는 가능하다면, 그리고 오직 준비가 된 경우에만.
- *폭풍우 치는 바다에 내린 닻Anchor at the Bottom of a Stormy Sea* (155페이지) 은 어려운 시기에 균형을 찾기 위해.
- *도전을 수용하기Accepting the Challenge* (162페이지) 는 휴일, 결혼, 이혼 등 모든 것을 있는 그대로 수용하기 위해.

임상가를 위한 수련

우리는 2장과 3장에서 제시한 명상에 덧붙여, 다음의 수련들이 힘든 회기를 마친 후에 치료자들이 조율을 촉진하고 평정을 되찾으며, 스트레스와 탈진에서 재충전할 수 있도록 도움을 준다는 것을 발견했다.

- *힘든 사람 문제를 다루기Working with a Difficult Person* (140페이지) 는 환자 때문에 화가 나거나 잠이 오지 않을 때.
- *연민에 찬 존재Compassionate Being* (137페이지) 는 추가적인 지지와 연민이 필요할 때.
- *폭풍우 치는 바다에 내린 닻Anchor at the Bottom of a Stormy Sea* (155페이지) 는 환자의 자해를 포함하여 힘든 상호 작용 후에 일어나는 느낌을 수용하는 데 도움을 준다.
- *네 가지 요소 명상Four-Elements Meditation* (부록의 추가적인 수련들에 있는 235페이지) 은 회기 후에 혼란스럽고 고갈되고 심란할 때 사용한다.
- *타인에게 경청하기Listening to Another* (부록의 추가적인 수련들에 있는 236페이지) 는 환자의 말을 깊이 경청하는 데 도움이 된다.
- *임상가를 위한 자애Loving-Kindness for Clnincians* (부록의 추가적인 수련들에 있는 237페이지) 는 자애와 자기연민의 느낌을 증진시킨다.

추가적인 수련들

이것은 앞에서 제시한 특별한 사람이나 상황의 필요에 부합하는 수련을 변형한 것들이다. 이 연습을 시작하기 전에 자리를 잡고 존엄한 자세를 취한다. 잠깐 동안 당신의 닻 (접촉지점, 호흡, 소리) 을 내려 안정시키고 당신의 경험들과 함께 현재에 존재한다.

이 첫 번째 명상은 통렌tonglen(주기와 받기)이라는 티벳식 수련에서 영감을 받았다. 전통적으로는 당신은 다른 사람의 통증과 괴로움을 들이쉬고 연민을 내쉰다. 그러나 우리는 많은 환자들이 더 많은 고통을 들이쉰다는 것이 견디기 어려운 것임을 발견했다. 이 개작에서는 연민을 들이쉬고 연민을 내쉰다. 진행 과정을 환자와 함께 확인하라. 다른 수련에서와 마찬가지로 특히 당신이 처음 소개할 때는 짧게 시행하고 만약 환자가 더 많은 안정감을 필

연민의 순간

- 편안하게 앉아 몇 번의 숨을 쉬면서 자신을 안정시키는 것으로 시작한다.
- 당신의 자각을 몸으로 가져 와서 어디에서 불편함과 괴로움을 느끼는지 알아차리라. 어떠한 힘든 감정이라도 있는지 알아차리라. 만약 어떤 특별한 사람이 이 불편함과 관련이 있다면 또한 주목하라. 숨을 깊이 들이마시면서 당신의 몸속으로 그리고 스트레스나 고통, 불쾌한 감정이 있는 곳으로 연민을 가져오라.
- 숨을 내쉬면서 그 불편함과 관계가 있는 사람에게, 그리고 비슷한 어려움을 경험하고 있는 다른 사람들, 혹은 모든 존재들에게 연민을 보내라.
- 연민을 들이쉬고 내쉬면서 편안함을 느낄 수 있는 리듬을 찾으라. 당신의 호흡에 의해 진정되고 위로받는 상상을 하고 싶어 할 수도 있다.
- 당신의 모든 세포가 연민으로 가득 채워지는 것을 시각화하면서 당신 자신을 위해 연민을 들이쉬고 타인들을 위해 연민을 내쉬라.

(Morgan, Morgan, 그리고 Germer(2013)에서 인용. 2013년 저작권은 Guilford Press가 가지고 있음. 허락을 받아 인용).

요로 한다면 자유롭게 소리나 호흡, 몸에 대한 자각으로 돌아오라.

네 가지 요소 명상은 힘든 상호작용이나 마음을 혼란시키는 사건이 일어난 후에 균형 잡

네 가지 요소 명상

- 땅. 당신의 코로 숨을 들이 쉬고 내쉬기를 다섯 번에서 열 번 정도 한다. 숨 쉬는 동안 거대한 산을 시각화하라. 자신이 땅에 기반을 두고 뿌리를 내린다고 느끼라.
- 물. 코로 숨을 들이쉬고 입으로 내쉬기를 다섯 번에서 열 번 정도를 한다. 당신의 몸 위로 쏟아지면서 몸을 정화하고 마음을 신선하게 하는 폭포를 상상하라. 당신이 붙들고 있던 어떠한 답답함이나 긴장이라도 놓아 버리라.
- 불. 입으로 들이 쉬고 코로 내쉬기를 다섯 번에 열 번 정도한다. 부드러운 불길의 따뜻함과 에너지를 시각화하라.
- 공기. 입으로 들이쉬고 입으로 내쉬기를 다섯 번에서 열 번 정도한다. 하늘의 광활함과 열려 있음을 시각화하라. 이 밝음을 당신의 몸과 마음으로 가져올 수 있는지 보라. 이 상태에서 잠시 휴식하라.

(Pir Vilayat Inayat Khan으로부터 영감을 받음)

는 것을 돕는다. 특별히 어려운 회기 후에 매우 유용하다.

다음 수련은 뿌리 깊은 중독 장애에 유용한데, 욕망의 대상을 움켜쥐려고 하는 충동에 대한 자각을 증진시켜 줄 수 있기 때문이다. 이것은 접촉지점Touch Points 수련의 한 가지 변형이며, 강력하고 압도적인 욕망을 견딜 수 있는 능력을 증진시키는 또 다른 방법이다.

손 명상

- 당신의 양손을 무릎에 둔다. 당신의 양손을 자각하면서, 내부에서부터 (근육과 뼈) 외부로 (피부와 손톱) 손을 느끼라
- 손의 내부 또는 손이 닿아있는 피부나 옷에서 느껴지는 감각에 주의를 기울이라. 당신의 손을 고요함 속에 두고 어떤 것도 움켜잡지 않고 어떤 것도 밀어내지 않는다.
- 당신의 손을 편안히 둘 때 당신의 몸에서 무엇이 일어나는지 호기심을 가져보라. 당신이 알아차리고 있는 어떠한 감각이나, 생각, 느낌에 대해서라도 자각을 가져오라. 어떠한 욕망 (예를 들어, 음식이나, 물질, 놀이에 대한) 이라도 일어났다가 사라지도록 놓아두라.
- 계속해서 당신의 주의를 손으로 되돌려서 일어나는 모든 감각을 느껴본다. 당신의 손을 단지 이 순간에 있는 그대로 둔다.

다음 수련은 고통스럽고 혼란스러운 이야기를 경청하는 능력을 증진시킬 수 있다. 우리는 극단적인 외상과 학대에 대한 이야기를 들을 때 혹은 임상가가 무력감을 느끼는 어떤 경우에도 그것이 유용함을 발견했다.

타인에게 경청하기

- 앉아서 다른 사람의 말을 경청할 때, "초심beginner's mind"으로 할 수 있는지 보라. 마치 이 사람이 이전에 말하는 것을 결코 들어본 적이 없는 것처럼 당신의 모든 존재로 경청하라. 당신의 모든 관심과 호기심을 가져오라.
- 판단이나 선입견 없이 들을 수 있는지 보라. 당신이 가진 어떤 의도라도 알아차리라. 당신은 이 사람을 변화시키거나 고칠 필요가 없다. 단순히 현재에 머물러서, 목소리와 어조의 섬세한 성질에 조율하라.
- 말 뒤에 숨겨진 슬픔, 분노, 또는 다른 감정 등이 존재하는 순간을 자각하라.
- 만약 주의가 분산됨을 발견하면, 어떤 저항이라도 있는지 알아차리고 당신의 주의를 온전한 경청으로 되돌린다.

Cambridge Insight Meditation Society의 다음과 같은 기도문으로부터 영향을 받음. "우리는 판단 또는 반응을 하지 않고 앉아서 들을 것 입니다. 우리는 이해하기 위해 앉아서 들을 것입니다. 우리는 무엇을 말했고 무엇을 말하지 않았는지 경청하는 수련을 할 것입니다. 우리는 단지 깊이 들으면 이미 상당한 양의 통증과 괴로움이 감소될 것을 알고 있습니다.")

다음 수련은 우울증 삽화에 대해 새로운 전망과 이해를 제공한다. 우리는 치료 저항성 우울증의 고통스러운 느낌과 함께 할 수 있는 능력을 향상시키는 데 이 수련을 사용해 왔다.

진흙 연못에서 자라는 연꽃

- 연못의 한가운데 떠 있는 아름다운 연꽃을 상상하며 시작한다. 그 긴 줄기가 연못 바닥의 진흙과 부토에 뿌리를 내리고 있음을 상상하라. 꽃은 어둡고 탁한 물과 분리되어 있는 것이 아니라 그 물에 의해 양분을 얻고, 생명력과 영양을 얻는다.
- 당신의 우울과 고통스러운 경험 속에 똑바로 앉도록 하라. 연꽃은 우리에게 어둠을 분해하는 교훈을 준다.
- 당신의 어려운 경험에서 어떤 심오함이나 자양분 혹은 풍성함을 발견할 수 있겠는가?

이 부가적인 자애의 구절은 스트레스의 시기에 다시 초점을 맞추고 재충전하도록 도와준다. 그것은 요구가 많고 힘든 환자들과의 관계에서 균형을 회복하고 교감을 향상시키도록 도와줄 수 있다.

임상가를 위한 자애

- 내가 스스로를 돌보고 보살필 수 있기를 그리하여 타인의 욕구에 관대함과 균형, 그리고 현존과 함께 주의를 기울일 수 있기를.
- 내가 평정을 배양하고 다른 이들을 치유하거나 완치하려는 기대를 놓아버리기를.
- 내가 이 사람을 새로운 마음과 열린 가슴으로 보기를.
- 내가 당신의 고통과 괴로움을 보살피지만, 나는 당신을 대신해서 선택할 수 없고, 또한 당신의 삶을 통제할 수 없다.
- 타인의 한계를 따뜻함과 연민으로 받아들이기를, 그리고 나의 한계에 대해서도 동일한 친절함으로 받아들이기를.
- 내가 단지 당신의 고통과 괴로움만이 아니라, 당신의 전체성과 아름다움안에서 당신을 보고, 듣고, 알 수 있기를.
- 내가 이 사람 안에 있는 선함과 명석함, 그리고 취약성을 보기를.
- 이 순간 내가 원하는 대로가 아니라 있는 그대로 놓아둘 수 있기를.

(Sharon Salzberg(2011)으로부터 영감을 받음)

다음 수련은 어려운 상황에 "빛"을 가져 오도록 도움을 줄 수 있다. 그것은 또한 환자를 만나기 전 하루를 시작할 때, 그리고 하루 중에 다시 신선함이 필요할 때 사용할 수 있다.

빛에 대한 명상

- 찬란하고 부드럽게 빛나는 색깔의 광활한 분광을 가진 장엄한 일출을 앉아서 본다고 상상한다.
- 태양이 수평선에서 떠오르면서 당신의 몸을 부드럽고 따뜻하게 비추는 것을 느껴보라. 처음에는 얼굴에서 시작하여 목으로, 가슴, 팔, 몸통, 골반, 다리 그리고 발로 옮겨간다.
- 그것이 편안하게 느껴진다면 빛이 당신의 몸속으로 들어와 금빛으로 가득 채우도록 허용하라. 빛이 당신 내면의 어두운 곳과, 또한 당신의 고통스럽고 슬픈 어떠한 곳에도 접촉하는 것을 느끼라.
- 빛이 당신의 온몸을 가득 채우고 뼈, 근육, 내장, 정맥, 동맥 등 당신의 모든 세포와 접촉하는 것을 느낀다. 당신의 온몸에서 빛이 반짝이면서 펴져 나감을 느끼라.
- 이 빛 안에서 평온하라. 당신 자신이 바로 "자신을 비추는 램프"가 되게하라.

(Pir Vilayat Inayat Khan으로부터 영감을 받음)

우리의 마음은 마치 눈 지구의snow globe 안 에 몰아치는 눈보라와 같을 수 있다. 우리가 혼란스러울 때 우리의 생각과 느낌은 큰 폭풍과 같이 점점 소용돌이칠 것이다. 다음 연습은 사물을 정화하는 것이 어떤 것인지 볼 수 있도록 돕는다. 그리고 실제로 눈 지구의 가 있다면 어린이를 위해 쉽게 설명할 수 있다.

반짝이는 마음

- 세 번의 호흡을 느끼고 당신의 몸과 마음을 느리게 하라. 당신의 한 생각을 마치 폭풍 구름이 일어났다가 사라지듯이 관찰할 수 있는지 보라. 우리의 몸과 마음이 심하게 초조하면 눈 지구의snow globe를 흔들었을 때처럼 명확하게 보기 어렵다. 1분 내지 2분 동안 고요히 앉아서 정숙함에 몰입하는 수련을 하라.
- 당신이 좋다면, 유리병에 물과 반짝이를 채워서, 당신 자신의 눈 지구의snow globe 와 같은 것을 만들라. 그리고 그것을 흔들어라. 그리고 나서 반짝이가 침전되어서 병의 바닥에 가라앉는 것을 보라. 만약 당신이 병 속에 손가락을 집어넣어서 그것을 강제로 가라앉히려면 어떻게 되는지 보라. 빨리 가라앉게 만들 수 있는가?
- 반짝이가 가라앉음에 따라 당신의 호흡과 몸에 조율하여 당신이 알아차리는 것을 보라.

(Chris willard(2010)로부터 영향을 받음)

다음 수련은 *걷기 명상*의 변형으로 동요가 심하거나 앉아 있기 힘들 때 유용하다. 우리는 작은 사무실에 갇혔다고 느끼고 (바깥이 더 편함을 느끼는) 환자에게 이 방법을 사용해 왔다. 그것은 또한 고통스런 신체적 느낌과 감정의 외부 세상에 주의의 닻을 내리도록 도움을 줄 수 있다.

세상 속에서 걷기

- 몇 분 동안 밖으로 나가라. 날씨가 어떻든 간에 하늘에 주의를 가져오라.
- 덥든 춥든 습하든 건조하든 구름을 느끼고 바람을 느끼는 데 시간을 보내라.
- 나무를 보라. 잎의 색깔, 잎의 조직, 빛이 잎을 통과하는 것들을 주목하라.
- 경청하라. 새가 지저귀는 소리가 들리는가? 개 짖는 소리가? 어린 아이들이 노는 소리가?
- 걷기 시작할 때 자라고 있는 잔디나 꽃을 알아차리라. 그리고 그들의 색깔과 모양에 주목하라. 땅을 바라보라. 곤충, 물웅덩이, 때때로 물에 기름이 섞여 형성된 무지개 무늬를 자각하라.
- 아이의 눈으로 세상을 보라. 모든 것이 새로운 것처럼. 만약 도시에 산다면 교통 소음, 자동차 소음, 버스 지나가는 소리, 사람들이 거리로 쏟아져 나오는 소음, 그리고 색깔, 소리, 냄새 등에 주의를 가져오라.
- 만약 당신이 통증, 불안, 반복되는 생각에 마음을 빼앗기고 있는 자신을 발견하면 이것을 언급하고 '그리고 잎사귀에 단풍이 들었어.', 혹은 '그리고 차량들이 지나가고 있어.'라며 덧붙인다.

아이가 태어날 때, 우리는 사랑에 빠진다. 귀여운 아기를 안았을 때, 우리는 사랑스런 눈으로 본다. 그러나 시간이 지나고 상처와 실망 후에 우리는 거칠게 화를 내고 비난하며 바라본다. 우리는 종종 다른 사람에 대해 나쁘다고 믿는 것에 초점을 둔다. 다음 수련은 고통이 우리를 더욱 경직시킬 때 특별히 유용하다.

사랑의 눈으로 보기

- 친절과 사랑의 눈으로 사람을 바라보는 실험을 하라. 눈 주위의 긴장과 당기는 느낌에 자각을 가져오라. 자신에게 강요하지는 말고 눈을 부드럽게 하라.
- 얼굴, 몸, 가슴, 마음의 미묘한 변화에 주의를 가져온다. 마음에서 일어나는 어떠한 이야기나 저항이라도 알아차린다. 이야기에 사로잡히지 말고 일어났다가 사라지도록 놓아두라.
- 눈길을 부드럽게 만들 때 무슨 일이 일어나는지 보라. 친절과 사랑의 눈으로 당신의 배우자, 아이들, 동료를 바라보라. 그것은 보통은 일 방향적인one-way 경험이 아니다. 우리가 다른 사람들을 어떻게 보느냐에 따라 그들이 우리를 바라보는 태도에 영향을 미치고 다음에 우리가 우리 자신을 바라보는 태도에도 영향을 미친다.

(많은 명상 교사들이 이 수련을 가르친다. 이 개작은 Bays(2011)에 의해 영감을 받았음)

다음 수련은 몬티 파이톤Monty Python의 "우스꽝스러운 걸음의 목사님"을 변형시킨 것이다. 유튜브 *www.youtube.com/watch?v=iV2ViNJFZC8*에서도 볼 수 있다. 명상과 요가 교사들은 이것을 몸 안에 거주하는 재미있는 방법이라고 가르친다. 그리고 이것은 어린이에게 아주 유용하다. 우리는 또한 불안, 우울, 외상으로 괴로움을 겪고 있는 환자나 치료자들에게 이 수련이 매우 효과가 있음을 발견하였다 .

우스꽝스럽게 걷기

- 몇 분 동안 우스꽝스럽게 걸어보라. 큰 걸음으로 걷거나, 게처럼 옆으로 걷거나, 뒤로 걸어본다. 원한다면 깡충깡충 뛰거나 한 발로 뛰어본다.
- 걷는 동안 감각을 알아차리면서 당신의 몸 안에 온전히 거주inhabit하라. 당신이 어떻게 보일지에 대해서는 걱정하지 말라. – 이 연습은 즐거움으로 당신의 몸 안에 거주하는 것을 배우는 것이다.
- 즐겨라!

이 수련은, 문자 그대로 환자 (그리고 치료자) 가 보다 안정되도록 돕는 빠른 방법으로 공격적이거나 충동적인 행동에 대해 특히 유용하다. 어린이에 대해서는, 주의를 배양하는 효과적인 방법이 될 수 있다. 이것은 서서 혹은 앉아서 할 수 있다.

발바닥 명상

- 발꿈치부터 발가락까지 앞뒤로 흔들고, 그런 후 양옆으로 흔드는 것으로 시작하라. 발가락을 움직이라.
- 그것이 괜찮으면, 한 발을 들어 올리고 그 다음에 다른 발을 들어 올리라. 마치 행진하는 것처럼
- 당신의 발이 땅위에 확고히 놓여 있음을 느끼라. 다른 모든 감각들을 알아차리라. 당신의 발바닥을 느끼라.
- 그것이 괜찮으면, 각각의 발 아래에 뿌리가 있어서 당신을 안정시키고 붙들어 매고 있다고 상상하라. 당신 스스로가 대지와 연결되어 있음을 느끼라.
- 주의가 분산되면 단순히 당신의 발바닥을 느끼는 것으로 되돌아가라.

다음 수련은 현재 순간의 자각을 증진시켜준다. 그것은 어린이들이 좋아하는데, 어른들 또한 자연세계의 영상에 초점을 맞추는 것을 음미한다. 야외에서 누워 하늘을 보면서 시행하면 특히 효과적이다.

생각은 단지 지나갈 뿐

- 일단 당신이 안정되고 중심이 잡혔을 때, 생각으로 주의를 가져오라. 생각이 일어날 때 그것을 주시하면서 하늘에 떠가는 구름이라고 상상하라. 어떤 것은 솜털구름이고 어떤 것은 먹구름으로 폭풍우를 불러온다. 때로는 구름이 없기도 하고 때로는 구름이 하늘을 뒤덮기도 한다.
- 그 모든 것들이 지나가게 하라. 당신이 생각이 아님을 알라. 당신 자신을 항상 변하는 날씨를 담고 있는 광활하고 여유로운 하늘이라고 상상할 수 있는지 보라.
- (한 가지 다른 변형은, 당신이 모래사장과 바닷물이 만나는 해변에 있다고 시각화하는 것이다. 파도가 밀려왔다가 밀려가는 것을 보면서 잠시 평온함을 느끼라. 숨을 들이쉬라. 바다의 냄새와 소리와 리듬을 알아차리라. 젖은 모래위에 막대기나 돌로 불안한 혹은 반추되는 생각들을 쓰라. 파도가 밀려옴에 따라, 글씨가 젖은 모래 속으로 사라지는 것을 주시하라.)
- 구름은 단지 구름일 뿐 (또는 물결은 단지 물결일 뿐) 이다. 선사들이 말하듯이 생각은 "실재real하지만, 항상 진실true은 아니다." 생각에 집착하지 말고 지나가고 사라지도록 놓아두라

다음 수련은 진진, 폭풍, 홍수 같은 자연적인 재해 뿐 아니라 대량 학살과 폭발 같은 외상적 사건 이후에 위안을 줄 수 있다.

피난처

- 몇 차례 깊이 숨 쉬고 현재 순간으로 들어와서 자신이 앉아 있음을 알라. 눈을 뜨거나 감아도 된다.
- 해를 입은 사람들, 반응 하는 사람들, 개인적으로 그리고 미디어를 통해서 공포에 떨고 있는 모든 사람들을 목격한 사람들을 마음에 떠올려 보라.
- 사랑과 연민을 들이쉬고, 사랑과 연민을 내쉬라. 반드시 당신 자신을 포함시키되 특히 들이쉴 때 그리하라.
- 어떠한 형태든 상처를 입은 모든 사람을 위해, 그들과 함께 숨을 쉬라. 용기와 강함, 존엄과 연민을 들이쉬라. 용기와 강함, 존엄과 연민을 내쉬라.
- 고통과 경악, 공포에 떨고 있는 이들의 친구와 가족, 그들을 돌보는 사람들과 도와주는 사람들을 위해, 사랑과 연민을 들이쉬고, 사랑과 연민을 내쉬라.
- 비극과 참사가 일어난 모든 지역과 모든 나라를 위해, 사랑과 연민을 들이쉬고 사랑과 연민을 내쉬라.
- 만약 저항이나 분노, 공포나 슬픔과 만나면 그것을 허용하라. 사랑과 연민을 들이쉬고, 사랑과 연민, 여유와 편안함을 내쉬라.
- 다음의 구절들을 조용히 반복한다.
- *당신의 모든 슬픔이 편안해지기를. 당신의 마음과 몸이 위로받고 치유되기를.*
- *모든 존재가 안전하고 보호받기를. 모든 이들이 괴로움에서 해방되기를. 모든 존재가 지혜와 연민 속에 살아가기를.*

(Jack Kornfield의 법문에 영감을 받았음)

8장에 언급했듯이 많은 환자가 기억카드에 쓰인 수련 원리를 회상함으로써 많은 도움이 되었다고 한다. 다음의 내용은 이것을 소개한 것이다.

기억카드

당신이 좋아하는 문구를 다음 목록 중에 골라 가지고 다닐 수 있게 작은 카드에 적거나 당신의 집, 차, 직장에 붙여 놓는다. 자유롭게 변경시키거나 이 목록의 끝에 당신의 자신의 문구를 추가시킨다. 언제든지 용기나 지지, 혹은 심신자각의 상기 등이 필요할 때 그것들을 주목한다.

1. *내부와 외부의 해로움에서 안전하고 보호받기를.*
2. *이 순간을 온전히 만나기를. 이 순간을 친구로 만나기를.*
3. *지금은 고통의 순간이다. 모든 인류는 고통을 경험한다. 삶은 종종 어렵다. 자신에게 친절 하라.*
4. *나의 사랑스런 몸이여, 너는 할 수 있는 최선을 다했다.*
5. *만약 지금 일어나지 않았다면, 일어나지 않은 것이다.*
6. *그것은 그때였고, 이것은 지금이다.*
7. *단지 숨 쉬라. 그 이상은 없다.*
8. *이것을 위한 공간을 창조할 수 있나?*
9. *나는... (불안하다, 추하다, 패배자다, 등) 라는 생각.*
10. *괜찮아, 다시 시작해*
11. *내가 모든 것을 있는 그대로 받아들이기를*
12. *나 스스로를, 내가 존재하는 방식 그대로, 완전히 사랑하기를*
13. ______________________
14. ______________________
15. ______________________

자료들

이 책을 통해, 우리는 영적인 그리고 세속적인 많은 스승들과 전통들이 제시한 수련에 접근했다. 그 분들의 명상에 대한 접근을 좀 더 배우기 위해 아래에 기재한 책들과 기록들을 보기 바란다.

수련을 심화시키고 싶어 하는 분들을 위해, 광범위한, 그러나 결코 전부라고는 할 수 없는, 세계 명상 센터들의 목록과 함께 임상 상황에서 좀 더 집중적인 명상 훈련을 제공할 수 있는 단체들과 접촉할 수 있는 정보들도 소개했다.

심신자각 명상에 대한 책들

명상과 영적인 스승들의 저술

다음은 우리 자신의 학습에 가장 많은 영향을 주었으며, 또한 심신자각의 수련을 발달시키려는 환자와 동료들에게 가장 자주 권유했던 책들이다.

Brach, T. (2003). Radical acceptance: Embracing your life with the heart of a Buddha. New York: Bantam/Dell.

Chodron, P. (1997). When things fall apart: Heart advice for difficult times. Boston: Shambhala.

Chodron, P. (2009). Taking the leap: Freeing ourselves from old habits and fears. Boston: Shambhala.

Dalai Lama. (2001). An open heart: Practicing compassion in everyday life. New York: Little, Brown.

Dalai Lama, & Cutler, H. (1998). The art of happiness: A handbook for living. New York: Riverhead Books.

Goldstein, J. (1993) Insight meditation: The practice of freedom. Boston: Shambhala.

Goldstein, J., & Kornfield, J. (1987). Seeking the heart of wisdom. Boston: Shambhala.

Gunaratana, B. (2002). Mindfulness in plain English. Somerville, MA: Wisdom.

Hanh, T. N. (1976). The miracle of mindfulness. Boston: Beacon Press.

Hanh. T. N. (1991). Peace in every step: The path of mindfulness in everyday life. New York: Bantam.

Helminski, K. E. (1992). Living presence: A Sufi way to mindfulness and the essential self. New York: Tarcher/Perigree Books.

Kabat-Zinn, J. (1994). Wherever you go there you are: Mindfulness meditation in everyday life. New York: Hyperion.

Keating, T. (2006). Open mind, open heart: The contemplative dimension of the Gospel. New York: Continuum International Group.

Kornfield, J. (1993). A path with heart: A guide through the perils and promises of spiritual life. New York: Bantam.

Kornfield, J. (2008). The wise heart: A guide to the universal teachings of Buddhist psychology. New York: Bantam.

Lama Surya Das. (1998). Awakening the Buddha within: Tibetan wisdom for the western world. New York: Doubleday.

Lew, A. (2005). Be still and get going: A Jewish meditation practice for real life. Boston: Little, Brown.

Pennington, M. B. (1982). Centering prayer: Renewing an ancient Christian prayer form. Garden City, NY: Image Books.

Rosenberg, L. (2004). Breath by breath: The liberating practice of insight mediation. Boston: Shambhala.

Salzberg, S. (1995). Lovingkindness: The revolutionary art of happiness. Boston: Shambhala.

Salzberg, S. (2011). Real happiness: The power of meditation. New York: Workman.

Suzuki, S. (1973). Zen mind, beginner's mind. New York: Weatherhill.

임상 지향적인 책들

다음의 목록은 우리의 환자들과 동료들에게 가장 빈번하게 권유했던 임상적 자료들이다.

Bien, T. (2006). Mindful therapy: A guide for therapist and helping professionals. Boston: Wisdom Publications.

Brantley, J. (2003). Calming your anxious mind. Oakland, CA: New Harbinger.

Forsyth, J., & Eifert, G. (2008). The mindfulness and acceptance workbook for anxiety. Oakland, CA: New Harbinger.

Germer, C. K. (2009). The mindful path to self-compassion: Freeing yourself from destructive thoughts and emotions. New York: Guilford Press.

Germer, C. K., & Siegel, R. D. (Eds.). (2012). Wisdom and compassion in psychotherapy: Deepening mindfulness in clinical practice. New York: Guilford Press.

Germer, C. K., Siegel, R. D., & Fulton, P. R. (Eds.). (2013). Mindfulness and psychotherapy (2nd ed.). New York: Guilford Press.

Hayes, S., & Smith, S. (2005). Get out of your mind and into your life: The new acceptance and commitment therapy. Oakland, CA: New Harbinger.

Kabat-Zinn, J. (1990). Full catastrophe living: Using the wisdom of your body and mind to face stress, pain, and illness. New York: Dell.

Kabat-Zinn, J. (2005). Coming to our senses: Healing ourselves and the world through mindfulness. New York: Hyperion.

Linehan, M. M. (1993). Skills training manual for treating borderline personality disorder. New York: Guilford Press.

Neff, K. D. (2011). Self-compassion: Stop beating yourself up and leave insecurity behind. New York: William Morrow.

Orsillo, S. M., & Roemer, L. (2011). The mindful way through anxiety: Break free from chronic worry and redeem your life. New York: Guilford Press.

Peltz, L. (2013). The mindful path to addiction recovery: A practical guide to regaining control over your life. Boston: Shambhala.

Segal, Z. V., Williams, J. M. G., & Teasdale, J. D. (2012). Mindfulness-based cognitive therapy for depression (2nd ed.). New York: Guilford Press.

Siegel, D. J. (2010). The mindful therapist: A clinician's guide to mindsight and neural integration. New York: W. W. Norton.

Siegel, R. D. (2010). The mindfulness solution: Everyday practices for everyday problems. New York: Guilford Press.

Stahl, B., & Goldstein, E. (2010). A mindfulness-based stress reduction workbook. Oaklnad, CA: New Harbginger.

Strosahl, K., & Robinson, P. (2008). The mindfulness and acceptance workbook for depression. Oakland, CA: New Harbinger.

Williams, J. M. G., Teasdale, J. D., Segal, Z. V., & Kabat-Zinn, J. (2007). The mindful way through depression: Freeing yourself from chronic unhappiness. New York: Guilford Press.

기록들

통찰 명상을 위한 거주수련센터로부터 자유로이 다운로드 받을 수 있다.
www.dahramseed.org

심신자각 명상의 수승들로부터 일반적인 기록들을 볼 수 있다.
www.soudstrue.com

특정한 명상 스승들의 기록들과 강의 스케쥴
위빠사나(통찰 명상) 전통
Tara Brach: www.tarbarch.com
Jack Kornfield: www. jackkornfield.com
Sharon Salzberg: www. sharonslazberg.com

선 전통
Thich Nhat Hanh: www.iamhoe.org, www.pluvillage.org

티벳불교 전통
Pema Chöndrön:www.shambhala.org/teachers/pema
Dalai Lama: www.dalailama.com
Lama Surya Das: www.dzogchen.org

크리스챤 전통(관상*Contemplative*기도 또는 향심*Centering*기도
Father William Menninger: www.contemplativeprayer.net

명상 센터

United States

Vipassana(Insight Meditation) Tradition

Barre Center for Buddist Studies
149 Lockwood Road
Barre, MA 01005
www.dharma.org/bcbs

Bhavana Society
Route 1, Box 218-3
High View, WV 26808
www.bhavanasociety.org

Cambridge Insight Meditation Center
331 Broadway
Cambridge, MA 02139
www.cambridgeinsight.org

Insight LA
2633 LIncoln Boulevard, #206
Santa Monica, CA 90405-2005
www.insightla.org

Insight Meditation Community of Washington
PO Box 3
Cabin John, MD 20818
www.imcw.org

Insight Meditation Society
1230 Pleasant Street
Barre, MA 01005
www.dharma.org

Metta Forest Monastery
PO Box 1419
Valley Center, CA 92082
www.watmetta.org

Mid America Dharma
455 East 80th Terrace
Kanas City, MO 64131
www.midamericadharma.org

New York Insight Meditation Center
28 West 27th Street, 10th floor
New York, NY 10001
www.nyimc.org

Spirit Rock Meditation Center
PO Box 909
Woodacre, CA 94973
www.spiritrock.org

Zen Tradition

Blue Cliff Monastery
3 Mindfulness Road
Pine Bush, NY 12566
www.bluecliffmonastery.org

Boundless Way Zen
297 Lowell Avenue
Newon, MA 20460-1826
www.boundlesswayzen.org

Cambridge Zen Center
199 Auburn Street
Cambridge, MA 02139

www.deerparkmonastry.org
San Francisco Zen Center
300 Page Street
San Francisco, CA 94102
www.sfzc.org

Upaya Zen Center
1404 Cerro Gordo Road
Santa Fe, NM 87501
www.upaya.org

Village Zendo
588 Broadway, Suite 1108
New York, NY 10012-5238
www.villagezendo.org

Zen Center of San Diego
2047 Feldspar Street
San Diego, CA 92109-3551
www.zencetersandiego.org

Zen Mountain Monastery
PO Box 197
Mt. Tremper, NY 12457
www.mro.org/zmm

Tiebetan Buddhist Tradition
Dzogchen Center
www.dzogchen.org

Naropa University
2130 Arapahoe Avenue
Boulder, CO 80302
www.naropa.edu

Shambhala Mountain Center
4921 Country Road 68C
Red Feather Lake, CO 80545
www.shambhalamountain.org

Tenzin Gyastso Institute
PO Box 239
Berne, NY 12023
www.tenzingyatsoinstitute.org

Insight Dialogue(Interpersonal Buddhist Meditation)

Metta Programs
PO Box 99172
Seattle, WA 98139
www.metta.org

LIsting of additonal Buddhist meditation centers and communities:
www.dharma.org/ims/mr_links.html

Jewish Tradition
(These vary in their degree of emphasis on mindfulness practice.)

Awakened Heart Project for Contemplative Judaism
330 Seventh Avenue, Suite 1902
New York, NY 10001
www.ijs-online.org

Isabella Freedman Jewish Retreat Center
116 Johnson Road
Falls Village, CT 06031
www.isabellafreedman.org

Nishmat Hayyim
Jewish Meditation Collaborative of New England
1566 Beacon Street
Brookline, MA 02446
www.nishmathayyim.org

Christian Tradition(Contemplative or Centering Player)

Listing of programs throughout the United States and the world:
Contemplative Outreach
10 Park Place, 2nd Floor, Suite B
Butler, NJ 07405
www.contemplativeoutreach.org

Sufi Tradition

Sufi Order International
PO Box 480
New Lebanon, NY 12125
www.sufiorder.org

Canada

Gampo Abbey
Pleasant Bay, Cape Breton
Nova Scotia, BOE 2PO
Canada
www.gampobbey.org

Listing of other Canadian meditation centers:
www.gosit.org/Canada.htm

Europe

Vipassana (Insight Meditation) Tradition

Gaia House
West Ogwell Newton Abbot
Devon, TQ12 6EN
United Kingdom
www.gaiahouse.co.kr

Kalyana Centre
Glenahoe Castlegregory
Co Kerry
Ireland
www.kalyanacentre.com

Meditationszentrum Beatenberg Waldegg
CH-3803 Beatenberg
Switzerland

www.karuna.ch
Seminarhaus Engel
Engl 1
84339 Unterdietfurt
Bavaria
Germany
www.seminarhaus-engl.de

Listing of other European Vipassana centers:
www.mahasi.eu

Zen Tradition

Plum Village Practice Center
13 Martineau
33580 Dieulivol
France
www.plumvillage.org

Tibetan Buddhist Tradition

Shambhala Europe
Kartäuserwall 20
50678 Köln
Germany
www.shambhala-europe.org

For Shambhala centers worldwide:
www.shambhala.org/centers

Sanctuary of Enlightened Action
Lerab Ling
34650 Roquerdonde
France
www.lerabling.org (see www. rigpa.org for related centers)

Australia and New Zealand

Vipassana (Insight Meditation) Tradition

Bodhinyanarama Monastery
17 Rakau Grove, Strokes Valley
Lower Hutt 5019
New Zealnad
www.bodhinyanarama.net.nz

Santi Forest Monastery
Lot 6 Coalmines Road
Bundanoon, NSW, 2578
Australia
www.santifm.org

Listings of other Australian insight meditation centers:
www.bswa.org and www. dharma.org.au

Listings of other New Zealand insight meditation centers:
www.insightmeditation.org.nz

Zen Tradition

Listing of Zen centers in Australia:
http://iriz.hanazono.ac.jp/zen_centers/centers_data/australi.htm

Listing of Zen centers in New Zealand:
http://iriz.hanazono.ac.jp/zen_centers/centers_data/newzeal.htm

Tibetan Buddhist Tradition

Shambhala Meditation Centre Auckland
35 Scarborough Terrace
Auckand, New Zealand
www.auckland.shambhala.info

Worldwide

Listing of Buddhist meditation centers worldwide:
www.buddhanet.info/wbd

임상적 상황에서의 심신자각 훈련

Mindfulness-Based Stress Reduction:
Center for Mindfulness in Medicine, Health Care, and Society
55 Lake Avenue North
Worcester, MA 01655
www.umassmed. edu/cfm

Midnfulness-Based Stress Reduction and Mindfulness-Based Cognitive Therapy:
Center for Mindfulness Research and Practice

Institute for Medical and Social Care Research
University of Wales
Bangor, LL57 1UT
United Kingdom
www.bangor,ac.uk/mindfulness

Acceptance and Commitment Therapy:
www.contextualpsychology.org/act

Dialectical Behavioral Therapy:
www.behavioraltech.org

Mindfulness-Based Cognitive Therapy:
www.mbct.com

Mindfulness-Based Relapse Prevention:
www.depts.washington.ed/abrc/mbrp

Mindfulness-Based Eating Awareness Training:
www.tcme.org

The Institute for Meditation and Psychotherapy:
www.meditationandpsychotherapy.org

The Back Sense program for mindfulness-oriented treatment of chronic pain:
www.backsense.org

Archives of the mindfulness and acceptance listerv of the Association for Advancement of Behavior Therapy(현재는 the Association for Behavioral and Cognitive Therapies):
http://listserv.kent.edu/cgi-bin/wa.exe? INDEX

참고문헌

Armstrong, K. (2010). *Twelve steps to a compassionate life.* New York: Knopf.

Auerbach, H. H., & Johnson, M. (1977). Research on the therapist's level of experience. In A. S. Gurman & A. M. Razin(Eds.), *Effective psychotherapy*: A handbook of research (pp. 84- 102). New York: Pergamon.

Bartlet, J. (1980). *Familiar quotations* (15th ed.). Boston: Little, Brown.

Batchelor, S. (1998). *Buddhism without beliefs: A contemporary guide to awakening.* New York: Riverhead Books.

Batchelor, S. (2010). *Confession of a Buddhist atheist.* New York, NY: Random House.

Bays, J. C. (2011). *How to train a wild elephant : and other adventures in mindfulness.* Boston: Shambala.

Bien, T. (2006). *Mindful therapy: A guide for therapists and helping professions.* Boston: Wisdom.

Boorstein, S. (2007). *Happiness is an inside job.* New York: Ballantine Books.

Boorstein, S. (2011a). *A path to the happiness: A psychotherapist's guide to mindulness.* Transcript of teleseminar session, National Institute for the Clinical Application of Behavioral Medicine.

Boorstein, S. (2011b, May 6). What we nurture[Audio podcast], In K. Tippett, On being. Retrieved from *www.onbeing.org/program/what-we-nurture/242/audio?embed=1.*

Bowen, S., Chawla, N., & Martlatt, G. A. (2011). *Mindfulness-based relapse prevention for addictive behaviors.* New York: Guilford Press.

Brach, T. (2003). *Radical acceptance: Embracing your life with the heart of a Buddha.* New York: Bantam Books.

Brach, T. (2011). *Meditation and psychotherapy* [Audio CD]. Boulder, CO: Sounds True.

Brach, T. (2012). *True refuge: Finding peace and freedom in our own awakened heart.* New

York: Bantam Books.

Brach, T. (2013, March 30). *True refuge: Three gateways of emotional healing and spiritual freedom.* Workshop at the Cambridge Insight Meditation Center, Cambridge, MA.

Brewer, J. A. (2013). Breaking the addiction loop. In C. K. Germer, R. D. Siegel, & P. R. Fulton (Eds.), *Mindfulness and psychotherapy* (2nd ed., pp. 225-238). New York: Guilford Press.

Briere, J. (2012). Working with trauma: Mindfulness and compassion. In C. K. Germer & R. D. Siegel(Eds.). *Wisdom and compassion in psychotherapy: Deepening mindfulness in clinical practice* (pp. 265-279). New York: Guilford Press.

Briere, J. (2013). Mindfulness, insight, and trauma therapy. In C. K. Germer, R. D. Siegel, & P. R. Fulton (Eds.), *Mindfulness and psychotherapy* (2nd ed., pp. 208-224). New York: Guilford Press.

Bruce, N., Manber, R., Shapiro, S., & Constantion, M. (2010). Psychotherapist mindfulness and the *psychotherapy process. Psychotherapy Theory, Research, Practice, Training,* 47(1), 83-97.

Cambridge Insight Meditation Center. (2012). Schedule and registration. Retrieved November 25, 2012, from *www. cimc.info/schedule.html.*

Carr, L., Iacabon, M., Dubeau, M. C., Mazziotta, J. C., & Lenzi, G. L. (2003). Neural mechani는 of empathy in humans: A relay from neural systems for imitation to limbic areas. *Proceedings of the National Academy of Science, USA*, 100(9), 5497-5502.

Chodron, P. (2001). *Tonglen.* Halifax, Nova Scotia: Vajradhatu.

Choron, P. (2009). *Taking the leap: Freeing ourselves from old habits and fears.* Boston: Shambhala.

Cohen-Katz, J. E., Wiley, S., Capuano, T., Baker, D. M., Deitrick, L., & Shapiro, S. (2005). The effects of mindfulness-based stress reduction on nurse stress and burnout: A qualitative and quantiative study, part III. *Holistic Nursing Practice,* 19(2), 78-86.

Creswell, D., Way, B., Eisenberger, N., & Liberman, M. (2007). Neural correlates of dispositional mindfulness during affect labeling. *Psychosomatic Medicine,* 69(6), 560-565.

Dalai Lama XIV. (2007, October). *Investigating the mind: Mindfulness, compassion, and the treatment of depression.* Panel discussion at Mind and Life Conference, Emory University, Atlanta, GA.

Dalai Lama XIV. (2009, May). *Meditation and psychotherapy: Cultivating compassion and wisdom.* Panel discussion at Harvard Medical School Conference, Boston, MA.

Davidson, R. J. (2004). Well-being and affective style: Neural substrates and biobehavioural correlates. *Philosophical Transactions of the Royal Society,* 359, 1395-1411.

Davidson, R. J. (2012). The neurobiology of compassion. In C. K. Germer & R. D. Siegel(Eds.), *Wisdom and compassion in psychotherapy: Deepening mindfulness in clinical practice* (pp. 111-118). New York: Guilford Press.

Duncan, B., & Miller, S. (2000). *The heroic client: Doing client-centered, outcome informed therapy.* San Francisco: Jossey-Bass.

Dunne, J. D. (2007, March). *Mindfulness & Buddhist contemplative theory.* Poster presented at the 2007 annual conference, Integrating Mindfulness-Based Approaches & Interventions into Medicine, Health Care, and Society, Worcester, MA.

Easwaran, E. (Trans.). (2007). *The Dhammapada.* Tomales, CA: Nigiri Press.

Epstein, M. (1995). *Thoughts without a thinker.* New York: Basic Books.

Epstein, M. (2008). Two person meditation: Psychotherapy with Mark Epstein. In B. Gates & W. Nisker (Eds.), *The best of inquiring mind: 25 years of dharma, drama and uncommon insight* (pp. 116-119). Boston: Wisdom.

Escuriex, B. F., Labbé, E. E. (2011). Health care providers' mindfulness and treatment outcomes: A critical review of the research literature. *Mindfulness,* 2, 242-253.

Fain, J. (2011). *The self-compassion diet.* Boulder, CO: Sounds True.

Farb, N. A., Segal, Z. V., Mayberg, H., Bean, J., McKeon, D., Fatima, Z., et al. (2007). Attending to the present: Mindfulness meditation reveals distinct neural modes of self-reference. *Social Cognitive and Affective Neuroscience,* 2(4), 313-322.

Farb, N. A. S., Anderson, A. K., Mayberg, H., Bean, J., McKeon, D., & Segal, Z. V. (2010). Minding one's emotions: Mindfulness training alters neural expression of sadness. *Emotion,* 10, 25-33.

Feldman, C. C. (1998). *Meditation plain and simple.* London: Elements.

Feldman, C. C. (2001). *The Buddhist path to simplicity: Spiritual practice for everyday life.*

London: HarperCollins.

Fredrickson, B. L. (2012). Building lives of compassion and wisdom. In C. K. Germer & R. D. Siegel (Eds.), *Wisdom and compassion in psychotherapy: Deepening mindfulness in clinical practice* (pp. 48-55). New York: Guilford Press.

Freud, S. (1912). Recommendations to physicians practicing psychoanalysis, *Standard Edition,* 2, 111-120.

Freud, S. (1917). Mourning and melancholia. *Standard Edition,* 14, 237-258.

Freud, S. (1930/2005). Civilization and its discontents. New York: Norton.

Freud, S. (1937). Analysis terminable and interminable. *Standard Edition,* 23, 216-253.

Freud, S., & Breurer, J. (1893-1895/2000). *Studies on hysteria.* New York: Basic Books.

Fulton, P. R. (2013). Mindfulness as clinical training. In C. K. Germer, R. D. Siegel, & P. R. fulton (Eds.), *Mindfulness and psychotherapy* (2nd ed., pp. 59-75). New York: Guilford Press.

Fulton, P. R., & Siegel, R. D. (2013). Buddhist and Western *psychology*: Seeking common groudn. In C. K. Germer, R. D. Siegel, & P. R. Fulton (Eds.), *Mindfulness and psychotherapy* (2nd ed., pp. 36-56). New York: Guilford Press.

Galantino, M. L., Baime, M., Maguire, M., Szapary, P. O., & Farrar, J. T. (2005). Association of psychological and physiological measures of stress in health-care professionals during an 8-w다 mindfulness meditation program: Mindfulness in practice. *Stress and Health: Journal of the International Society for the Investigation of Stress,* 21, 255-261.

Gendlin, E. T. (1978). Focusing (1st ed.). New York: Everest House.

Germer, C. (2013). Mindfulness: What is it? What does it matter? In C. K. Germer, R. D. Siegel, & P. R. Fulton (Eds.), *Mindfulness and psychotherapy* (2nd ed., pp. 3-35). New York: Guilford Press.

Germer, C. K. (2009). *The mindful path to self-compassion: Freeing yourself from destructive thoughts and emotions.* New York: Guilford Press.

Germer. K. K., Siegel, R. D., & Fulton, P. R. (Eds.), (2005). *Mindfulness and psychotherapy.* New York: Guilford Press.

Germer, C. K., & Siegel, R. D., (Eds). (2013). Mindfulness and psychotherapy (2dn ed.). New York: Guilford Press.

Gilbert, P. (2009a). *The compassionate mind: A new approach to life's challenges.* Oakland, CA: New Harbinger Press.

Gilbert, P. (2009b). Introducing compassion-focused therapy. *Advances in Psychiatric Treatment,* 15, 199-208.

Gilbert, P. (2009c). *Overcoming depression* (3rd ed.). New York: Basic Books.

Godfrin, K. A., van Heeringen, C. (2010). The effects of mindfulness-based cognitive therapy on recurrence of depressive episodes, mental health and quality of life: A randomized controlled study. *Behaviour Research and Therapy,* 48, 738-746.

Goldstein, J. (1993). *Insight meditation: The practice of freedom*. Boston: Shambhala.

Godstein, J., & Kornfield, J. (1987). *Seeking the heart of wisdom: The path of insight meditation.* Boston: Shambhala.

Goodman, T. (1999, April 14). Dharma talk at Single Flower Sangha, Cambridge, MA.

Greason, P. B., & Cashwell, C. S. (2009). Mindfulness and counselling self-efficacy: The mediating role of attention and empathy. *Counselor Education and supervision,* 49, 2-19.

Grepmair, L., Mitterlehner, F., Loew, T., Bachler, E., Rother, W., & Nickel, M. (2007). Promoting mindfulness in psychotherapists in training influences the treatment results of their patients: A randomized, double-blind, controlled study. *Psychotherapy and Psychosomatics,* 76, 332-338.

Halifax, J. (2008). Being with dying. Boston: Shambhala.

Halifax, J. (2012, May). *Compassion and challenge to compassion: The art of living and dying.* Paper presented at Meditation and Psychotherapy Conference, Harvard Medical School, Boston, MA.

Hanh, T. N. (1974). Zen keys. New York: Doubleday.

Hatcher, R. L. (2010). Alliance theory and measurement. In J. C. Muran & J. P. Barber (Eds.), *The therapeutic alliance: An evidence-based guide to practice* (pp. 7-28). New York: Guilford Press.

Hayes, S. (2004). Acceptance and commitment therapy and new behavior therapies: Mindfulness, acceptance, and relationship. In S. C. Hayes, V. M. follette, & M. M. Linehan (Eds.), *Mindfulness and acceptance: Expanding the cognitive-behavioural tradition* (pp. 1-29). New York: Guilford Press.

Hayes, S., & Strosahl, K. (2005). *A practical guide to acceptance and commitment therapy.* New York: Springer.

Helminski, K. E. (1992). *Living presence: A Sufi way to mindfulness & essential self.* New York/Perigee.

Herman, J. L. (1992). *Trauma and recovery.* New York: Basic Books.

Hoagland, A. (2003). *What narcissism means to me.* St. Paul, MN: Greywolf Press.

Hölzel, B. K., Lazar, S. W., Gard, T., Schuman-Olivier, S., Vago, D. R., & Ott, U. (2011). How does mindfulness meditation work? Proposing mechanisms of action from a conceptual and nerual *perspective. Perspectives on Psychological Science,* 6, 537-559.

Hölzel, B. K., Ott, U., Gard, T., Hempel, T., Weygandt, M., Morgen, K., et al. (2008). Investigation of mindfulness meditation practioners with voxel-based morphometry. *Social Cognitive and Affective Neuroscience,* 3, 55-61.

Horney, K. (1952/1998). Fress association and the use of the couch. In A. Molino (Ed.), *The couch and the tree: Dialogues in psychoanalysis and Buddhism* (35-36). New York: North Point Press.

Horvath, A., Del Re, A., Fluückiger, C., & Symonds, D. (2011). Alliance in individual psychotherapy. In J. Norcross (Ed.), *Psychotherapy relationships that work* (2nd ed., pp. 25-69). New York: Oxford University Press.

Iacoboni, M. (2009). Imitation, empathy, and mirror neurons. *Annual Review of Psychology,* 60, 653-670.

James, W. (1890/2007). *The principles of psychology* (Vol. 1). New York: Cosmo.

Johnson, C. (2004). Reading the eightfold path. In H. G. Baldoquin (Ed.), *Dharma, color, and culture* (pp. 127-150). Berkeley, CA: Parallax Press.

Joyce, J. (1914/1991). *Dubliners.* New York: Dover.

Jung, C. G. (1938). Psychology and religion. In H. Read & G. Adler (Eds.), *Collected works of C. G. Jung 11: Psychology and religion: West and East* (2nd ed.). Princeton, NJ: Princeton University Press.

Kabat-Zinn, J. (1982). An outpatient program in behavioral medicine for chronic pain patients based on the practices of mindfulness meditation: Theoritical considerations and preliminary results. *General Hospital Psychiarty,* 4(1), 33-47.

Kabat-Zinn, J, (1990). *Full catastrophe living: Using the wisdom of your body and mind to face stress, pain and illness.* New York: Dell.

Kabat-Zinn, J. (1994). *Wheree you go there you are: Mindfulness meditation in everyday life.* New York: Hyperion.

Kabat-Zinn, J. (2003). Mindfulness-based interventions in context: Past, present, and future. *Clinical Psychology: Scinece and Practice,* 10(2), 144-156.

Kabat-Zinn, J., Lipworth, L., Burney, R., & Sellers, W. (1986). Four-year follow-up of meditation-based program for self-regulation of chronic pain: Treatment outcomes and compliance. *Clinical Journal of Pain,* 2(3), 159-173.

Kabat-Zinn, J., Massion, A. O., Kristeller, J., Peterson, G., Fletcher, K., Pbert, L., et al. (1992). Effectiveness of a meditation-based stress reduction program in the treatment of anxiety disorders. *American Journal of Psychiatry,* 149(7), 936-943.

Kabat-Zinn, J., Wheeler, E., Light, T., Skillings, A., Scharf, M. S., Cropley, T. G., et al. (1998). Influence of a mindfulness meditation-based stress reduction intervention on rates of skin clearing in patients with moderate to severe psoriasis undergoing phototherapy (UVB) and photo-chemotherapy (PUVA). *Psychosomatic Medicine,* 60(5), 625-632.

Kornfield, J. (1993). *A path with heart: A guide the perils and promises of spiritual life.* New York: Bantam.

Kornfield, J. (2000). *After the ecstacy, the laundry: How the heart grows wise on the spiritual path.* New York: Bantam.

Kornfield, J. (2008). *the wise heart: A guide to the universal teachings of Buddhist psychology.* New York: Bantam.

Kornfield, J. (2011). *Bring home the dharma: Awakening right where you are.* Boston: Shambhala.

Kornfield, J. (2013, April 15). Holding identity lightly. Spirit Rock Meditation Center, CA. Retrieved from *www. dharmaseed. org*/teacher/85.

Koven, S. (2012, May). Memoirs of al slightly overweight diet doctor. *Boston Globe. www.boston. com/lifestyle/health/2012/05/27/moirs-slightly-overweight-diet-doctor/qV19hcllxypPPfColsedzN/story-1.html.*

Kramer, G. (2007). *Insight dialogue: The interpersonal path to freedom.* Boston, MA:

Shambhala.

Kriteller, J., Baer, R., & Quillian-Wolever, R. (2006). Mindfulness-based approaches to eating disorders. In R. A. Baer (Ed.), *Mindfulness-based treatment approach* (pp. 75-91). San Diego, CA: Elsevier.

Kuyken, W., Byford, S., Taylor, R. S., Waatkins, E., Holden, E., White, K., et al. (2008). Mindfulness-based cognitive therapy to prevent relpase in recurrent depression. *Journal of Consulting and Clinical Psychology,* 76(6), 966-978.

Law, N. (2008, March 31). Scientists probe meditation secrets. BBC News Online. Retrieved from *http://news.bbc.uk/w/hi/health/7319043.stm.*

Lazar, S. W. (2013). The neurobiology of mindfulness. In C. K. Germer, R. D. Siegel, & P. R. Fulton (Eds.), *Mindfulness and psychotherapy* (2nd ed., pp. 282-294). New York: Guilford Press.

Levine, P. A., & Frederick, A. (1997). *Waking the tiger: Healing trauma: The innate capacity to transform overwhelming experiences.* Berkeley, CA: North Atlantic Books.

Linehan, M. M. (1993a). *Cognitive-behavioral treatment of borderline personality disorder.* New York: Guilford Press.

Linehan, M. M. (1993b). *Skills training maunal for treating borderline personality disorder.* New York: Guilford Press.

Lowen, A. (1958). *The language of body.* New York: Collier.

Lowen, A. (1994). *Bioenergetics.* New York: Penguin/Arkana.

Luborsky, L., Singer, B., & Luborsky, L. 1975). Is it true that everyone has won and all must have prize? *Archives of General Psychology,* 32, 995-1008.

Lutz, A., Slagter, H. A., Dunne, J. D., & Davidson, R. J. (2008). Attention regulation and monitoring in meditation. *Trends in Cognitive Sciences,* 12(4), 163-169.

Ma, S. H., & Teasdale, J. D. (2004). Mindfulness-based cognitive therapy for depression: Replication and exploration of differential relapse prevention effects. *Journal of Consulting and Clinical Psychology,* 72, 31-40.

Macy, J. (2012). *The bodhisattva check-in or "My choices for this life"* (current form). Retrieved November 28, 2012, form *www.joannamcy.net/theworkthatreconnects/newpractives. html.*

Marlatt, G. A., Bowen, S., & Lustyk, M. K. (2012). Substance abuse and relapse prevention. In C. K. Germer & R. D. Siegel (Eds.), *Wisdom and compassion in psychotherapy: Deepening mindfulness in clinical practice* (pp. 221-233). New York: Guilford Press.

Marlatt, G. A., Gordon, J. R. (Eds.). (1985). *Relapse prevention: Maintenance strategies in the treatment of addictive behavior.* New York: Guilford Press.

McKim, R. D. (2008). Rumination as a mediator of the effects of mindfulness: Mindfulness-based stress reduction(MBSR) with a heterogeneous community sample experiencing anxiety, depression, and/or chronic pain. *Dissertation Abstracts International: Section B: The Sciences and Engineering,* 68, 7673.

Michaelson, J. (2006). God in your body: *Kabbaha, mindfulness and embodied spiritual practice.* Woodstock, VT: Jewish Lights.

Miller, L. W. (2009). *Everyday dharma.* Wheaton, II: Quest Books.

Miller, L. W. (2012, Summer). Seven month compassion series [Audio podcast]. Retrieved from *http://itunes.apple.com/us/podcast/seven-month-compassion-series/id558112558.*

Morgan, B., Morgan, S., & Germer, C. K. (2013). Cultivating attention and compassion. In C. K. Germer, R. D. Siegel, & P. R. Fulton (Eds.), *Mindfulness and psychotherapy* (2nd ed., pp. 76-93). New York: Guilford Press.

Murphy, s. (2002). *One bird, one stone.* New York: Renaissance Books.

Neff, K. D. (2011). *Self-compassion. Stop breathing yourself up and leave insecurity behind. New York: Morrow.*

Neff, K. D., & Germer, C. K. (2013). A pilot study and randomized controlled trial of the mindful self-compassion program. *Journal of Clinical Psychology,* 69(1), 28-44.

Neruda, P. (1974). Keeping quiet. In *Extravagaira* (p. 26) (A. Reid, Trans.). New York: Farrar, Straus & Giroux.

Norcross, J., & Wampold, B. (2011). Evidence-based therapy relationships: Research conclusions and clinical practices. *Psychotherapy,* 48(1), 98-102.

Ogden, P., Minton, K., & Pain, C. (2006). *Trauma and the body: A sensorimotor approach to psychotherapy.* New York: W.W. Norton & Co.

Orsillo, S. M., & Roemer, L. (2011). *The mindful way through anxiety: Break free from chronic worry and redeem your life.* New York: Guilford Press.

Pennington, B. (1980). *Centering prayer.* Garden City: Doubleday.

Piaget, J. (1952). *The origins of intelligence in children.* New York: International Universities Press.

Pipe, T. B., Bortz, J. J., Dueck, A., Pendergast, D., Buchad, V., Summers, J. (2009). Nurse leader mindfulness meditation program for stress management. *Journal of Nursing Administration,* 39(3), 130-137.

Plummer, M. (2009). The impact of therapists' personal practice of mindfulness meditation on clients' experience of received empathy (Doctoral dissertation, Massachusetts School of Professional Psychology, 2008). *Dissertation Abstracts International*, 69, 4439.

Pollak, S. M. (2013). Teaching mindfulness in therapy. In C. K. Germer, R. D. Siegel, & P. R. Fulton (Eds.), *Mindfulness and psychotherpay* (2nd ed., pp. 133-147). New York: Guilford Press.

Ramel, W., Goldin, R. R., Carmona, P. E., & McQuaid, J. R. (2004). The effects of mindfulness meditation on cognitive processes and affect in patients with past depression. *Cognitive Therapy and Research,* 28, 433-455.

Rilkie, R. M. (1905/2005). *Rilke's book of hours: Love poem to God* (A. Barrow & J. Mach, Trans.) New York: Riverhead.

Roemer, L., & Orsillo, S. M. (2013). Anxiety: Accepting what comes and doing what matters. In C. K. Germer, R. D. Siegel, & P. R. Fulton (Eds.), *Mindfulness and psychotherapy* (2nd ed., pp. 167-183). New York: Guilford Press.

Rogers, C. (1961). *On becoming a person.* New York: Houghton Mifflin.

Rosenberg, L. (2004). *Breath by breath: The liberating practice of insight meditation.* Boston: Shambhala.

Ryna, A., Safran, J. D., Deran, J. M., & Murran, J. C. (2012). Therapist mindfulness, alliance and treatment outcome. *Psychotherapy Research,* 22(3), 289-297.

Salzberg, S. (1995). *Lovingkindness: The revolutionary art of happiness.* Boston: Shambhala.

Salzberg, S. (1997). *A heart as wide as the world: Living with mindfulness, wisdom and compassion.* Boston: Shambhala.

Salzberg, S. (2011). *Real happiness: The power of meditation.* New York: Workman.

Salzberg, S., & Goldstein, J. (2001). *Insight mediation.* Boulder, CO: Sounds True.

Schacht, T. (1991). Can psychotherapy education advance psychotherapy integration? A view from the cognitive psychology of expertise. *Journal of Psychotherapy Integration*, 1, 305-320.

Schenstrom, A., Ronnberg, S., & Bodlund, O. (2006). Mindfulness-based cognitive attitude training for primary care staff: A pilot study. *Complementary Health Practices Review,* 11(3), 144-152.

Segal, Z. V., Williams, J. M. G., & Teasdale, J. D. (2012). *Mindfulness-based cognitive therapy for depression* (2nd ed.). New York: Guilford Press.

Seligman, M. E. P. (1975). *Helplessness: On depression, development, and death.* A series of books in psychology. New York: Holt.

Shapiro, S. L., Astin, J. A., Bishop, S. R., Cordova, M. (2005). Mindfulness based stress reduction for health care professionals: Results from a randomized trial. *International Journal of Stress Management,* 12(2), 164-176.

Shapiro, S. L., & Carlson, L. E. (2009). *The art and science of mindfulness: Integrating mindfulness into psychology and the helping profession.* Washington, DC: American Psychological Association.

Shrarpe, G. (2011, February 7). *The way of balance. In Insight* Meditation Society, Metta(Lovingkindness) Retreat, Barre, MA. Retrieved from *www.dharmaseed.org/teacher/75.*

Siegel, D. J. (2010a). *The mindful therapist.* New York: Norton.

Siegel, D. J. (2010b). *Mindsight: The new science of personal transformation.* New York: Bantam.

Siegel, R. D. (2010). *The mindfulness solution: Everyday practices for everytday problems.* New York: Guilford Press.

Siegel, R. D. (2012). The wise psychotherapists. In C. K. Germer & R. D. Siegel (Eds.). *Wisdom and compassion in psychotherapy: Deepening mindfulness in clinical practice* (pp. 138-153). New York: Guilford Press.

Siegel, R. D. (2013). Psychoaphysiological disorders. In C. K. Germer, R. D. Siegel, & P. R. Fulton (Eds.). *Mindfulness and psychotherapy* (2nd ed., pp. 184-207). New York: Guilford Press.

Siegel, R. D., & Germer, C. K. (2012). Wisdom and compassion: Two wings of a bird. In C. K. Germer & R. D. Siegel (Eds.). *Wisdom and comapssion in psychotherapy: Deepening mindfulness in clinical practice* (pp. 7-34). New York: Guilford Press.

Singer, W. (2005, November). Possible biological substrates of meditation. Paper presented at the Mind and Life Institute Conference, Washington, DC.

Singh, N., Wahler, R., Adkins, A., & Myers, R. (2003). Soles of the feet: A mindfulness-based self-control intervention for aggression by an individual with mind mental-retardation and mental illness. *Research in Development Disabilities,* 24(3), 158-169.

Stanley, S., Reitzel, L. R., Wingate, L. R., Cukrowicz, K. C., Lima, E. N., & Joiner, T. E. (2006). Mindfulness: A primrose path for therapists using manualized treatment? *Jouurnal of Cognitive Psychotherapy: An International Quarterly,* 20(3), 327-335.

Stiles, W. B. (2009). Responsiveness as an obstacle for psychotherapy outcome research: It's worse than you think. *Clinical Psychology: Science and Practice,* 16, 86-91.

Stratton, P. (2006). Therpist mindfulness as a predictor of client outcomes (Doctoral dissertation, Capella Unviersity, 2006). *Dissertation Abstracts International,* 66, 6296.

Surrey, J. (2005). Relational psychotherapy, relational mindfulness. In C. K. Germer, R. D. Siegel, & P. R. Fulton (Eds.), *Mindfulness and psychotherapy* (pp. 91-110). New York: Guilford Press.

Surrey, J. L., & Kranmer, G. (2013). Relational mindfulness. In C. K. Germer, R. D. Siegel, & R. R. Fulton (Eds.), *Mindfulness and psychotherapy* (2nd ed., pp. 94-111). New York: Guilford Press.

Suzuki, S. (1973). *Zen mind, beginner's mind.* New York: Weatherhill.

Teasdale, J. D., Segal, Z. V., Williams, J. M. G., Ridgeway, V. A., Soulsby, J. M., & Lau, M. A. (2000). Preventtion of relapse/recurrence in major depression by mindfulness-based cognitive therapy. *Journal of Consulting and Clinical Psychology,* 68, 615-623.

Teasdale, J. D., Segal, Z. V. Williams, J. M. G. (1995). How does cognitive therapy prevent depressive relapse and why should attentional control (mindfulness training) help? *Behaviour Research and Therapy,* 33, 25-39.

Trungpa, C. (1988). *Shambhala: Sacred Path of the Warrior.* Boulder, CO: Shambhala Press.

Tryon, G. S., & Winograd, G. (2011). Goal consensus and collaboration. In J. C. Norcross

(Ed.), *Psychotherapy relationship that work* (2nd ed., pp. 153-167). New York: Oxyford University Press.

van der Kolk, B. A., McFarlane, A. C., & Wiesaeth, L. (Eds.). (1966). *Truamatic stess: The effects of overwhelming experience on mind, body, and society.* New York: Guilford Press.

Willard, C. (2010). *Child's mind.* Berkeley, CA: Parallax Press.

Williams, J. M. G., Teasdale, J. D., Segal, Z. V., & Kabat-Zinn, J. (2007). *The mindfuln way through depression: Feezing yourself from chronic unhappiness.* New York: Guilford Press.

Witkiewitz, K., & Bowen, S. (2010) Depression, craving and substance use following a randomized trial of mindfulness-based relapse prevention. *Journal of Consulting and Clinical Psychology,* 78, 362-374.

찾아보기

(ㅁ)

(ㅂ)

(ㅅ)

(ㅇ)

(ㅈ)

(ㅊ)

(ㅋ)

(ㅌ)

(ㅍ)

(ㅎ)

(영어)

■ 역자 소개

김경승

- 부산대학교 의과대학 졸업
- 정신건강의학과 전문의
- 한국 메디컬 마인드풀니스 연구회 회장
- 마야병원 중독전문치료센터 센터장
- 마야병원장, 마더스 병원장 역임
- 한국 중독정신의학회장 역임
- 한국 중독관리 통합지원센터 협회장 역임
- 한국 중독정신의학회 평생 회원
- (현)마야·마더스 병원 정신건강의학연구원 원장
- (현)울산광역정신건강증진 센터장

주요저서 및 논문

- 중독에서의 회복을 위한 심신자각치료 프로그램 깨어있는 온 마음 MBRA(Mindfulness-Based Recovery from Addiction) 워크북 (메디컬 마인드풀니스 연구회, 2011, 비매품)
- 마음챙김 명상에 기초한 알코올의존 회복 프로그램 : 실험적 연구(2012)
- 마인드풀니스를 통한 스트레스 대처와 임상적 활용(2008, 정신신체의학 16-1)
- 윤동주 시편의 예술적 감동에 대한 정신의학적 교찰(1992)
- 심신자각에 근거한 중독행동의 재발예방(공역, 하나의학사, 2014),

강수용

- 부산대학교 의과대학 졸업
- 예방의학 전문의
- 산업의학 전문의
- 의학박사
- 김해 중앙병원 직업환경의학과장

김준모

- 중앙대학교 의과대학 졸업
- 정신건강의학과 전문의, 의학박사
- 대성그린병원 진료과장

이성근

- 고려대학교 의과대학 졸업
- 정신건강의학과 전문의, 미국 정신의학회 회원
- 대한노인정신의학회 평생회원
- 한국정신사회재활협회 평생회원
- 한국중독정신의학회 평생회원
- 형주병원 진료과장

주요저서 및 논문

- 정신건강을 위한 투쟁(공역, 학지사, 2006)
- 마음챙김 명상에 기초한 알코올의존 회보 프로그램 : 실험적 연구(2012)

이동현

- 인제대학교 의과대학 졸업
- 정신건가의학과 전문의
- 사람이 소중한 병원 정신건강의학과장
- 울산북구 정신건강증진센터장

정도운

- 인제대학교 의과대학 졸업
- 정신건강의학과 전문의
- 인제대학교 부산백병원 정신건강의학과 부교수
- 부산 스마일 센터장

정성수

- 경북대학교 의과대학 졸업
- 정신건강의학과 전문의
- 한국중독정신의학회 평생회원
- 나눔과 행복 병원장

심신자각과 정신치료

심신자각에 근거한 정신치료를 위한 필수 기술들

초판인쇄일	2016년 5월 23일
초판발행일	2016년 5월 31일
저 자	Susan M. Pollak · Thomas pedulla · Ronald D. Siegel
옮 긴 이	메디컬 마인드풀니스 연구회
	김경승 · 강수용 · 김준모 · 이성근 · 이동현 정도운 · 정성수
펴 낸 이	오무근
펴 낸 곳	도서출판 하나의학사
주 소	서울시 서대문구 거북골로 7-7 하나빌딩 1층
출 판 등 록	제25100-2013-000061호(1988. 4.1)
전 화	(02)730-2555, 2556
팩 스	(02)730-2557
이 메 일	hanampc1@naver.com
홈 페 이 지	www.hanampc.co.kr

정가 24,000 원

ISBN 979-11-85696-28-7 93510